U0508105

我国"轮转冰"训练模式的理论与实践研究

刘江山◎著

吉林大学出版社

·长春·

图书在版编目（ＣＩＰ）数据

我国"轮转冰"训练模式的理论与实践研究 / 刘江山著 . -- 长春 : 吉林大学出版社 , 2023.4

ISBN 978-7-5768-1718-8

Ⅰ . ①我… Ⅱ . ①刘… Ⅲ . ①速度滑冰 – 运动训练 – 研究 – 中国 Ⅳ . ① G862.12

中国国家版本馆 CIP 数据核字 (2023) 第 101044 号

书　　　名	我国"轮转冰"训练模式的理论与实践研究
	WOGUO "LUNZHUANBING" XUNLIAN MOSHI DE LILUN YU SHIJIAN YANJIU
作　　　者	刘江山　著
策划编辑	殷丽爽
责任编辑	殷丽爽
责任校对	安　萌
装帧设计	李文文
出版发行	吉林大学出版社
社　　　址	长春市人民大街 4059 号
邮政编码	130021
发行电话	0431-89580028/29/21
网　　　址	http:// www. jlup. com. cn
电子邮箱	jldxcbs@ sina. com
印　　　刷	天津和萱印刷有限公司
开　　　本	787mm × 1092mm　1/16
印　　　张	15
字　　　数	260 千字
版　　　次	2024 年 1 月　第 1 版
印　　　次	2024 年 1 月　第 1 次
书　　　号	ISBN 978-7-5768-1718-8
定　　　价	72.00 元

作者简介

刘江山，博士，田径国家级裁判员，常州大学体育学院副教授，硕士研究生导师。主要从事运动训练理论和慢病康复干预研究。参与完成国家级科研课题1项，主持省部级科研项目1项，出版参编教材3部，以第一作者发表核心论文数十篇。

前　言

进入 21 世纪，随着速滑冰刀的革新，速滑技术在不断发展，理论在不断创新，使得速滑运动进入了飞速发展的新时代。在此形势下，我国速滑运动训练必须及时地跟上世界速滑运动前进的步伐，特别是在训练实践中，应当坚持符合训练规律的正确做法，修正不适时宜的陈旧观点，勇于探索和创新，不断开辟认识真理的道路，坚持训练改革，坚持现代科学化训练。本书对冰雪运动的国内外理论和研究背景进行梳理，对"轮转冰"项目进行研究，主要阐述我国速度滑冰竞技实力与"轮转冰"发展现状，构建出"轮转冰"训练模式。这一模式以实现速度滑冰后备人才培养和提升速度滑冰整体竞技实力为目标，以速度轮滑运动员为主体，通过科学设计训练阶段和训练内容，最终使速度轮滑运动员转项成为在速度滑冰专项上具备较强竞技实力（较高竞技水平）的速度滑冰运动员。

本书第一章为导论，分别介绍了研究背景、文献综述、研究目的和意义三个方面的内容；本书第二章为研究整体设计与理论基础，主要介绍了四个方面的内容，依次是主要研究内容，研究重点、难点和创新点，研究对象与方法，相关概念和理论基础；本书第三章为我国速度滑冰竞技实力与"轮转冰"发展现状分析，分别介绍了五个方面的内容，依次是我国速度滑冰竞技实力现状分析、江苏省速滑队竞技实力现状分析、对"轮转冰"训练的启示、当前"轮转冰"训练亟须解决的问题；本书第四章为"轮转冰"训练模式的理论构建，依次介绍了速度轮滑与速度滑冰的项目特征分析、"轮转冰"训练模式的基本理论分析、"轮转冰"训练模式的影响因素、影响因素指标的释义、"轮转冰"训练模式的理论框架等几个方面的内容；本书第五章为"轮转冰"训练模式的运行分析，主要介绍了四个方面的内容，分别是"轮转冰"各阶段的主要任务，"轮转冰"各阶段多年训练计划的安排思路，"轮转冰"各阶段年度训练周期划分、主要任务与负荷特征，"轮转冰"各阶段训练内容和方法手段的设计；本书第六章为"轮转冰"训练模式的案例分析，分别介绍了郭丹个案访谈、李思杉 2016—2017 年度训练安排分析；本书第七章为结论与展望。

在撰写本书的过程中，作者得到了许多专家学者的帮助和指导，参考了大量的学术文献，在此表示真诚的感谢！

限于作者水平有限，加之时间仓促，本书难免存在一些疏漏，在此，恳请同行专家和读者朋友批评指正！

刘江山

2022 年 9 月

目 录

第一章　导论

第一节　研究背景

一、研究缘起

作为冬奥会历史最悠久的项目之一，速度滑冰素有"冰上田径"的美誉，是所有冬奥会比赛中产生奖牌数最多的项目，历届的竞争格外激烈。速度滑冰作为冰雪运动基础大项，一直以来是我国在冬奥会上的重点项目，其竞技水平高低是衡量一个国家冬季竞技运动整体水平的重要标志。2022年北京冬奥会，我国速滑名将高亭宇获得速度滑冰男子500米项目的金牌，这是中国男子冬奥会的首枚速滑金牌，也是继2014年索契冬奥会张虹为我国速度滑冰实现金牌零突破后的又一历史性壮举。张虹为我国速度滑冰获得的首枚冬奥会金牌，在一定程度上为速度滑冰的发展开创了新的局面，推动速度滑冰竞技水平不断提升。然而，事与愿违，我国速度滑冰没能如世人所预期的那样快速发展。速度滑冰运动在我国冬季运动项目的发展历程中曾经取得过优异的成绩、曾经打破过世界纪录、曾经几次获得冬奥会比赛的银牌、曾经在个别项目上形成过集团优势，但是最近几年，相比于中国短道速度滑冰在冬奥会上包揽金牌的竞技成绩和发展趋势，我国速度滑冰运动显得发展缓慢、人才匮乏、潜力不足，近年来出现了整体水平落后的局面，与世界速度滑冰强国之间的差距越来越大。纵观2022年北京冬奥会，虽然我国冰雪运动在本土作战取得了前所未有的突破，以及冬奥历史的最佳战绩，但是就绝对竞技实力来讲，与欧美冰雪强国还有一定的差距。尤其作为我国传统冰上优势项目的速度滑冰，连续几届冬奥会均仅获得1枚奖牌，且在冬奥会历史中也仅获得2枚金牌在内的9枚奖牌，这不但表明目前我国速度滑冰整体竞技实力较低，而且长期以来也没有取得长足的进步。如何促进我国速度滑冰竞技水平稳步提升，增强国家竞争力是摆在我们面前不容忽视的现实问题，需要社会各界予以关注，并从宏观上制定可行的发展战略。

北京冬奥会的成功申办，为我国冰雪运动的发展开启了新篇章，冰雪体育热潮已悄然在我国各地慢慢地掀起。冰雪竞技体育是展示一个国家冰雪体育综合实力的重要窗口，我国冰雪竞技体育迈上新台阶将是北京 2022 年冬奥会向世界各国宣传与展示的最佳舞台。基于此，为实现我国冰雪竞技体育整体实力在短期内实现跨越式发展，为冰雪竞技体育后备人才梯队建设提供新的思路，国家体育总局实施了一系列"跨界选材、转项训练"的举措。依据项群训练理论，结合自身项目特征，几乎每项冰雪运动都进行了一至两轮的"跨界跨项"选材工作，出台了相关政策，制定了相关标准，以期通过具有项目共同性的特点，选拔具有较强竞技实力的夏奥项目的青少年转项从事冰雪运动训练，补齐冰雪运动项目短板，在为北京冬奥会"全项目"参赛目标做努力的同时，力争在北京冬奥会上取得重大突破。中国代表团在 2022 年北京冬奥会以 9 金 4 银 2 铜位列金牌榜第三，创造了冬奥参赛史上最好成绩。"跨界跨项选材，转项训练"作为备战北京冬奥会助推竞技人才发展战略之一，是我国竞技体育选材、训练路径和训练模式的优化与创新。

"轮转冰"计划，作为我国"跨界选材、转项训练"的试点和排头兵，江苏省速滑队作为我国第一支"冰轮两栖"运动队，结合速度轮滑项目的优势发展速度滑冰开创了我国"北冰南展西扩"战略的先河。通过"轮转冰"训练试点，不但可以弥补我国速度滑冰竞技体育人才薄弱的环节，更可为速度滑冰后备人才梯队建设、冰雪体育装备科技含量的突破、教练员综合能力提升（执教理念、方式方法、知识储备）带来新的理念，为其他"跨界跨项"训练提供理论参考和实践借鉴，进而为改善我国体育项目"夏强冬弱"的局面，朝着冰雪体育强国迈进作出应有的贡献。近几届冬奥会，韩天宇、郭丹、李文龙等"轮转冰"运动员取得了十分优异的成绩，另外，诸如安凯、李思杉等年轻的"轮转冰"运动员在国际赛场也多次荣获冠军，这些成功案例为我国通过"跨项选材、转项训练"快速提升冰雪整体竞技实力起到重要引领作用。

然而，美好的初衷能否实现，是摆在当前一个十分重要的课题。我国关于冬、夏竞技运动中进行"跨界选材、转项训练",缺乏成熟且成体系可借鉴的经验,"轮转冰"训练能否取得成功,能否作为速度滑冰后备人才培养和竞技实力提升的重要补充,需要从理论和实践的层面进行全方位论证。众所周知,我国冰雪竞技体育受关注程度较小,不但整体竞技实力和水平较弱,而且关于速度滑冰的科学研究也得不到重视,导致理论研究数量太少,研究层次过浅,对训练实践指导效果甚微。尤其"轮转冰"计划提出时间较短,相关研究较少,而已有研究中,诸如李雪梅博士通过国外"轮转冰"现况,以轮、冰两个项目在技术、体能方面的异同分析,提出"轮转冰"的可行性[①];以及厉中山对我国开展"轮转冰"项目的影响因素与对策进行简单阐述[②],存在研究层面相对较浅,缺乏从实践的视角深入探索"轮转冰"训练理论和实践等问题。通过加强"轮转冰"训练的理论与实践研究,不但可以对"轮转冰"训练实践进行科学指导,为速度滑冰后备人才培养打通可行性的捷径,而且可以进一步弥补我国关于冰雪竞技体育理论研究的不足,丰富冰雪竞技体育理论体系。因此,在当前北京2022年冬奥会为我国冰雪运动发展带来宝贵经验、为我国冰雪运动竞技水平提升带来巨大红利的重要历史阶段,关于"轮转冰"训练值得我们关注和思考。

二、选题依据

(一)"轮转冰"训练是助力体育强国建设的重要力量

体育强中国强,国运兴体育兴。党的十九大确立了习近平新时代中国特色社会主义思想,发出了"加快推进体育强国建设"的动员令。新时代赋予新使命,新思想注入新动力,开启全面建设冰雪强国新征程,是"后冬奥时代"冰雪运动发展的时代使命。北京冬奥会的成功举办,加快了"轮转冰"助力冰雪运动正在实现从小众走向大众、从区域走向全国、从冬季走向全年的转变,充分利用好后冬奥时代的黄金期,推动我国冰雪运动项目水平全面提升,持续提升冰雪运动综合实力。《"十四五"体育发展规划》明确强调:巩固扩展速度滑冰等项目的技术

---

① 李雪梅,李佳军. 速度轮滑转项速度滑冰的国内外现况研究 [J]. 北京体育大学学报,2016,39(9):132-138.

② 厉中山. 我国开展"轮转冰"项目的影响因素与对策 [J]. 冰雪运动,2017,(2):29-32.

水平，实现我国冰雪运动的跨越式发展①。冰雪运动是现代体育运动的重要组成部分，发展冰雪运动是建设体育强国的必然要求。在此背景下，进一步实施"轮转冰"训练，一方面是通过找准当前我国速度滑冰存在的突出问题，而补强薄弱环节进行的加快改革步伐、更新发展理念、创新训练模式，进而探索冰雪竞技科学化训练路径的重要路径；另一方面是打通冬、夏运动阻碍的重要抓手，是培育群众冰雪运动观念的重要途径，是坚定"以轮促冰，以冰带雪"发展思路的重要助推；同时还是以轮滑作为与冰上项目结合得最为紧密的类冰雪类项目，通过推动"轮冰融合"走进校园、开展"冰轮融合"群体活动、举办"冰轮融合"竞赛表演等方式，弘扬冰雪运动项目文化的重要媒介。因此，后冬奥时代"轮转冰"训练将继续发挥补齐冰雪运动短板、促进竞技实力提升和培育冰雪运动观念、扩大上冰人口基础的双层属性的功能，无论是从竞技体育还是从全民健身乃至体育文化的视角，都将成为践行新时代发展理念下推动全民健身和体育强国建设的重要内容。

（二）"轮转冰"训练是持续落实"北冰南展"战略的具体践行

为推动冰雪运动在全国普遍开展，20 世纪 80 年代国家体委提出"北冰南展"战略，旨在扩大冰雪运动的开展范围，打破冰雪项目仅在东北地区发展的局限，提升冰雪运动普及程度。然而受制于气候条件、场馆设施等因素，并没有取得太大的实效。无论是群众参与还是体育竞赛，仍呈现罕见南方省市的尴尬局面。《2022 年北京冬奥会参赛实施纲要》中提出：通过跨界跨项跨季选材开展冰雪项目，推进冰雪运动"南展西扩东进"，扩大参赛基数，夯实参赛基础②。以 2022 北京冬奥会为契机，"北冰南展"战略得到了实质性的进展。"轮转冰"训练的试点，开辟了一条"人才从本地发掘，场馆与北方共享，夏轮与冬冰互相促进"的有效路径，成为实施"北冰南展"战略的一项重要举措。冰雪运动不断"南展西扩东进"，实现了冰雪项目水平的快速提升和冰雪运动版图的大幅拓展。本届冬奥会中国代表团参赛的 177 名运动员来自全国 20 个省区市，其中约有 1/5 的运动员是通过跨界跨项选材从事冰雪项目专业训练，并且来自南方的运动员多达 36 人，约占参赛总人数的 20%，这一数据充分彰显"北冰南展"战略的显著成效。现阶段，

---

① 国家体育总局. "十四五"体育发展规划 [Z]. 2021.10
② 国家体育总局. 2022 年北京冬奥会参赛实施纲要 [Z]. 2018.9

我国冰雪运动已经迈入跨越式发展的全新时代。在建设体育强国的征程中，冰雪运动的高质量发展不可或缺。后冬奥时代，加快发展冰雪体育运动，应坚持竞技体育和群众性体育"两手抓、两手都要硬"，实现全面科学发展。因此，在我国冰雪运动迎来快速发展的历史契机下，实施"轮转冰"训练，不仅有助于打通群众体育与冬奥项目后备人才的培养渠道，实现轮滑与滑冰的人才共享，而且有助于推动冰雪运动向四季拓展，进而形成东西南北遥相呼应、冬夏两季各具特色、冰上雪上全面开花的冰雪运动新格局，真正落实、具体践行"北冰南展"的宏伟战略。

（三）冰、轮项目的本质特征和制胜因素为"轮转冰"训练、发展带来了更多的成功机遇

速度轮滑和速度滑冰从训练学视角来讲同属体能主导类周期竞速类项群，体能和技能是轮、冰两个项目训练的重点，是提高运动员竞技能力和成绩的主要突破点[1]。从体能层面来讲，两个项目在相同比赛距离中的供能系统一致，且都以有氧为基础；绝对速度和速度耐力、有氧能力均是两个项目的主要制胜因素。从技能层面来讲，速度轮滑和速度滑冰两个项目的运动技术结构外形、发力顺序、动作节奏规律基本一致，且做功原理相同[2]。因此，在训练方式方法上两个项目无论是体能训练还是技术训练均可相互借鉴。然而，由于比赛场地、器材的不同，造成了两个项目在技术和专项能力上也有所差异。速度轮滑和速度滑冰无论是在直线滑行还是弯道滑行阶段其蹬冰的角度、力度以及克服阻力等方面都有较大差异。速度滑冰项目对运动员速度保持能力以及滑行节奏等专项能力有着很高的要求，目前我国速度滑冰项目尤其是长距离项目运动员后程降速明显，有氧耐力能力明显偏弱。速度轮滑项目要更多地克服场地摩擦力则需要运动员拥有更强的力量素质，同时速度轮滑项目比赛的距离更长则要求运动员具备更好的有氧能力和专项速度耐力，因此可以很好地弥补速度滑冰运动员在有氧耐力、力量、速度耐力等专项能力较差的薄弱环节，在很大程度上改善了体能状况，从而保证了技术的稳定性和有效性，进而提升运动员整体的竞技能力。

---

[1]　夏娇阳. 优秀短距离速度滑冰运动员核心竞技能力训练理论体系与实证研究 [D]. 北京：北京体育大学，2007.

[2]　李巧玲. 速度滑冰与速度轮滑技术及训练相互借鉴的思考 [J]. 冰雪运动，2008（4）：5-7.

另外，集体出发是冬奥会速度滑冰新增项目，比赛场地没有跑道的区分，参赛运动员多达 16 人一组，且运动员之间有更多的、频繁的身体接触，与个人赛比赛场景完全不同，这对运动员在赛中心理抗压能力以及战术运用能力提出了极大的要求。然而，速度轮滑比赛除个人计时赛外均是集体出发，因此速度轮滑运动员在转项速度滑冰集体出发项目后，无论是对比赛场景的适应能力还是战术意识和战术运用能力，都有得天独厚的优势，更有利于在集体出发项目获得更好的成绩并取得更大的突破。由此可见，速度轮滑无论是从专项能力、制胜因素，还是体能、技能、战术等竞技能力方面，都极大地提升了"轮转冰"速滑运动员的成材率，为"轮转冰"速滑队伍的发展带来了更多的成才机遇。

（四）"轮转冰"训练是夯实速度滑冰人才储备的重要途径

速度滑冰作为北京冬奥会产生金牌最多的基础大项，一直以来是衡量一个国家冰雪竞技水平高低的重要参照。北京冬奥会中国速度滑冰队共有 6 男 8 女 14 名运动员参加比赛，其中高亭宇在男子 500 米以打破奥运会纪录的惊艳表现，获得唯一一枚金牌，这也是中国男子速滑在冬奥会上的历史首金，实现了历史性突破，且无论是参赛人数、参赛项目还是最终成绩均创近三届冬奥会最佳。这充分表明北京冬奥会对我国速度滑冰整体竞技实力提升以及后备人才培养起到重要助推作用。然而，与速滑强国相比，我国速度滑冰整体竞技实力差距较大，且面对下一届意大利米兰冬奥会，我国并没有涌现出具有绝对实力的速滑"新星"。要想实现我国速度滑冰国际竞争力不断提升，强大且优秀的后备人才是实现这一战略目标至关重要的因素。"跨项选材、转项训练"一方面可以弥补传统选材对运动员天赋的依赖，另一方面可以扩大选材范围，提高成效效率，还能为不同项目间竞技人才流动提供可能[①]。因此，"轮转冰"训练作为落实冰雪运动"南展西扩东进"战略、扩大速度滑冰后备人才梯队的重要途径，在新时代将持续贯彻执行，并通过科技驱动训练竞赛，使之更加科学化、全面化。"轮转冰"训练不仅可以继续引领我国冰雪竞技跨界跨项选材，而且可以进一步提升我国冬季项目竞技水平，同时更能拓展冰雪运动选材育人渠道，全方位提升中国冰雪运动的国际竞争力。后冬奥时代，我国冰雪运动发展迎来高质量发展的黄金期，应把握这一历史

---

① 缪律, 史国生. 从无序化到规模化：运动员跨项选材的演进历程与经验思考 [J]. 沈阳体育学院学报, 2020, 39（3）: 72-79.

机遇，通过实施"轮转冰"训练，借助轮滑运动群众基础好的优势，扩大速度滑冰后备人才队伍，优化速度滑冰后备人才结构，夯实速度滑冰人才储备，搭建速度滑冰竞技水平跨越式发展的优质平台，在助推我国冰雪运动形成竞技备战新格局的同时，逐步实现我国冰雪竞技水平高质量发展。

（五）国际上诸多成功案例为实施"轮转冰"训练提供了强大的信心支撑

速度轮滑作为辅助训练手段长期以来一直是国内外竞速滑冰非冰期训练重点。其原理是轮滑和滑冰两个项目一脉相承，轮滑起源于滑冰，两者在运动姿态、技术结构，以及训练方法上十分相近，业内普遍将它们称为"孪生项"。因此，冬夏项目实现跨项选材、冬夏项目互补，不但理论上可行，实践上在国际早有成功的尝试。据了解，在欧洲，轮滑运动一直是冰雪运动员在夏天训练的好方法，多位著名运动员也是在轮滑项目中取得成就后才转战冰场，他们从事滑冰事业很晚，但是都在该项目中赢得冠军头衔以及奖牌。以荷兰运动员为例，1990 年出生的荷兰运动员科恩·维伊杰（Koen Verweij），从小开始同步练习速度轮滑和速度滑冰，直到 2006 年确定主攻速度滑冰项目，并于 2011—2014 年之间多次获得世锦赛、世界杯等国际重大速度滑冰比赛的 1 500 米和团体追逐的冠军；米歇尔·穆尔德和罗纳德·穆尔德是一对孪生兄弟，出生于 1986 年，在 2014 年索契冬奥会上两人分别获得男子速度滑冰 500 米的金牌和铜牌，米歇尔·穆尔德从小冰轮双修，罗纳德·穆尔德过去一直从事速度轮滑训练（直到 2009 年转项训练速度滑冰），兄弟两人多次在速度轮滑世界杯和世锦赛中获得冠军。美国运动员中也不乏转项成功的案例，被誉为"轮转冰"杰出代表的美国运动员乔伊·曼蒂亚（Joey Mantia ）出生于 1986 年，9 岁开始从事速度轮滑训练，经过 10 年专业训练他在国际速度轮滑比赛所向披靡，5 年间拿到 26 块世锦赛金牌，其他国际赛事冠军（包括速度轮滑世界杯）无数，为参加奥运的他，此后决定转项速度滑冰，仅 2 年时间，乔伊·曼蒂亚 2013 年开始多次获得速度滑冰世界杯冠军。杰·亚·塞斯基（J. R. Celski）4 岁开始接触速度轮滑，2002 年转项训练短道速滑冰，在短道速度滑冰的国际赛场数次获得冠军，曾获 2010 年加拿大温哥华冬奥会男子 1 500 米短道速滑的铜牌；另一位美国运动员乔丹·马龙（Jordan Malone ）也是从小学习速度轮滑，并多次获得国际大赛的冠军，2004 年转项短道速度滑冰后，是美国唯一一位连续参加 5 次世锦赛都获得奖牌的传奇运动员，曾获 2010 年加拿大温哥华冬奥会男子 5 000 米短道速滑接力项目的铜牌。值得关注的是，过去曾是江苏省轮滑队队员的韩天宇，虽然在速度轮滑上没有取得耀眼的成绩，但在 2006 年转项短道速度滑冰后，多次获得国际大赛冠军，并在 2014 年索契冬奥会获得短道速滑男子 1 500 米的亚军[①]。

有研究统计，国际上有近 30 位运动员通过速度轮滑训练后转项竞速滑冰（速度滑冰和短道速滑，其中以速度滑冰居多）而取得成功（获得世界杯、世锦赛或奥运会前三名）。分析国外运动员转项成功的特点发现，他们都进行了将近 10 年的较长时间的速度轮滑训练，在转项速度滑冰后的 2～7 年时间内获得成功，平均转项训练周期在 4 年左右。我国"轮转冰"计划已于 2015 年开始试点并在 2016 年正式实施，目前在已经结束的 2018 年平昌冬奥会上取得重大突破，有多位年轻运动员入选速度滑冰国家集训队。相信我国通过"轮转冰"计划完全可以培养出一批优秀的速度滑冰运动员，在赛场上展示他们的风采。国内外诸多成功转项案例，将为我国速度滑冰后备人才培养提供新思路，同时也为我国"轮转冰"训练模式的成功增添巨大信心。

（六）我国速度滑冰理论研究不足为本研究提供了重要的启示

实践是理论的基础，理论不仅来源于实践、高于实践、指导实践，而且接受实践检验并随着实践的发展而发展。国家体育总局前副局长李建明先生，在"庆祝改革开放 40 周年暨深化体育改革发展理论研讨会"中指出，改革开放 40 年来中国体育的飞速发展，也得益于中国特色社会主义理论的指导，提出理论建设的高度决定着体育事业发展的高度，要大力加强理论研究，以体育理论的创新推动体育事业实现新发展[②]。要想实现我国速度滑冰达到国际一流水平且长期保有强势的竞争力，除了要实施后备人才梯队建设和专项训练，更要突出以科研为推动力，从理论到实践全方位地提升速度滑冰训练科学化水平，进而促进速度滑冰项目整体竞技水平的全面提高。然而，通过查阅文献了解到，一直以来我国有关速度滑冰的科研文献数量较少，尤其高质量的科研文献寥寥可数。匪夷所思的是，2014 年冬奥会我国速度滑冰实现金牌零的突破，这理应是激发我国有关速度滑冰科研

---

① 王法. 速度轮滑向竞速滑冰运动技能迁移研究 [D]. 成都：成都体育学院，2017.

② 李建明. 加强体育理论创新推动体育事业新发展——在"庆祝改革开放 40 周年暨深化体育改革发展理论研讨会"上的讲话（节选）[J]. 体育文化导刊，2019（2）：1-3.

活力进而转化成科研成果的最佳时机，但是 2014 年冬奥会之后不论是有关速度滑冰高质量文献还是发文总量都呈现逐步下降的趋势，且发文量在总体上已达到近些年的最低点，可见从数量上来看，目前我国速度滑冰理论研究较为薄弱。在此背景下，关于"跨界选材，转项训练""轮转冰"的理论研究则更加缺乏。

因此，将速度滑冰理论的发展与竞技比赛成绩综合来看，就会发现速度滑冰理论发展落后于实践。理论指导实践，实践检验理论，两者不可或缺。为促使速度滑冰运动可持续发展，需要我们对中国速度滑冰运动进行深入的理论研究，探索中国速度滑冰发展规律，形成可持续发展理念，构建中国速度滑冰可持续发展机制，进而探求冰上强国发展路径，丰富竞技体育可持续发展内容，为中国速度滑冰可持续发展提供理论平台和指导，使中国速度滑冰运动朝着协调、稳定、健康、可持续的方向发展。

第二节 文献综述

一、速度滑冰研究综述

速度滑冰运动作为我国开展最早、历史最久远的冬季运动项目之一，是国家冬奥会竞技运动项目中的重要一员。作为冬季运动的重要基础大项，北京冬奥会速度滑冰比赛在国家速滑馆"冰丝带"留给全世界一个个难忘的瞬间。尤其我国名将高亭宇在男子 500 米项目中夺得冠军，这是自中国代表团 1980 年第一次参加冬奥会起，继 2014 年索契冬奥会张虹获得女子 1 000 米项目金牌实现速度滑冰冬奥会历史金牌零的突破后，男子速滑金牌时隔 42 年的又一重大历史性突破。纵观速度滑冰运动在我国冬季运动项目的发展历程，曾经取得过诸多优异的成绩，并打破过世界纪录、获得奥运会金牌，也在个别项目上形成过集团优势。通过近几届冬奥会的竞赛成绩分析，相比于短道速度滑冰取得的辉煌成就，我国速度滑冰竞技表现虽有亮点，但呈现出女子竞技水平下降严重、整体发展缓慢、人才匮乏、潜力不足的局面，与荷兰及亚洲的日韩等世界速度滑冰强国存在较大的差距。通过中国知网（CNKI）以"速度滑冰"为主题词进行检索，下文是对检索到的相关文献进行的总结、归纳和梳理发现：

（一）速度滑冰研究的发展历程

1. 启蒙阶段

我国关于速度滑冰的研究最早始于 1973 年，由李洪兹[①] 等人通过检查运动员尿蛋白和尿沉渣来评定以跑、速度滑冰和自行车为代表的体能主导类周期性速度、耐力项目的训练量，由此拉开了我国关于速度滑冰研究的序幕。但是该研究没有在实质上对速度滑冰的技术、体能等训练核心内容进行探讨，没能在速度滑冰研究领域起到引领作用。由于 20 世纪 70 年代我国国情以及训练条件等诸多因素的制约，加之速度滑冰在我国无论是竞技水平还是群众普及程度均较低，导致对该项目研究的关注度较低。直到两年后的 1975 年，分别由日本和俄罗斯的两个研究团队在《体育科技资料》上发表了三篇关于速度滑冰运动员在训练过程中的呼吸循环机能[②]、腿部肌肉肌电图[③] 以及不同年龄段运动员心脏对最大训练强度适应能力[④] 的文章后，我国科研人员才逐步开始着手速度滑冰领域的科研工作。此后，关于速度滑冰方面的研究逐步受到相关科研工作者的关注，研究范围不断拓展。然而受制于当时我国科研条件和水平，这一时期的研究主要是以引入国外学者的观点为主，国内学者的研究多以调查和探讨为主，体现出研究层次较浅、创新观点较少的特点，属于速度滑冰研究的启蒙阶段。

2. 起步阶段

进入 20 世纪 80 年代后，虽然俄罗斯、荷兰、日本等国外学者的研究成果仍占据着主导和核心地位，但是国内学者已经开始运用较为科学的研究方法和手段来研究速度滑冰各层面的问题。诸如卞新生[⑤] 于 1980 年首次采用通过生物力学来研究速度滑冰运动员在直道滑行时的最佳出刀角度；下一年刘占林[⑥] 首次相对系

① 李洪兹，常世和，崔和明，等. 进行各种距离跑、速度滑冰和自行车运动时尿蛋白与沉渣的改变 [J]. 体育科技资料，1973（Z3）：39–42.

② 喜多虹，青木纯一郎，清水达雄，等. 速度滑冰运动员在非冰期训练中呼吸循环机能的变化 [J]. 体育科技资料，1975（20）：39–47.

③ 前（山鸟）孝，喜多虹，青木纯一郎，等. 速度滑冰滑行时腿肌的肌电图 [J]. 体育科技资料，1975，（20）：52–54.

④ 鲍罗夫采夫，巴雷什金，王树本. 不同年龄速滑运动员的心脏对最大训练强度的适应能力 [J]. 体育科技资料，1975（20）：48–52.

⑤ 卞新生. 速度滑冰中直道的最佳出刀角应该是多少？ [J]. 体育科技，1980（4）：13–15.

⑥ 刘占林. 速度滑冰蹬冰技术的生物力学分析 [J]. 冰雪运动，1981（1）：12–17.

统地通过生物力学对速度滑冰蹬冰技术从蹬冰的蹲屈度、蹬冰的力量、身体总重心的位置、浮腿的配合等 4 个方面进行研究，提出蹬冰是滑跑速度的源泉，蹬冰技术必须符合生物力学原理，为我国速度滑冰技术改进和提升作出了重要的贡献，为接下来关于速度滑冰技术、体能训练等方面的研究奠定了基础。然而这一时期除了速度滑冰竞技体育相关研究多点开花，有关速度滑冰教学的研究也逐渐涌现，诸如杨啸堂[①]首次提出开设速度滑冰课程的高等学校应该有统一的教材，并且在对技术教学方法上有相应的参考资料，这样才能提高教学水平；在此之后有很多学者针对速度滑冰弯道、直道技术教学、教学口诀、初学者学习技巧、陆地教学法等内容进行研究，为我国校园（尤其高校）速度滑冰教学水平的提升和速度滑冰在校园的普及提供重要的支持。

　　然而受制于当时我国科研条件和水平，这一阶段的初期研究主要以引入国外学者的观点为主，国内学者的研究多以调查和探讨为主，随着国内学者不断地探索与努力，国内研究也逐步开始运用较为科学的研究方法和手段来研究速度滑冰各层面的问题。关于速度滑冰训练、选材、损伤、技术、耐力等方面均有涉及，研究范围逐步拓宽，研究方法逐步科学化，研究内容逐步专业化，但是不可否认，在这一时期的科研成果总量仍旧太少，相关训练理论极度缺乏，研究成果对训练的转化率较低，因此这一阶段可视为我国速度滑冰研究的起步阶段。

　　3. 发展阶段

　　进入 20 世纪 90 年代，随着我国坚持学习国外先进训练经验和科研成果，加之国内教练员、学者对速度滑冰研究水平的提升，我国速度滑冰运动员在世界大赛中逐步崭露头角，并取得了较为优异的成绩，因此这一阶段除速度滑冰教学方面的内容关注度持续增加，关于优秀运动员技术、训练的研究开始受到重视，且关于教练员和训练理论研究也受到关注。例如：南相华[②]通过对国内 45 名优秀速滑运动员在训练年限、训练量、训练方法、成才年限、心理特点等进行调查、整理和归纳，为今后更好地培养优秀运动员的训练工作提供指导；王小虹[③]等人对

①　杨啸堂. 对速度滑冰课教学的体会 [J]. 冰雪运动，1981（1）：24–28.

②　南相华. 优秀速滑运动员成长中若干问题的探讨 [J]. 哈尔滨师范大学自然科学学报，1991（3）：108–112.

③　王小虹，张明伟. 关于叶乔波速度滑冰弯道腿部动作运动学特点 [J]. 冰雪运动，1992（4）：1–4.

我国冬奥会首枚奖牌获得者叶乔波的运动成绩进行研究，通过高速摄影连续拍摄其比赛时的技术动作，并进行运动学解析，这一研究成果对今后速滑运动员技术训练提供了重要参考和借鉴；王奎和[①]等人根据当时速度滑冰快速的发展，且比赛不断增多，传统的大周期训练已不能满足当时的训练和比赛，提出了速度滑冰训练年度应安排双周期或多周期的训练结构，并对大周期和中周期的阶段划分、训练目的任务、训练方法做了详细的阐述，这对今后我国速度滑冰训练适应国际化赛事的要求奠定了基础；张云[②]等人研究发现，我国优秀女子短距离速度滑冰运动员与国外顶尖运动员相比，在速度耐力方面明显落后，这是制约我国女子速滑运动员登上"世界巅峰"的主要因素，因此通过对我国优秀速度滑冰运动员薛瑞红和王曼丽在有氧和无氧能力等身体机能方面的测试，将最大摄氧量、无氧阈心率以及无氧阈值时的吸氧量等一些生理生化指标进行分析，找出有氧耐力这一薄弱环节，为今后科学化训练提供了有针对性的参考，也表明了这一时期已经开始重视速度滑冰训练的科学性评价；另外，杨树人[③]等人通过对荷兰速度滑冰专家提出的蹬冰技术进行深度解析，以直道滑跑每个滑步的阶段划分和膝关节角度的变化，以及弯道滑跑时每个滑步阶段的划分与身体、膝关节角度变化为主要内容结合专家论述进行剖析，指明国内众多教练员对技术理解的偏差以及偏差原因，为今后教练员和运动员技术训练的正确性作出重要保证，同时也为今后我国速度滑冰训练理论的研究奠定了基础，因此这一阶段属于我国速度滑冰研究的发展阶段。

4. 提高阶段

进入 21 世纪以后随着我国体育科研水平的提升、速度滑冰竞技实力的提高，虽然研究内容和过去没有太大的差别，但是研究的科学化程度更高，研究的视角更广，采用的研究手段更多，且研究内容更加具体、更有针对性，文献从研究方法、研究思路、内容分析等方面逐步体现出科研的规范性。诸如重视运动员心理层面的训练，注重克服空气阻力的实验性研究，采用更加科学的手段和方法对运

---

① 王奎和，王光. 速度滑冰大周期和中周期训练 [J]. 沈阳体育学院学报，1993，12（4）：22-24.

② 张云，商立新，杨忠杰，等. 速滑运动员薛瑞红、王曼丽身体机能测试浅析 [J]. 冰雪运动，1996（3）：43-44.

③ 杨树人，吴云. 速度滑冰蹬冰技术中一个值得探索的理论问题 [J]. 哈尔滨体育学院学报，1990（2）：35-39.

动员进行疾跑[1]、滑行的动力学研究以及能量代谢方面的研究，更加注重运动员关节肌肉发力特征[2]的研究，且速度滑冰教学手段更加多样化等。然而这一时期明显受到关注的则是对训练周期、训练负荷安排、运动员核心竞技能力以及滑跑节奏等内容的研究，如程瑞辉[3]等人通过对我国速度滑冰国家队运动员备战2006年都灵冬奥会10个月训练期间，在技术、体能训练的安排，负荷强度大小的搭配，有氧与无氧训练的穿插等方面进行了详细的调研并分析，为今后我国备战冬奥会的周期训练安排、负荷量和强度的调整，以及技术、体能训练比重提供了有价值的借鉴；夏娇阳[4]通过实验和梳理分析等研究方法分析影响短距离优秀运动员训练的各方面因素，在此基础上构建了速度滑冰短距离的训练理论体系，提出了该项目的制胜规律，并对运动员在重大比赛前的训练备战模式提出了有针对性的见解；黄达武[5]等人通过数理统计等研究方法对于静两次世界大赛的比赛数据，与世界优秀运动员在比赛中的数据进行对比，找出于静在500米比赛中速度节奏的规律，为今后500米训练节奏的安排、改善提供重要的参考。

尤其在北京冬奥会成功申办之后，在国家社会、经济、科技全面发展的支持下，在"办赛精彩参赛也要出彩"目标的指引下，速度滑冰研究质量不断提升，科技助力元素愈发明显。研究内容既有基于可穿戴式惯性测量单元的运动捕捉系统对运动员下肢协调特征的研究[6]；又有为促进训练与科研深度融合，基于ARMSS研究范式对速度滑冰专项能力夏季化训练措施的研究[7]；也有通过分析北京冬奥会周期世界冰雪运动强国科技助力备战策略，提出应将科技手段应用于心

[1]　鲁家琪. 我国男子500 m速度滑冰优秀运动员疾跑技术的运动学研究 [J]. 体育科学，2005（4）：51-57.

[2]　夏娇阳. 我国速度滑冰优秀运动员膝、踝关节肌力特征的比较研究 [J]. 体育科学，2005（8）：53-55；74.

[3]　程瑞辉，于洪军，陈光磊，等. 速度滑冰运动员训练负荷研究——对我国速滑运动员备战2006年都灵冬奥会10个月训练的分析 [J]. 武汉体育学院学报，2007（10）：77-80.

[4]　夏娇阳. 优秀短距离速度滑冰运动员核心竞技能力训练理论体系与实证研究 [J]. 体育科学，2008（3）：86-96.

[5]　黄达武，陈月亮，吴瑛. 于静速度滑冰全程速度节奏研究 [J]. 体育文化导刊，2012（3）：75-80.

[6]　马玉丹，温朝晖，具中山，等. 基于惯性测量单元的女子速度滑冰运动员下肢运动协调特征研究 [J]. 北京体育大学学报，2021，44（12）：98-109.

[7]　邱招义，尹一全，叶茂盛，等. 提升我国冬奥项目运动员专项能力的夏季化训练措施 [J]. 北京体育大学学报，2021，44（3）：2-16.

理调节、技术精进、体能提升、伤病防治等方面，以科技为支撑推进备战精细化，助力竞技实力全面提升的研究[①]；还有综合国内外速滑竞争力成因与表现分析，研究设计竞技速度滑冰竞争力评价模型，以更快实现我国竞技速滑高质量发展的研究[②]。这些研究为我国教练员和科研人员更好地理解、认识速度滑冰项目，并付诸训练实践提供了有价值的参考。同时，这一时期借助北京冬奥会的政策红利，我国速度滑冰研究"量、质"齐升，因此这一阶段属于我国速度滑冰研究提高阶段。

（二）速度滑冰研究的热点

通过对我国速度滑冰领域研究历程的回顾，结合影响力较高的文献总结出我国速度滑冰研究主要集中在以下几个方面。

1. 速度滑冰体能训练

刘俊一和隋力[③]通过对我国优秀女子速度滑冰运动员专项身体素质结构特征进行研究分析，构建了以速滑专项综合素质、爆发力力量素质、速度素质、速度耐力素质为核心的专项身体素质结构模型，对我国优秀短距离女子速滑运动员专项身体素质形成了新的认知理念；李秋萍[④]等人采用 60 秒 Wingate 方式对我国 33 名优秀速度滑冰运动员进行无氧测试，根据研究结果提出我国速度滑冰运动员在今后的训练过程中在重视乳酸供能能力训练的同时更应重视无氧和有氧能力的训练；严力[⑤]等人研究认为，通过改进速度滑冰的有氧训练，有效提升运动员个体血乳酸清除效率，以便在最短时间内将运动员血乳酸水平有效降低，从而有利于运动员在冬奥会比赛中处于最佳竞技状态；陈小平[⑥]等人通过"最大力量能力阈"

① 李桂华，袁俊杰，李晨. 北京冬奥周期世界主要强国科技助力备战策略及其镜鉴 [J]. 沈阳体育学院学报，2021，40（5）：1-6；15.

② 陆乐，阎智力. 我国竞技速度滑冰竞争力评价指标体系构建与认证 [J]. 武汉体育学院学报，2020，54（3）：84-91.

③ 刘俊一，隋力. 我国优秀速度滑冰短距离女运动员专项身体素质结构特征统计分析 [J]. 天津体育学院学报，2009，24（2）：177-180.

④ 李秋萍，郑锡明，曹师承，等. 我国优秀速滑运动员无氧耐力实验研究 [J]. 中国运动医学杂志，2000（1）：90-91.

⑤ 严力，赵滨杰，米博，等. 我国速滑冬奥会选手改进有氧训练的个性化研究——第20届冬奥会速滑科攻关思考之一 [J]. 冰雪运动，2008（1）：1-6.

⑥ 陈小平，严力，季林红，等. 对我国优秀短距离速滑运动员力量耐力的研究—运用"最大力量能力阈"评价力量耐力水平的试验 [J]. 体育科学，2005（12）：46-48；68.

的测试方法，对我国 20 名优秀男女短距离速度滑冰运动员的力量耐力进行测试与研究，提出优先发展"速度力量耐力"的力量训练指导思想，并在接下来备战 2006 年都灵冬奥会的训练过程中取得了显著的效果；陈艳[①] 等人通过对我国短距离优秀速度滑冰运动员力量训练的现状进行调查分析，发现我国教练员对力量训练的认识较浅、对最大力量训练的重视程度不够、力量训练手段匮乏、力量训练要求不到位等一系列问题，导致力量训练效果不明显，在此基础上提出了有针对性的见解；陈月亮[②] 等人通过对我国优秀男子短距离速度滑冰运动员体能构成指标进行测试，在通过对测试指标分析的基础上，对我国优秀男子短距离速滑运动员建立了具有针对性的体能特征结构模型，这不仅能够为该项目的科学选材提供指导，而且还能够使男子速度滑冰运动员体能训练更有目的性、针对性和方向性。李淑媛[③] 等人通过对国家青少年男子速滑运动员进行最大摄氧量、Wingate 30s 无氧功和血乳酸测试发现，现阶段我国青年男子速滑运动员有氧能力和无氧能力与世界速滑强国精英运动员存在较大差距，严重制约竞技水平提升。王月华[④] 等人则通过功率自行车递增负荷实验、30 s Wingate 无氧实验测试了 45 名国家速滑队运动员，结果发现男女运动员的疲劳速率均较高，男子短距离组运动员无氧能力已达世界级水准，但中长距离运动员的无氧、有氧能力均落后于世界水平；女子整体专项运动能力呈现明显下降趋势，相对来讲中长距离运动员的有氧能力要强于短距离组，由此有针对性地提出提升集体有氧代谢水平的建议。

2. 速度滑冰技术训练

陈民盛[⑤] 等人通过运动生物力学的方法对世界知名速度滑冰运动员的弯道蹬冰技术从三维角度进行分析，得出滑步长度和宽度的组合应为 3.6：1、蹬冰时

① 陈艳，王红英，陈月亮. 我国优秀短距离速滑运动员力量素质训练特征 [J]. 武汉体育学院学报，2010，44（7）：84-88.

② 陈月亮，吴瑛，张庆文. 我国优秀男子短距离速滑运动员专项体能结构模型的构建 [J]. 上海体育学院学报，2007（2）：45-50.

③ 李淑媛，杨明，史继祖，等. 不同专项的青年男子速度滑冰运动员有氧、无氧能力特征研究 [J]. 中国体育科技，2021，57（12）：18-22；34.

④ 王月华，杨明. 国家速度滑冰队有氧及无氧运动能力解析 [J]. 成都体育学院学报，2021，47（5）：13-17；23.

⑤ 陈民盛，张云，邹晓峰. 优秀速滑运动员弯道蹬冰技术动作结构的模式特征研究 [J]. 中国体育科技，2004，40（4）：31-35.

运动员重心的横向位移幅度要明显小于纵向等结果，在此基础上提出运动员起蹬条件可以作为评判蹬冰初始条件的方法，同时也对下肢关节的有效蹬伸范围作出推测；黄达武[1]等人运用视频和表面肌电同步采集的方法研究我国女子速度滑冰国家队 5 名运动员在滑行支撑阶段的腿部肌电参数，并对每个运动员左、右脚的屈和伸进行技术稳定的比较，通过研究结果提出速度滑冰训练应高度重视股四头肌力量训练，并提出相应的训练方法；李凤丽[2]等人通过三维摄像方法对世界优秀速滑运动员弯道蹬冰技术的时间特征进行分析，认为在一个单步滑行中，左单步支撑时间要短于右单步，从踝关节缓冲时间来看则是左腿踝关节明显短于右腿，从下肢三大关节伸展角速度达到最大值的时机上看，髋、膝关节具有相对的同步性，但踝关节却具有一定的延迟性；李巧玲[3]通过比较分析发现，速度滑冰和速度轮滑这两个项目在技术动作结构、运动生物力学基础、训练周期、供能方式、比赛形式等方面极其相似，并提出速度滑冰在技术训练过程中可以多方面借鉴速度轮滑；王新宝[4]等人通过视频和表面肌电同步的方式采集我国优秀女子速度滑冰运动员王北星在冰上专项和陆地模仿下肢支撑阶段的腿部肌肉肌电参数并进行分析，通过对两个结果对比提出今后在陆上进行专项模仿练习时着重强调动作速度、非稳定支撑等 4 个方面；张守伟[5]以 2010 年冬奥会 500 米季军日本名将加藤条治为研究对象，运用运动生物力学方法对其比赛时 500 米弯道滑跑技术进行分析，研究结果发现加藤条治滑跑时出现下肢腾空的现象，并找出原因所在，为我国速度滑冰弯道技术提供指导。刘彬[6]等人则是通过对世界速滑强国加拿大女子长距离运动员技术训练进行深入研究，指出技术训练方法多样、实效，训练负荷高，以"技术＋体能"的训练模式来改进和优化专项技术，提升训练质量，是加

① 黄达武，刘露，马勇占，等. 优秀女子速度滑冰运动员支撑阶段技术稳定性及肌电特征研究 [J]. 北京体育大学学报，2014，37（7）：80-86.
② 李凤丽，邹晓峰，程湘南. 世界优秀速滑运动员弯道蹬冰技术的时间特征分析 [J]. 天津体育学院学报，2006（5）：447-448.
③ 李巧玲. 速度滑冰与速度轮滑技术及训练相互借鉴的思考 [J]. 冰雪运动，2008（4）：5-7.
④ 王新宝，黄达武，陈月亮. 速度滑冰陆上专项技术模仿练习的专项性分析 [J]. 山东体育学院学报，2014，30（5）：82-87.
⑤ 张守伟. 世界优秀速度滑冰运动员弯道"滑跑"技术的运动学分析与探索——以 2010 年冬奥会季军加藤条治的弯道技术研究为例 [J]. 北京体育大学学报，2013，36（7）：118-122.
⑥ 刘彬，黄滨，付春艳. 加拿大速度滑冰长距离女子项目技术训练研究 [J]. 辽宁师范大学学报（自然科学版），2018，41（4）：570-576.

拿大女子长距离竞技水平保持高水准的关键。刘俊一[1]、邱招义[2]等人提出夏季化训练是提升速度滑冰专项能力的有力举措，并通过将专项技术如直道分解技术、直道完整技术、弯道分解技术、弯道完整技术、起跑技术、冲刺技术、基础姿势、皮筋弯道、布袋弯道等进行细致分解，通过科学设计夏季化训练措施和手段，改进并提升专项技术，进而达到提高整体竞技实力的目的。

3. 速度滑冰后备人才培养

夏娇阳[3]等人通过对我国速度滑冰后备人才培养现状存在的问题进行分析，得出我国青少年比赛在比赛形式、次数和参赛人数上与冰上强国存在差距，且女子比男子成绩好，短距离比长距离成绩好，成绩逐年提高但是名次不变或是下降的结论；王红[4]等人通过对我国速度滑冰发展现状分析，认为体育场馆设施不足、后备人才梯队建设不完善、教练员综合水平欠缺、训练方法与手段落后等，且这些方面与国际高水平国家相比差距明显，因此是制约速度滑冰运动员培养的关键所在，并在此基础上提出有针对性的对策，为我国速度滑冰项目的可持续发展提供参考；吴玉国[5]等人研究发现以心理能力、专项运动能力等诸多因素为代表的自身因素、环境因素和训练因素是影响我国青少年速度滑冰运动员成长的主要因素，在此基础上提出合理的建议，来推动运动训练科学化以及提高青少年运动员的成材率；卢卓[6]等人以东北师范大学速滑队伍为个案，通过梳理国内外"体育融合"的培养模式，提出人才培养层次化、队伍发展多元化的模式；张贵福[7]等

---

① 刘俊一，姜琪，杨宝倩. 冬季项目运动员专项能力特征及夏季化训练措施的科学探索 [J]. 北京体育大学学报，2020，43（12）：115-129.

② 邱招义，尹一全，叶茂盛，等. 提升我国冬奥项目运动员专项能力的夏季化训练措施 [J]. 北京体育大学学报，2021，44（3）：2-16.

③ 夏娇阳，张晓明. 我国速度滑冰后备人才培养现状及与世界强国的对比分析 [J]. 中国体育科技，2009，45（4）：108-110；13.

④ 王红，高升，李兴国. 我国速度滑冰项目发展的制约因素与对策 [J]. 冰雪运动，2012，34（5）：10-13；18.

⑤ 吴玉国，胡媛媛. 我国青少年速度滑冰运动员成长的影响因素 [J]. 冰雪运动，2010，32（1）：9-12.

⑥ 卢卓，张强. 我国速度滑冰项目 "体教融合" 培养模式实证研究——以东北师范大学速度滑冰队为例 [J]. 体育文化导刊，2017（4）：160-163；178.

⑦ 张贵福，刘勇强. 黑龙江省速度滑冰项目后备人才培养现状研究 [J]. 冰雪运动，2010，32（4）：5-12.

人通过对黑龙江省速度滑冰项目后备人才注册、分布、数量、运动水平、训练，以及教练员等诸多方面的调查，发现各方面总体并情况不乐观，建议通过提升教练员参加培训的频率和层次，掌握科学、先进的训练理念和方法，增加各省市运动员之间的比赛交流等途径促进后备人才可持续发展；张晓玲[①] 等人通过系统研究速度滑冰项目特征和运动员竞技能力特征，从生长发育、身体形态、生理机能、身体素质以及所掌握的基本技能等方面制定出选材标准；沈艳[②] 等人从竞技体育的长久竞争其结果就是后备人才竞争的角度出发，深入剖析了吉林省速度滑冰人才培养的布局、运动员出路等一系列问题，提出走"体教结合"之路，加强教练员执教经验和水平，创造良好的训练环境，提升运动文化学习的积极性和水平，来促进吉林省速度滑冰后备人才队伍可持续发展。随着北京冬奥会申办成功，围绕"轮转冰""跨项选材、转项训练"来建设速度滑冰后备人才队伍的研究不断受到关注。诸如，李雪梅[③]、刘江山[④] 等人研究指出速度轮滑和速度滑冰两个项目供能方式、技术链条相似，通过"轮转冰"扩大速度滑冰项目的运动员选材来源，为国家输送更多更好的速滑运动员。孙民康[⑤] 等人研究指出"轮转冰"计划实施标志着我国冬季项目跨项选材由无组织跨项进入有组织跨项阶段，其本质是"近项迁移"。

4. 速度滑冰教学

杨树人[⑥] 等以如何办好黑龙江省冰上重点专项——速度滑冰为出发点，通过建立改革教学内容和教学方法、深入速滑理论研究、探讨速滑训练实践、规范速度滑冰教材建设等方式的新型教学模式，并付诸教学实践，打开培养新型速度滑

① 张晓玲，冯明强，张丽群. 青少年速度滑冰运动员的选材 [J]. 冰雪运动，2010，32（4）：1–4；500.

② 沈艳，张强. 吉林省速滑后备人才培养现状调查与发展对策 [J]. 冰雪运动，2008（1）：7–12.

③ 李雪梅，李佳军. 速度轮滑转项速度滑冰的国内外现况研究 [J]. 北京体育大学学报，2016，39（9）：132–138.

④ 刘江山，邰崇禧，薛蓉，等. 聚焦"轮转冰"速滑队伍：历史机遇、现实困境与应对策略 [J]. 上海体育学院学报，2019，43（1）：113–118；126.

⑤ 孙民康，龚丽景. 冬季项目跨项选材的理论研究与实践探索 [J]. 体育科学，2019，39（11）：88–97.

⑥ 杨树人，宋琳，蒙猛，等. 关于培养新型速度滑冰专项人才素质教学模式的研究与实践 [J]. 哈尔滨体育学院学报，1996（1）：13–16.

冰人才办学的新途径；靖文^①等人针对普通高校大学生在掌握速度滑冰技术动作的层次性和个体差异性，将"分层教学法"引入日常教学课堂中，实验结果表明灵活地运用分层教学法可以使各层面学生尽快地掌握所学动作，其中教学效果在初学者中体现得更加显著；张春林^②等人针对北方普通高校大学生对速度滑冰课上学习兴趣不高、课后锻炼效果不佳的现状，提出通过采用多媒体辅助教学等多样化的教学方式，激发和培养大学生上冰上课的兴趣，达到了预期的教学效果；早在1984年，王洪玉^③就指出受制于自然条件和场地的影响，针对学校速滑教学普遍存在冰上教学时长明显不足的现象，设计陆地练习来模拟速滑教学以弥补冰上教学时间不足的现状，通过120个陆地练习方式（包括利用滑轮代替滑冰进行技术练习）来提升学生的力量等身体素质并进行技术训练；关学雷^④通过本校速滑教学时间不足，虽然非冰期进行陆地模拟技术练习但是比较枯燥，影响教学效果，因此在非冰期的技术教学课上采用轮滑教学实验，达到较好的教学效果，表明通过轮滑教学可以消除初学者在冰上的惧怕心理，且可以通过正迁移将轮滑技术运用于滑冰技术教学，对教学有较大促进作用；另外，由于过去传统速度滑冰教学模式难以适应当代素质教育的体育教学模式，因此苏和^⑤为提高速度滑冰教学效果，将高校速度滑冰选项课学生分为实验组（同步教学法）和对照组（传统教学方式），分析直、弯道技术同步教学法优势，在相关理论支撑的基础上，该教学方法突出教学重点，学生理解技术较为容易且掌握技术的用时较短，取得了良好的教学效果；张玉昌^⑥同样针对传统枯燥乏味的速度滑冰教学方法，根据学生前期速滑水平将其分为实验班和对照班，设计"自学—示范—答疑—练习—改错—小结"的教学模式操作过程，与传统教学模式相比，该教学方法实现了学生个体化和教师指导的异步化，学生兴趣浓厚、课堂气氛活跃，且教学效果显著。"同步"和"异步"两种教学模式都突破了原有固化的教学步骤，且取得了良好的教学效果，对推动速度滑冰教改起到至关重要的作用。

① 靖文，陈玲．探析分层教学法在速度滑冰教学中的运用 [J]．冰雪运动，2006（2）：80-82.
② 张春林，许振松．培养大学生冰上课学习兴趣的教学手段 [J]．冰雪运动，2007（1）：64-66.
③ 王洪玉．速度滑冰陆地教学120例 [J]．冰雪运动，1984（5）：19-23.
④ 关学雷．把轮滑运动运用在速滑教学中的尝试 [J]．冰雪运动，2000（1）：59-60.
⑤ 苏和．速度滑冰同步教学法研究 [J]．冰雪运动，2005（1）：48-49.
⑥ 张玉昌．异步教学法在速度滑冰教学中的实验研究 [J]．冰雪运动，2006（6）：61-63.

5.速度滑冰运动员滑行节奏

过去在速度滑冰领域几乎很少有人关注滑行节奏，最早是 2002 年有学者在短道速滑训练和比赛中提出"滑行节奏"是一个不可忽视的问题。当前随着速度滑冰比赛竞争日趋激烈，冠亚季军往往相差毫厘之间，这时运动员在整个滑行阶段的速度节奏控制则至关重要。作为国家速度滑冰队科研教练，陈月亮[①]2010 年首次对速度滑冰节奏问题进行研究，采用图像分析结合专家访谈等研究方法，对参加都灵冬奥会、2006 年哈尔滨速度滑冰世界杯的 500 米国内外优秀速度滑冰运动员的全程滑跑节奏特征、训练节奏特征、步幅和步频间的关系等内容进行分析，指出国内运动员训练时达不到比赛强度要求，且现代短距离速滑呈现出直道大步幅、弯道高步频的节奏特征，这对把握速度滑冰短距离项目制胜规律起到重要参考作用；张守伟[②] 等人以吉林省 10 名优秀女子 5 000 米速度滑冰运动员为测试对象，要求被测对象分别采用高弯低直、低弯高直以及匀速滑跑的三种节奏进行 5 000 米定速滑行，研究结果发现，采用高弯低直的滑跑节奏的心率明显低于其他两种滑跑节奏，表明该滑跑节奏可能有利于中长距离项目速度滑冰运动员在进行高强度滑行时保持稳定的心率，在减少能量消耗的同时有利于创造好成绩；黄达武[③] 等人分别从性别、运动水平和道次三个视角来分析对 500 米速滑运动速度节奏的影响，结果表明道次相同时女子加速节奏较快，对男子运动员来讲运动水平对速度节奏无显著影响，性别对不同道次速度节奏无显著影响，但内外道次对速度节奏影响较大，并据此提出今后训练中应着重对进出弯道速度变化的研究，设计科学合理的 500 米速度滑冰全程速度节奏；吴新炎[④] 等人通过对国际女子速度滑冰 1 000 米优秀运动员的全程速度节奏特征进行分析，研究结果发现，当前世界优秀女子运动员采用快速启动的节奏策略进行 1 000 米滑跑，该项目的制胜因素是绝对速度和速度耐力，同时对我国速滑名将张虹备战冬奥会提供了应注重疾跑阶段能力的提升，且在该时段应加强踝关节稳定性和髋关节灵活性的训练和

① 陈月亮. 短距离速滑节奏特征 [J]. 首都体育学院学报，2010，22（5）：62–65.

② 张守伟，张志成，徐莹. 女子 5 000m 速滑优秀运动员滑跑节奏与心率变化的关系 [J]. 体育学刊，2012，19（6）：113–117.

③ 黄达武，陈月亮，吴瑛，等. 性别、运动水平和道次对 500 m 速度滑冰速度节奏的影响 [J]. 北京体育大学学报，2013，36（2）：133–138.

④ 吴新炎，陈月亮. 女子 1 000m 速滑项目速度节奏特征与张虹索契备战策略 [J]. 首都体育学院学报，2014，26（2）：150–156.

比赛时的控制；前国家队主教练冯庆波[①]等人以 2008 年速度滑冰世锦赛男子 500
米前三名运动员全程滑跑速度节奏为研究对象，研究结果表明运动员在第一弯道
速度控制和第二弯道滑跑策略的选择上体现出较大差距，同时都表现出第二直道
前半段明显加速后半段保持，进第三直道后表现出最大速度水平且总体来讲全程
速度相对稳定，这为今后我国运动员训练备战提供良好了的借鉴。张马森[②]等人
通过对 1 500 米速滑运动员速度节奏的测试，研究发现我国速滑运动员基本均采
用积极加速的节奏策略，但不同性别、不同竞技水平运动员在不同分段的速度差
异较大，进而提出合理的速度节奏，尤其是后程加速能力是 1 500 米速滑项目的
制胜关键。

6. 速度滑冰运动损伤

早在 1979 年付学军[③]等人对参加第四届全国冬运会的速度滑冰运动员运动
创伤情况进行调查，调查结果发现半数以上的运动员存在伤病，且受伤部位按人
数由多至少依次为腰背部、膝关节、踝关节、小腿，致伤因素为技术动力定型不
固定、疲劳训练、训练手段单一、场地不平整以及医疗保障水平落后等方面；王
海峰[④]等人通过对速度滑冰运动常见的膝关节损伤进行研究，通过剖析膝关节的
生理结构，结合速度滑冰的技术特点，针对膝关节不同的损伤情况进行病因分析
并提出针对性的治疗方法，为今后膝关节伤病的防治提供参考；程刚[⑤]等人通过
调查与统计发现，速度滑冰运动员致伤的原因有准备活动不充分、身体机能状态
不佳、场地不规范且保护措施缺失等方面，并据此提出相关预防措施；宋丽[⑥]等
人通过对 30 名国际速滑运动员进行运动损伤调查，发现习惯性拉伤、腰肌劳损、
膝关节软组织损伤是目前运动员主要的损伤类型，康复难度较大，且治疗手段科

① 冯庆波，陈月亮，黄达武. 世界优秀男子速滑运动员 500 m 全程速度节奏量化特征研究 [J].
冰雪运动，2013，35（4）：5–11；68.
② 张马森，冯茹，刘卉. 速度节奏对我国速度滑冰运动员 1 500 m 比赛成绩的影响 [J]. 中国
体育科技，2021，57（11）：3–8.
③ 付学军，王桂云，朱琦，等. 速滑运动员运动创伤调查——冰上运动创伤调查材料之一 [J].
体育科技，1979（Z1）：115–117.
④ 王海峰，高俊. 对速滑运动员膝关节损伤的病因分析 [J]. 冰雪运动，2005（5）：36–38.
⑤ 程刚，吴震. 速度滑冰运动员损伤的预防与急救 [J]. 冰雪运动，2007（3）：63–65.
⑥ 宋丽，沈玉，肖书恒. 优秀速滑运动员运动性损伤成因与预防的研究 [J]. 冰雪运动，
2011，33（3）：4–7.

学化程度不够，过早专项化训练、疲劳训练、准备活动不充分且重视程度不够、局部负荷过大、专项力量训练方法手段单一且落后是致使运动员出现伤病的主要因素；张笑昆[①] 通过对高校速度滑冰初学者运动损伤调查发现，踝关节扭伤、手腕关节挫伤、大腿拉伤、冻伤、膝关节扭伤是大学生损伤的主要类型，致伤因素主要有场地器材不规范、安全意识不足、准备活动不充分、学习兴趣低等方面，并据此对教学过程中提出相对合理的建议。

（三）小结

综上所述，目前我国关于速度滑冰的研究分为启蒙阶段、起步阶段、发展阶段、提高阶段，关于速度滑冰的研究主要集中在体能、技术、后备人才培养、教学、滑行节奏、运动损伤等 6 个方面，表明关于速度滑冰的研究范围较广，研究内容在宏观上有项目发展、训练安排、队伍运动成绩分析等内容，微观上不仅有力量、速度、耐力等体能的研究，而且也有运动身体机能评定、选材指标、教练与培训等内容，并且还非常注重速度轮滑作为速度滑冰辅助训练和教学方面的研究，有利于我国速度滑冰的全方位发展。然而结合我国速度滑冰发展现状以及对研究内容进一步分析了解到，目前我国速度滑冰研究成果较少，高质量的研究成果极度缺乏，科研成果对速度滑冰运动训练的转化效益太低，例如，绝大多数关于运动训练技术、体能和节奏的研究主要集中在短距离项目，一方面说明我国短距离项目具有一定的国际竞争力，另一方面也说明研究自主能力、科研创造力严重不足，缺乏突破和创新，只能根据已取得的成绩去研究分析，在此基础上找到优缺点，而不能主动地克服难题，尤其是关于中长距离的研究近几十年一直处于全面落后的局面，但仍鲜有人问津，从另一个方面表明缺少攻克的决心和恒心。

再如，通过中国知网发现，近些年我国关于速度滑冰研究的高质量文献（核心期刊载文）一直处于下降的状态，研究内容与 20 世纪 90 年代相差不大，研究方法也没有突破和创新，因此研究成果的有效性以及对训练和比赛的直接贡献率也就随之下降，最明显的体现是近几届冬奥会和亚冬会我国速度滑冰的整体竞技成绩也没有取得较大的突破，这与研究的重视程度、研究质量、研究的科学性密切相关。尤其是 2014 年冬奥会张虹在女子 1 000 米比赛中历史性地夺得中国速度

---

① 张笑昆. 高校速滑初学者运动损伤的归因调查 [J]. 冰雪运动，2006（6）：54—55.

滑冰第一枚金牌，这理应是中国速度滑冰科研领域迎来一个跨越式突破的历史阶段，然而我国相关部门、教练员和科研人员没能抓住这一历史性机遇为中国速度滑冰整体竞技水平的提升做出应有的贡献。

因此，从整体上来看，我国关于速度滑冰的研究内容、方法比较单一，研究层次较浅，研究领域需要拓宽，尤其是对于速度滑冰在技术训练方法与手段、训练评价体系，以及新兴项目"轮转冰"训练、发展等方面内容涉及较少，且研究深入不够，缺乏从多维视角来引进、探索和提出速度滑冰训练的新思路和新内容。北京冬奥会为我国冰雪运动开启了跨越式发展的新时代，后冬奥时代的发展红利为冰雪运动研究创造了良好的科研环境，在科技驱动、引领竞技体育训练竞赛的趋势推动下，关于速度滑冰的研究视角将会更多元，内容更加丰富，研究过程科技元素含量更多，研究结果对速度滑冰竞技水平提升更加有效，进而推动我国速度滑冰高质量、可持续发展。

二、速度轮滑研究综述

（一）速度轮滑研究的发展历程

1. 起步阶段

速度轮滑属于非奥项目，受关注程度相对较低，因此关于速度轮滑的科研成果则相对较少。通过查阅中国知网（CNKI）了解到，关于速度轮滑的研究一共不到 150 篇，最早的研究始于 1987 年，史淑华[1] 在《冰雪运动》发表的一篇名为《浅谈速度轮滑比赛中战术的运用》的文章，该文认为当前速度轮滑运动员体能和技术方面的差距正逐步缩小，最终夺取比赛胜利往往取决于战术的执行力和运用，提出速度轮滑战术分为领先战术（主动领先、被动领先）、尾随战术、超越战术（出弯道超越、直道超越、入弯道或弯道弧顶超越等），并对这些战术的利弊进行了分析，为我国速度轮滑战术训练提供了参考；同年徐三兆[2]、颜彤丹[3] 分别针对亚洲优秀速度轮滑运动员技术特点和短距离速度轮滑起跑进行研究，这三篇文章为

① 史淑华. 浅谈速度轮滑比赛中战术的运用 [J]. 冰雪运动，1987（2）：70-73.
② 徐三兆. 浅析第一届亚洲轮滑锦标赛主要强国实力和优秀选手的技术特点 [J]. 冰雪运动，1987（3）：47-54.
③ 颜彤丹. 浅谈短距离速度轮滑起跑的训练 [J]. 冰雪运动，1987（4）：45-50.

以后速度轮滑研究奠定了基础。然而直到 1999 年，关于速度轮滑的研究仅有 15 篇，且都属于对速度轮滑训练、滑行技术的描述性研究，相关研究方法和手段十分简单，研究深度较浅，因此 1987 年至 1999 年这一时期属于速度轮滑研究的起步阶段。

2. 发展阶段

进入 21 世纪，随着我国速度滑冰运动成绩在国际上取得一定的突破，关于速度轮滑作为速度滑冰辅助训练的研究开始增多，对速度轮滑能量代谢、动力学分析和新技术也开始受到关注。戴登文[①]通过对速度轮滑和速度滑冰直道技术进行比较分析，提出两个项目在直道滑行的技术特点非常相近，可在今后的技术训练中相互借鉴，认为速度滑冰运动员利用轮滑进行技术训练具有积极的作用；陶玉晶[②]等人通过对速度轮滑和速度滑冰直道滑行技术、弯道滑行技术以及起跑姿势等进行对比，发现两者存在较大差异，并对造成这些差异的原因进行分析，提出速度轮滑可以作为速度滑冰夏训的辅助手段，但一定要注意训练方式和训练量，以免技术差异造成负迁移；常莉彬[③]通过对世界速度轮滑强国优秀运动员针对双蹬技术与传统技术的区别进行结构上的比较，结果发现双蹬技术减少了摩擦阻力，提升了蹬地频率和滑行效果，有效提升了速度轮滑的运动成绩；曹梦宇[④]通过对速度轮滑新技术原理进行深入分析，指出关键技术环节的注意事项，提出正确掌握双蹬技术的关键环节对快速提升速度轮滑运动成绩起到至关重要的作用；刘宏伟[⑤]等人为测试无氧阈训练可以增强运动员有氧代谢能力，通过对比速度轮滑两个专项班的训练表明，无氧阈训练能促进运动训练负荷最优化，显著提升有氧代谢能力，对速度轮滑训练具有重要的指导作用；马国东[⑥]以专业女子轮滑运动员采用双推技术滑行为研究对象，通过研究滑行过程中足底动力学参数，提出双推

① 戴登文. 速度轮滑与速度滑冰直道技术的比较与分析 [J]. 冰雪运动，2001（3）：9-10.

② 陶玉晶，常丽英，彭迪. 速度轮滑与速度滑冰基本姿势的差异性分析 [J]. 冰雪运动，2005（6）：8-10.

③ 常莉彬. 对速度轮滑双蹬技术结构的分析 [J]. 吉林体育学院学报，2006（1）：58-59.

④ 曹梦宇. 对速度轮滑双推技术的几点体会 [J]. 冰雪运动，2006（3）：51-53.

⑤ 刘宏伟，许英魁. 无氧阈训练对速度轮滑运动员血尿素影响的研究 [J]. 吉林师范大学学报（自然科学版），2006（4）：78-79.

⑥ 马国东. 女子速度轮滑双推技术足底压力分布及传递特征分析 [J]. 天津体育学院学报，2007（3）：225-227.

滑行有利于保持身体平衡，通过足底压力分布表明双推技术是一种更实效、经济的滑行技术。这一阶段我国速度轮滑无论技术研究还是体能研究都逐步走上科学化的轨道，因此这一时期属于发展阶段。

3. 深入阶段

2008 年开始关于速度轮滑的研究则体现出更加严谨、细致的特点，同时有关速度轮滑教学的研究也更加具体化。自速度轮滑双蹬技术问世以来，诸多学者主要集中在对该技术的优越性进行分析，费瑛[①] 等人在对双蹬技术进行理论分析的基础上，提出该新技术在浮腿着地、避免双支撑、注意上体偏转摆动问题、关键角度蹬地幅度不宜过大以及重心移动等训练中的要点，并指出该技术应尽快普及在中长距离上；曹猛[②] 从速度轮滑器材前进阻力大、蹬冰角度不同于滑冰器材、攻角控制范围大的特性分析出发，指出这些器材特性引出的技术特点，进而对双推技术结构在浮腿落地、收蹬技术环节、衔接技术环节、蹬摆技术环节等提出改进意见；赛娜[③] 通过对 2011 年速度轮滑公开赛 300 米前 6 名运动员起跑预备姿势、预摆阶段身体重心变化、上体向前预摆阶段两腿蹬地过程下肢关节角度变化，以及疾跑前两步重心和身体姿势变化等技术的动力学分析，在此基础上建立速度轮滑起跑技术模型，为今后速度轮滑起跑训练提供有价值的参考；逯明智[④] 等人在高校速度轮滑课程中采用小群体教学实验法，对两个班大学生生理机能、身体素质进行专项技术测试对比，结果表明小群体教学不仅有利于学生技术学习和技能水平提高，还可以促进学生生理机能水平提高，值得高校体育教学推广。由此可见，这一阶段我国速度轮滑研究的针对性更强、科学化程度更高，因此这一阶段属于深入阶段。

（二）速度轮滑研究的热点

通过对我国速度轮滑领域研究历程的回顾，发现虽然相关文献较少，且高质

① 费瑛，常青. 速度轮滑双蹬技术的分析与训练 [J]. 辽宁体育科技，2008（5）：58-59.

② 曹猛. 从速度轮滑器材特性研究双推技术 [J]. 哈尔滨师范大学自然科学学报，2010，26（5）：106-108.

③ 赛娜. 我国速度轮滑优秀男子 300 m 运动员起跑前两步技术的运动学研究 [J]. 冰雪运动，2012，34（5）：64-73.

④ 逯明智，辛召国. 小群体教学在普通高校速度轮滑选项课中的实验研究 [J]. 辽宁体育科技，2014，36（2）：78-79.

量文献仅有 8 篇（核心期刊载文），但是仍有不少学者对速度轮滑训练、教学等方面进行了深入研究，下面结合影响力较高的文献总结出我国速度轮滑研究主要集中在以下几个方面。

1. 速度轮滑教学

付进学[①] 等人针对高校速度轮滑选修课中学生缺乏轮滑基础这一现状，有针对性地设计了速度轮滑学习的实验教学步骤（先站立、踏步，再交替滑动和双脚八字侧蹬，然后再学习侧蹬和侧收，最后是正式滑行动作的连贯配合）和教学进度，通过分组对照的教学模式，来验证该模式下的速度轮滑教学效果，取得了较为理想的实验结果；李亚光[②] 等人通过介绍练习速度轮滑时重心移动的方法、直道滑行注意要点、弯道滑行的方式方法以及如何停止等技术练习要点，便于初学者快速掌握学习要领；陶玉晶[③] 等人依据学生速度轮滑技能水平进行分组式教学，营造师生"互动"的教学氛围，并针对不同小组制订相应的教学计划，并采用必要的心理训练手段，收到了良好的教学效果；郭旭茂[④] 等人通过分析速度轮滑教学中由于学生身体素质和运动能力、学生状态、学生性格特征、教师业务素养、动作技术难度、教学环境等会对学生产生心理障碍的因素，并提出相关对策积极消除学生心理障碍；安东雷[⑤] 等人通过分析影响速度轮滑教学质量的因素，有针对性地提出加强身体素质锻炼、加强理论知识学习、改善教学环境、优化教学方式方法等建议，提升教学质量和效果。

2. 速度轮滑双蹬技术研究

速度轮滑双推技术的出现对速度轮滑运动做出了巨大贡献，可以使运动员在长距离滑行中更节省体力、提高滑行效率，因此曲科宇[⑥] 等人通过对双推技术进行概念解读和技术动作分析，并与传统技术进行对比，找出新技术的掌握要领，

① 付进学，王敏，刘英剑. 初学速度轮滑直道滑行的教法 [J]. 冰雪运动，1997（1）：67-68.
② 李亚光，邱艳. 对初学者速度轮滑课教学方法的研究 [J]. 冰雪运动，2006（3）：56-57.
③ 陶玉晶，张艳梅. 对提高高校速度轮滑专业课教学效果的研究 [J]. 冰雪运动，2004（1）：33-34.
④ 郭旭茂，李刚石. 高校速度轮滑教学中学生心理障碍的消除措施 [J]. 冰雪运动，2008（2）：40-42.
⑤ 安东雷，李颖. 速度轮滑教学质量提高的措施 [J]. 冰雪运动，2012，34（3）：56-58.
⑥ 曲科宇，曲新艺. 对速度轮滑双推技术的研究 [J]. 冰雪运动，2003（1）：52-53；81.

为教练员和运动员等速度轮滑爱好者更好地掌握双推技术提供参考；刘锋[①]等人采用数理演绎方法对速度轮滑双蹬技术的外刃蹬地是否产生加速度进行分析，结果表明该动作可以产生加速度，只不过是在水平方向且与滑行方向相反，为双蹬技术的改进与提高发挥了重要作用；孙显墀[②]等人从双蹬技术的适用性出发，阐述了该技术的优越性，然后对滑行基本姿势、蹬地动作、收摆腿动作、下轮着地动作、全身动作协调配合等技术进行分析，设计了"双蹬技术"动作周期示意图，为速度轮滑和速度滑冰直道滑行技术水平提升提供参考；倪维广[③]等人对 13 名专业速度轮滑运动员双蹬技术动作的技术特征、动力学特征以及生物特征进行分析，研究结果表明双蹬技术与传统技术相比，内刃蹬地是滑行速度提升的原动力，但是外刃蹬地可以产生有效的加速动力，内外刃蹬地在总滑行时长增加时有利于节省体能，是一种高效的滑行技术，有利于速度滑冰等类似项目的训练。

3. 速度轮滑作为速度滑冰教学、训练辅助手段的研究

尹威[④]针对东北气候条件的因素，提出高校速度滑冰课在秋季进行速度轮滑教学安排，为冰期上冰打好体能基础，利用速度轮滑和速度滑冰两个项目在技术、体能等方面的正迁移作用，很好地完成冰期较短的速度滑冰的教学任务；王义智[⑤]等人通过美国速度轮滑运动员在速度滑冰领域取得了巨大成功后得到启发，通过对比速度轮滑和速度滑冰在技术上面的异同，提出速度轮滑应作为提升速度滑冰专项能力的最有效的训练方法之一；陈文红[⑥]等人通过对速度轮滑、短道速滑和速度滑冰三个项目在比赛类型、竞赛规则、体能要求、滑行姿势、比赛战术、心智特征、比赛与训练周期、训练方法等内容的相似性进行分析，结合"轮转冰"的案例分析，指出速度轮滑运动员具备力量强、耐力好等竞技能力上的优势，且

① 刘锋，关汝华. 轮滑双蹬技术外刃蹬地动作的加速度情况分析 [J]. 吉林体育学院学报，2011，27（6）：66-68.

② 孙显墀，孙一. 对速度轮滑直道双蹬技术的探讨 [J]. 冰雪运动，2006（6）：29-31.

③ 倪维广，李宗烈，徐红旗，等. 滑行技术的革命：速度轮滑双蹬技术的运动生物力学研究 [J]. 首都体育学院学报，2017，29（3）：265-271.

④ 尹威. 普通高校利用轮滑提高速滑课教学效果探析 [J]. 冰雪运动，2008（4）：87-89.

⑤ 王义智，杨春媛. 速度轮滑训练对速度滑冰项目的影响及作用 [J]. 冰雪运动，2009，31（3）：46-48.

⑥ 陈文红，宁博文，王旋，等. 轮滑技能向滑冰技能迁移的可行性研究 [J]. 哈尔滨体育学院学报，2018，36（3）：27-31.

上述内容的相似性也具备不同项目之间的正迁移，指出以速度轮滑作为竞速滑冰的辅助训练工具，有利于跨界选材取得成功，可以为竞速滑冰培养更多的后备人才。

4. 速度轮滑训练

颜彤丹[①] 等人根据速度轮滑 300 米速度训练的原则、比赛特点，提出最大速度训练、加速练习、助速训练、爆发力训练等多种训练方法，并指出除此之外还应注重心理、技术、柔韧度、灵敏度等方面的训练，才能达到理想的训练效果；厉中山[②] 通过分析速度轮滑运动中力量的特点，以及不同距离对力量要求的差异，设计了各种负重滑行的方法，对提升转项后力量素质和提高技术，以及提升运动成绩起到显著作用；刘宏伟[③] 等人从速度轮滑属于体能主导类周期性项群出发，根据能量代谢是该项目提升运动成绩的关键，因此以无氧阈的视角来论证速度滑冰能量代谢，通过无氧阈训练促使速度轮滑训练更加科学化；张骁[④] 指出国内有关体能训练的条件相对比较落后，设备也不完善，训练方式略显单一，提出可以采用跑步机、自行车等手段以及 HIIT 的方法去改变过去速度轮滑运动员以跑步和长距离滑行的方式来练习有氧耐力，同时也可以利用各种器械采用各种方式方法进行力量、柔韧度等身体素质的训练，可以起到较好的训练效果。

（三）小结

综上所述，目前我国关于速度轮滑的研究呈现出起步、发展和提升三个阶段，关于速度轮滑的研究主要集中在速度轮滑教学，双蹬技术，速度轮滑作为速度滑冰教学、训练辅助手段，速度轮滑训练这 4 个方面。虽然轮滑运动很受青少年的喜爱，但由于其属于非奥项目，因此关于速度轮滑的研究对象多为学生，而针对专业运动员的研究相对较少；研究数量也较少，研究内容深度不够，研究方法单一，诸如实验性、能量代谢以及生物力学方面的研究较少；研究多以描述性内容为主，创新性、变量间关系的研究缺乏。由此可见，目前关于我国速度轮滑研究

① 颜彤丹，苏健. 浅谈速度轮滑 300 米训练 [J]. 哈尔滨体育学院学报，1993（2）：55-57.

② 厉中山. 负重滑在速度轮滑专项力量训练中应用的研究 [J]. 沈阳教育学院学报，2010，12（5）：76-78.

③ 刘宏伟，肖尔顿，金长伟. 无氧阈训练对速度轮滑运动员最大吸氧量影响的研究 [J]. 长春师范学院学报，2006（10）：104-107.

④ 张骁. 速度轮滑体能训练内容的探究 [J] 青少年体育，2016（11）：47-48, 26.

的层次不高，期待更多的专业人士给予速度轮滑更多的关注。

随着北京冬奥会的圆满落幕、"轮转冰"计划的持续发力、冰雪运动"南展西扩东进"战略的深入推行、"冰雪运动进校园"的大力普及、郭丹冬奥会参赛的成功案例，以及"三亿人上冰雪"目标的达成，均为新时代我国轮滑运动的发展提供了良好的氛围，也为冰雪后备人才培养奠定了多元的渠道。相信在后冬奥时代红利的助推下，关于轮滑的研究将会迎来新的篇章。

三、运动技能迁移与跨项训练研究

20 世纪 80 年代开始，将迁移理论运用到体育领域的研究在我国已经受到关注。最早一篇关于迁移理论的研究是陈川衡[1]在《中国体育科技》发表的一篇题为《运用技能迁移规律，迅速提高训练效果》的文章，该文章通过将迁移理论引入体操教学课程，分析了技能正迁移和干扰的条件、技能迁移的减弱和被破坏的原因、技能迁移规律如何正确地应用到体操教学等内容。之后，关于运动技能迁移的研究在体育界逐步受到关注。研究内容包括：迁移（理论、原理）规律与体育教学、迁移理论在体育教学中的作用和意义等。通过对文献的进一步梳理发现，20 世纪八九十年代，体育领域关于迁移理论的研究主要集中在教学方面，研究内容主要围绕迁移理论如何在教学中运用，注重提高教学效果和技术学习质量的研究，关于竞技体育方面的研究则相对较少。

同时，随着运动员转项训练比例逐步提高，竞技体育领域关于迁移理论研究的关注度得到提高。例如，田径十项全能和七项全能运动中迁移规律和运用的研究、跳远和三级跳远技术和身体素质迁移的研究、运动迁移理论在投掷项目（标枪、铅球）技术训练中的运用等。起初，将迁移理论运用到竞技体育领域的研究多集中在田径项目，以体能主导类项目间的体能、技术训练研究较多；随后约在 2010 年前后运用迁移理论研究单个项目，以及技（战）能主导类项群的项目逐步增多，表现在运用迁移理论研究武术（体操）与健美操技术，篮球与足球战术，沙滩排球与排球技战术，乒乓球、羽毛球和网球关于技战术训练，武术、散打和跆拳道关于体能与技战术训练等。

尤其值得注意的是关于跨界跨项的研究也逐步受到关注，诸如速度轮滑与速

---

[1]　陈川衡. 运用技能迁移规律，迅速提高训练效果 [J]. 中国体育科技，1982（8）：27-31.

度滑冰（短道速滑）关于体能、技术训练的研究，珍珠球与篮球战术训练的研究等。具体来讲，例如：霍凯[①]在关于项目迁移方面的硕士论文中通过对我国女子曲棍球运动员运动背景的调查发现，在获得2002年澳洲世界杯赛女子曲棍球冠军队的成员中，经过平均3.3年的田径专项训练才转入曲棍球项目训练的有7名运动员，经过平均2.7年的足球专项训练才开始转入曲棍球项目训练的有3名运动员，经过平均3.3年的篮球训练才开始转入曲棍球项目训练的有4名运动员，可见这支女子曲棍球冠军队伍中存在着大量后期转项的队员；王金杰[②]等人以广东女子手球队为研究对象，提出选拔手球运动员时是否具有一定的篮球基础可以作为一个考察标准，因为篮球与手球项目之间在技能迁移、运动技能、战术体系等方面有许多共同因素，有利于技能正迁移的发生，且又因为篮球项目本身的技战术比手球运动更丰富，篮球运动员掌握的基本技能多于手球运动员，所以在迁移效果的明显程度方面，篮球运动向手球运动迁移更明显；高俊[③]等人以手球项目为例，研究发现转项成才手球运动员在我国优秀手球运动员中所占比例较高，并以技能主导类篮球项目的运动员居多，同时转项成才运动员在成才年限的总体水平上要优于非转项运动员，特别是在健将级运动员的培养上更具优势，且转项运动员在比赛制胜关键技术上占优势，表明转项运动员的竞技能力要优于非转项运动员；张勇[④]等人根据项群理论认为体操与跳水同为技能主导类表现难美性项群，体操和跳水的基础训练存在一定的类似，一定年限的体操专项训练使少年运动员同时具备了跳水应有的素质和能力，指出目前我国大多数的优秀跳水运动员是从业余体操学校中选拔出来的；王俊[⑤]研究发现，在田径全能各项目中，动作之间有着很多的共同特点和规律，然后同类型运动项目中的主要动作之间存在着相互迁移，且对速度、力量和技术等素质的要求统一，认为对田径类项目的训练可以安排在同一单元进行，充分利用动作之间的迁移规律，发挥其积极的迁移作用，通过跨项选材与训练，使运动项目之间起到相互促进的作用。

① 霍凯. 我国部分优秀运动员运动项目迁移的项群特征研究 [D]. 兰州：西北师范大学, 2010.

② 王金杰, 王媛. 手球、篮球之间运动技能和战术体系迁移的研究 [J]. 北京体育大学学报, 2002（2）：270-272.

③ 高俊, 邓玉明, 刘书勇. 我国转项成才手球运动员研究 [J]. 中国体育科技, 2017, 53（2）：3-10.

④ 张勇, 王荣辉, 陈筠. 我国跳水运动员选材研究的现状与进展 [J]. 北京体育大学学报, 2008, 31（12）：1667-1670.

⑤ 王俊. 对田径全能运动中迁移规律的研究 [J]. 湖北体育科技, 2003（4）：511-513.

特别是在国家体育总局备战 2022 年北京冬奥会时提出"跨项选材，转项训练"思路的推动下，国内众多学者对于跨项选材和训练的研究进一步深入，其中以田麦久博士和黎涌明博士的研究最具代表性，黎涌明[①] 等人系统论述了国际运动员选材与培养的理论，梳理了国际上关于运动员跨项选材与培养的经验，结合当时我国短期内要补齐冬奥项目竞技实力短板的现实背景，指出我国应不断完善运动员选材和育才体系，构建合理的跨项选材和训练的实施机制，厘清跨项选材与传统选材之间的关系，借鉴并吸收国际选材与育才的实践经验，建立跨项之间的运动项目库，制定科学、有效、可行的跨项选材测试方法，并构建跨项运动员的可持续发展保障体系，以此来探索"跨项选材"的中国之路。

目前，鉴于运动技能迁移的重要性，我国许多专家、学者和教练员等对运动迁移理论应用于体育教育和竞技体育运动训练进行了深入的分析和研究。在当时国家大力为冰雪人才助力，通过"跨界跨项选材"为我国冬季竞技体育项目积累更多人才，在短期、快速、全面提升冬季项目整体竞技水平的局面下，有关学者、教练员和科研人员应深入、细致地研究和运用迁移理论科学地指导"跨项选材，转项训练"，尽快实现冰雪竞技体育实力快速提升。

四、国外速度滑冰研究现状

（一）荷兰关于速度滑冰的研究

来自荷兰格罗宁根大学运动人体科学中心的研究团队，通过对 1 500 米速度滑冰和自行车运动员参加计时赛过程中，在规定快速起跑或慢速起跑的情况下，评估比赛节奏和对肌肉疲劳周围和中心的影响。结果显示速度滑冰和自行车两种运动的速度节奏不同，均导致中枢神经和肌肉产生疲劳，但是速度滑冰运动员对疲劳更有预见性，因此对速度节奏控制得更好，后程技术稳定性更高，为研究负责调控速度节奏的生理机制而涉及的神经生理方面提供了重要依据[②]；随着年龄的

---

① 黎涌明，陈小平，冯连世.运动员跨项选材的国际经验和科学探索 [J].体育科学，2018，38（8）：3-13.

② STOTER I K，MACINTOSH B R，FLETCHER J R，et al.Pacing Strategy, Muscle Fatigue, and Technique in 1500-m Speed-Skating and Cycling Time Trial[J]. International jouinal of sports physiology and performance, 2016, 11(3)：337-343.

增长，人体对姿势控制的能力会衰退并增加摔倒的风险，通过摇摆测试研究发现，经常参加速度滑冰锻炼的老年人比不活动的老年人具有更好的平衡和身体控制能力[①]。在速度滑冰世界杯、世界单项距离锦标赛和奥运会上决定采用两次滑500米的规则方面，认为在外道完成比赛的选手比在内道完成比赛的选手更有优势的论点不再有效，且通过分析1984—2008年间世界大赛中内、外道运动员的成绩，表明内、外道出发的运动员获得比赛胜利的比例由过去的48.7%：51.3%，到2008年的50.2%：49.8%，因此滑冰运动员在内道上的平均速度与外道一样快，建议大型赛事不应采用两次滑行的竞赛方法，同时即使沿用过去的方法在最后排名时也应该是采用两次最快时间，而不是取两次完成比赛总时间之和，这样对于由于摔倒而无法完成比赛的运动员来说并不公平[②]。之后又通过对荷兰主项为速度滑冰的青少年运动员（U15、U17和U19三个年龄段的运动员，分别对应初级运动员、一般运动员、优秀运动员）进行速度节奏（分别是0～300米，300～700米，700～1 100米，1 100～1 500米终点）的纵向研究，结果表明在1 500米速滑比赛中，保持700米至1 100米的高速度，并伴有相对较慢的起步速度，对于提高成绩至关重要。通常来讲，初级速滑选手会朝着这个方向发展，对于优秀的青少年速滑选手来说，从U17到U19之间的运动员滑行700米到1 100米的速度相对较快，研究结果表明速度节奏与人才发展具有密切相关性[③]。

荷兰自由大学行为与运动科学学院早期通过三维坐标对优秀短距离速度滑冰运动员的滑行进行动力学分析，研究结果发现，起跑阶段由于是在冰面上固定位置进行所获得的动力产生分解，而起跑后尤其后程冲刺阶段运动员的动力主要在前进方向而产生的分力较小，表明速度滑冰运动员的滑行速度与运动员关节伸展度没有直接关系，与跑步相比这可使速度滑冰运动员获得更快的速度[④]。2014年该

① LAMOTH C J C, WANHEOVELEN M J G. Sports activities are reflected in the local stability and regularity of body sway: Older ice-skaters have better postural control than inactive elderly[J]. Gait & Posture, 2012, 35(3):489-493.

② KAMST R, KUPER G H, SIERKSMA G. The Olympic 500-m speed skating: the inner-outer lane difference[J].Statistica neerlandica, 2010, 64(4):448-459.

③ WIERSMA R, STOTER IK, VISSCHER C, et al.Development of 1500m Pacing Behavior in Junior Speed Skaters : A Longitudinal Study [J]. International journal of sports physiology and performance, 2017, 12(9): 1-20.

④ DE KONING J J, THOMAS R, BERGER M, et al. The start in speed skating : from running to gliding[J]. Medicine and science in sports and exercise, 1995, 27(12):1703-1708.

学院分析了速度滑冰技术变化与速度变化之间的关系，指出在 5 000 米比赛中运动员速度下降的主要原因是体能不足，而不是空气摩擦力造成的[①]。2016 年该学院还分析了速度滑冰比赛时环境和赛场内其他的因素对长距离运动员运动成绩的影响，结果表明与其他长距离比赛相似，海拔高度、速度场馆的温度、空气阻力和体内缺水情况对运动员成绩有重要影响，其中空气阻力和体内缺水对速度的影响尤为重要[②]。众所周知，温盖特测试成绩与速度耐力运动项目运动员的无氧能力密切相关，近两年该学院又着重研究通过温盖特测试来预测 1 500 米速度滑冰运动员的体能状况，通过在夏季训练期间进行的温盖特测试预测随后的冬季优秀速度滑冰者 1 500 米的体能状况，然后通过对 5 名女子和 8 名男子优秀速滑运动员进行夏季训练期的温盖特试验，试验结果和随后与冬季速度滑冰 1 500 米的表现作对比，结果发现女子运动员温盖特峰值和平均值分别提高了 0.75 秒和 2.05 秒，男子运动员温盖特峰值和平均值分别提高了 0.92 秒和 2.32 秒，表明在夏季进行温盖特测试可以很好地改善随后冬季 1 500 米速滑体能状况[③]。

荷兰莱顿大学高等计算机科学研究所的研究人员，通过与精英速度滑冰队 LottoNL-Jumbo 进行长达 15 年的合作，为该队伍的训练方案进行了细微的调整，基于运动员生理机能反应设计了组合式的训练模型，通过先行建模来提取优异的训练和比赛数据，研究发现优秀短距离项目运动员也会过多地进行有氧运动，运用大数据有效制定训练时间表和内容，防止过度训练而导致短距离运动员只重视速度训练的操作性失误[④]。

荷兰维多利亚大学移动研究中心指出，速滑是一项既需要大力量又需要强耐力的独特运动，近十年来，关于训练强度分布的讨论一直是体育科学中的一个重

① NOORDHOF D A, FOSTER C, HOOZEMANS M J M, et al.The Association Between Changes in Speed Skating Technique and Changes in Skating Velocity[J].International journal of sports physiology and performance , 2014, 9(1): 68−76.

② NOORDHOF D A, MULDER R C, DE KONING J J, et al.Race Factors Affecting Performance Times in Elite Long−Track Speed Skating[J].International journal of sports physiology and performance, 2016, 11(4): 535−542.

③ HOFMAN N, ORIE J, HOOZEMANS M J M, et al.Wingate test is a strong predictor of 1500m performance in elite speed skaters[J].International journal of sports physiology and performance, 2017, 12(10): 1−17.

④ KNOBBE A, ORIE J, HOFMAN N, et al.Sports analytics for professional speed skating [J]. Data mining and knowledge discovery, 2017, 31(6): 1872−1902.

要问题，但其尚未得到充分的研究，因此该中心为量化 10 届以上奥运会速滑运动员的训练强度分布和训练时数，对过去 38 年里参加冬奥会并获得奖牌的速度滑冰运动员的训练强度分布和训练安排（通过每周训练时间与次数、训练安排与次数、每个赛季总训练时间与次数）进行跟踪调查和对比分析，令人惊讶地发现，速滑运动员在训练上出现了两极分化的趋势，即速度滑冰运动员在训练时间、滑冰时间和训练次数之间没有必然联系，强调运动员训练成绩的提升与训练强度有关，强调每堂训练课的质量至关重要 [1]。该研究中心通过对 7 名国家级运动员按原有节奏进行 1 500 米速度滑冰比赛，分析其每经过 100 米的速度并计算出总输出功率，获得总的效率和有氧动力学数据，将这些能量数据模型应用在运动员自由的速度节奏中，模拟了一系列的起跑策略，并在运动员第二次测试中应用，结果显示采用该模型预测的最佳"全力"启动在实践中的成绩并不理想，运动员总成绩比原有的速度节奏滑行慢了 2 秒，指出可能是由于经验丰富的运动员有一个较好的体能表现可以改变速度节奏，以一个理论上最优的速度启动，对速滑技术有负面影响，并没有取得更好的表现，也可能是由于疲劳对滑冰技术的影响尚未得到解释 [2]。周期性下腰痛（LBP）发作会影响运动员竞技表现，阿姆斯特丹大学职业健康学院学术医学中心研究了荷兰流行运动项目（曲棍球、足球和速度滑冰）优秀青少年运动员（236 名年龄在 14～25 岁之间的曲棍球、足球和速度滑冰运动员）下腰痛的患病率及其相关危险，结果发现：与同龄人群相比，年轻精英运动员中下腰痛（LBP）的患病率高 3～5 倍，其中在曲棍球和速度滑冰项目中发现了与运动相关的下腰痛（LBP）危险因素 [3]。

（二）加拿大关于速度滑冰的研究

早在 1979 年加拿大温莎大学人类动力学研究中心就针对速度滑冰起跑阶段的特征进行评估，通过研究速度滑冰起跑开始时的加速过程中，起跑加速时间与

① ORIE J, HOFMAN N, DE KONING J J.Thirty-Eight Years of Training Distribution in Olympic Speed Skaters[J].International journal of sports physiology and performance，2014, 9(1): 93-99.

② HETTINGA F J, DE KONING J J, SCHMID L J I, et al. Optimal pacing strategy: from theoretical modelling to reality in 1500-m speed skating[J]. British journal of sports medicine, 2011, 45(1): 30-35.

③ VAN HILST J, HILGERSOM N F, KUILMAN M C, et al.Low back pain in young elite field hockeyplayers, football players and speed skaters: Prevalence and risk factors [J]. Journal of back and musculoskeletal rehabilitation, 2015, 28(1): 67-73.

做功比值的关系对全程运动员成绩的影响，提出速度滑冰运动尤其是短距离项
目要格外重视起跑以及起跑加速阶段的训练，这可能是获取比赛胜利的关键环
节[1]。1988 年，加拿大卡尔加里大学体育学院的研究专家指出在速度滑冰中，弯
道的向心力必须通过推力来传递，根据速度滑冰椭圆曲线的几何形状和速度滑冰
侧推特性，推导出速度滑冰输出功率的数学模型，并在欧锦赛女子 5 000 米速度
滑冰比赛中通过视频分析测量了比赛中的相关数据，结果表明，想要在弯道上加
速的滑冰运动员应该增加每次蹬冰的功率，同时认为该模型今后可以成为一个非
常实用的工具，用来分析运动员在激烈竞争环境下弯道（滑）最优路径和动作模
式[2]。加拿大卡尔加里大学运动机能学学院，主要是通过对两名优秀速度滑冰运
动员在跑步机上和滑板上进行极限强度的测试，结果表明，在滑板上进行极限强
度测试可以区分出极限强度（最大摄氧量和心率）和次极限强度（最大摄氧量比
值、心率和肺通气量）的参数来确定有氧能力，因此在滑板上进行的速度滑冰最
大增量测试应被考虑作为一种特殊的和实用的替代评估速滑运动员有氧能力的工
具[3]。加拿大国家研究委员会空气动力学实验室，通过在 NRC（国家研究委员会）
2～3 m/s 风洞中对速度滑冰比赛时空气流动特性进行模拟，使用外部平衡力测量
速度滑冰运动员人体模型的风洞试验表明，阻力系数与雷诺数的减小是受到流动
条件的强烈影响，与速度滑冰运动员身体不同部位产生的影响不同[4]。加拿大圣玛
丽大学研究人员针对加拿大《运动员长期发展规划》中指出的"加速适应速度窗
口期"或青少年生长发育阶段速度发展的关键时期，提出不建议在运动员从事学
习或训练阶段之前进行特定运动技术的开发的建议，该校研究人员以身体成分模
型为依据，以 3～15 岁年轻速度滑冰运动员技术和速度发展之间的关系，确定了

[1]　Marino G W. Acceleration-time relationships in an ice skating start[J]. Research Quarterly, 1979, 50(1): 55-59.
[2]　DE BOER R W, ETTEMA G J, VAN GORKUM H, et al.A geometrical model of speed skating the curves[J]. Journal of biomechanics, 1988, 21(6): 445-450.
[3]　Tatiane P,Fernando D,Rogério S, et al. Validation of a Maximal Incremental Skating Test Performed on a Slide Board: Comparison With Treadmill Skating.[J].International journal of sports physiology and performance,2017,12(10):1363-1369.
[4]　D'AUTEUIL A, LAROSE G L, ZAN S J. Wind turbulence in speed skating: Measurement, simulation and its effect on aerodynamic drag[J]. Journal of wind enginering and industrial aerodynamics, 2012, 104-106(2):585-593.

以主动学习—了解基本原理—学习进入训练—训练再训练的关系，结果表明，随着技术水平的提高，女性和男性运动员的速度都会增加，提出速度训练方案应部分取决于运动员的年龄、性别以及发育阶段，无论什么年龄和性别，技术训练都十分重要，并且随着年龄的增长在发展技术的同时允许速度滑冰运动员适当地增加肌肉力量训练，因此就不存在用于速度发展的"可训练窗口期"[①]。

（三）其他国家关于速度滑冰的研究

英国埃塞克斯大学生物科学学院体育与运动科学中心，运用可穿戴无线近红外线（NIRS）在实验室进行速度滑冰运动员模拟比赛，并与在正式比赛场地上的情况进行对比，研究结果发现 6 名运动员均存在左右腿之间不对称的情况，但是在骑行自行车方面并不存在这种情况，基于近红外线检测发现原因可能是由弯道和直道对运动员滑行要求右腿始终是外侧腿、持续做等长收缩这一项目比赛特性而产生的[②]。该研究中心还基于多维性能模型将速度滑冰长距离运动员的表现特征分为人体测量学、技术学、生理学、战术学四类。特别是从生物力学的角度上研究发现，较小的膝关节角度使运动员形成下蹲滑行的姿势，可能出现缺氧，影响运动员速度和节奏，因此深入了解速度滑冰长距离项目关于疲劳和身体协调，在快速起跑的技术动作（重心低、角度小）与长距离需求的技术动作之间找到平衡至关重要，有助于优秀运动员保持最佳技术特征，调整滑行节奏，优化滑行性能[③]。

瑞士巴塞尔大学运动与健康科学研究所通过对速度滑冰世界杯系列比赛期间优秀长距离运动员参赛项目、比赛海拔高度等特征进行分析发现：优秀运动员均呈现采用快速起跑、后程保持匀速且由于体能因素后程降速明显的方式，这与运动员技术水平和体能状况密不可分，与滑行节奏无关；同时，研究也表明在高海

---

① HILLIS T L, HOLMAN S. The Relationship between Speed and Technical Development in Young Speed Skaters[J]. International journal of sports science & coaching , 2014, 9(2): 393-400.

② HESFORD C, CARDINALE M, LAING C, et al. NIRS Measurements with elite speed skaters: Comparison between the ice rink and the laboratory[J].Advances in experimental medicine and biology, 2013, 765: 81-86.

③ KONINGS M J, ELFERINK-GEMSER M T, STOTER I K, et al.Performance characteristics of long-track speed skaters: A literature review [J]. Sports medicine, 2015, 45(5): 505-516.

拔的比赛场馆中短距离运动员单圈成绩明显提高[①]。几乎所有优秀 1 000 米速度滑冰运动员都采用快速起跑的策略，但是研究表明应提升比赛结束时的冲刺能力、缩短冲刺时间，使起跑阶段运动员体力处于最佳状态，能获得足够的优势，随着比赛进行，乳酸堆积，运动员后程降速明显，在此情况下提升冲刺能力将对比赛起到更关键的作用[②]。

德国卡尔卡鲁斯大学医院骨科和创伤外科中心对 28 名速度滑冰青年运动员（干预组和对照组各 14 人）进行了 12 周的本体感觉训练来测试对功能性踝关节的影响，研究结果表明 6 周后并没有显著影响，12 周后干预组运动员脚踝的功能稳定性得到显著改善，并在测试中取得了较好的成绩，因此建议教练员在日常训练中应对青少年速度滑冰运动员进行有规律的本体感受训练，以帮助运动员获得更好的踝关节功能稳定性[③]。

俄罗斯喀山国立医科大学分子遗传学实验室，检验了不同比赛距离对俄罗斯速度滑冰运动员股外侧肌肌纤维类型的依赖性，研究发现：在短距离比赛滑行中慢肌纤维比例较低的速度滑冰运动员更有可能获得成功，而在肌肉中具有较高比例慢肌纤维的速度滑冰运动员则更适合长距离比赛项目，大约 35 % 的比赛距离的变化是可以通过股外侧肌的纤维组成来解释[④]。

另外，来自日本体育科学研究所的研究表明，精英速度滑冰运动员的唾液分泌型免疫球蛋白在高强度比赛的后期逐渐减少，研究数据还表明，运动员上呼吸道感染症状的发生率可能与分泌型免疫球蛋白水平有关，因此在比赛结束后，教练员可能需要采取预防措施，以最大限度地减少运动员与感冒病毒的接触，并在

① MUEHLBAUER T, PANZER S, SCHINDLER C. Pacing pattern and speed skating performance in competitive long-distance events[J]. Journal of strength and conditioning reseaich, 2010, 24(1): 114-119.

② MUEHLBAUER T, SCHINDLER C, PANZER S. Pacing and sprint performance in speed skating during a competitive season[J].International journal of sports physiology and performance, 2010，5(2): 165-176.

③ WINTER T, BECK H, WALTHER A, et al.Influence of a proprioceptive training on functional ankle stability in young speed skaters-a prospective randomised study[J]. Journal of sports sciences，2015, 33(8): 831-840.

④ AHMETOV I I, DRUZHEVSKAYA A M, LYUBAEVA E V, et al.The dependence of preferred competitive racing distance on muscle fibre type composition and ACTN3 genotype in speed skaters[J]. Experimental physiology，2011, 96(12): 1302-1310.

比赛后调整训练负荷以改善黏膜免疫功能[①]。

总体来讲，当前关于国外速度滑冰的研究文献相对较少，主要研究力量集中在荷兰、加拿大等速度滑冰强国，研究内容主要集中在对速度滑冰训练过程进行监控，从而提出不同项目训练的重点和制胜关键，运用现代化科技手段对影响运动员成绩的相关因素进行分析，构建速度滑冰训练模型等，保证运动员训练过程的科学化。

（四）文献综述小结

通过对国内速度滑冰和速度轮滑两个项目进行文献综述梳理发现，总体上来讲两个项目的研究力量、研究成果均不足，研究质量不高，研究深度不够，缺少现代的、先进的、科学的研究方法和手段。造成这一研究现状主要有两个原因，一是我国速度滑冰整体竞技实力不高，且开展受地域因素影响；二是速度轮滑属于大众项目，不是奥运大家庭的一员，且我国速度轮滑的竞技成绩在国际上的竞争力不强，因此受到的关注度较低。然而这一局面即将被打破。2022 年冬奥会在我国北京成功举办，在"举全国之力发展冰雪项目，力争以最佳竞技状态来举办和参赛"的号召下，在"跨界选材、转项训练"理念的指引下，在"轮转冰"项目的推动下，我国速度滑冰和速度轮滑将迎来快速发展的最佳阶段。基于此背景，再次回顾上述两个项目的研究综述不难发现，对两个项目的研究都注重"速度轮滑作为速度滑冰辅助训练手段"这一内容，且对两个项目的技术进行大量的对比分析，这为今后"轮转冰"的训练奠定了理论基础。虽然"轮转冰"计划提出已有两年的时间，但是关于"轮转冰"的研究仍屈指可数，且仅有一篇密切相关的文章——《速度轮滑转项速度滑冰的国内外现况研究》[②]，为今后"轮转冰"的研究开启了新篇章，相信今后关于"轮转冰"的研究会如雨后春笋般涌现，不论对速度滑冰还是对速度轮滑在普及和提高方面都会带来质的提升。然而，"轮转冰"是一个系统的工程，涉及方方面面，既有宏观层面的管理、队伍发展、训练模式等，又有微观的能量代谢、动力学分析等方面研究，且关于这种跨季、跨界的转

① KON M, IIZUKA T, MAEGAWA T, et al.Salivary secretory immunoglobulin a response of elite speed skaters during a competition period[J].Journal of strength and conditoning research, 2010, 24(8): 2249-2254.

② 李雪梅，李佳军 . 速度轮滑转项速度滑冰的国内外现况研究 [J]. 北京体育大学学报，2016，39（9）:132-138.

项研究我国也缺乏经验。与此同时，迁移理论广泛应用于体育领域各个层面，不论是对教学还是训练均起到良好的促进作用。这也为从技能迁移的视角进一步深入研究速度轮滑和速度滑冰提供了良好的研究平台。同时，运用迁移理论科学地指导"跨项选材，转项训练"，已引起国内学者的逐步关注与探索。

通过对国外速度滑冰和速度轮滑文献分析发现，国外专家学者更注重生理生化和运动生物力学机制方面的研究，结合数学、计算机等现代化的手段来预测、评估速度滑冰运动员训练和比赛过程，以及速度轮滑作为有氧耐力辅助训练手段和运动损伤的研究，研究针对性更强，研究方法和手段较为先进，但是国外关于速度滑冰训练理论方面的研究较为少见。

目前我国关于转项训练的理论研究欠缺，缺乏相关经验，加强转项训练理论研究可以为训练实践提供正确、合理的指导与参考，确保转项训练沿着科学、可持续发展的路线进行。基于此，本研究从为"轮转冰"训练提供正确的指导方向和科学训练模式这一宏观视角出发，以江苏省"轮转冰"速滑队为例，着重研究建立"轮转冰"训练的理论体系，构建科学的训练模式，以期为"轮转冰"速滑队的训练和发展提供可供借鉴的参考模式，并力争通过该研究为今后跨界、跨项训练研究提供理论参考。

第三节　研究目的和意义

一、研究目的

通过对"轮转冰"运动员取得的竞技成绩分析，结合对速度轮滑和速度滑冰的项目特征、制胜因素等内容进行的归纳与总结，寻找轮、冰两个项目在项目特征和制胜因素上面的异同点，从理论和实践两方面指出"轮转冰"训练的可行性。

提出"轮转冰"训练模式的内涵，构建科学、合理的"轮转冰"训练模式的理论框架，为今后我国跨界选材、转项训练模式提供理论参考。

解决"轮转冰"转项训练过程中困扰教练员和运动员关于转项训练时机、专项技术训练、训练侧重安排等关键问题，并了解制约"轮转冰"训练实践和长期发展的主要影响因素，为今后"轮转冰"训练实践提供参考模式。

二、研究意义

（一）理论意义

习近平总书记在北京冬奥会、冬残奥会总结表彰大会中提到：北京冬奥会、冬残奥会的筹办举办推动了我国冰雪运动跨越式发展，冰雪运动跨过山海关，走进全国各地，开启了中国乃至全球冰雪运动新时代。北京冬奥会、冬残奥会既有场馆设施等物质遗产，也有文化和人才遗产，这些都是宝贵财富，要充分运用好，让其成为推动发展的新动能，实现冬奥遗产利用效益最大化。在此冰雪运动发展的后冬奥时代红利驱动下，"轮转冰"无论是从继续贯彻实施冰雪运动"南展西扩东进"战略的角度，还是从持续提升冰雪运动后备人才深度和竞技体育实力的视角，均迎来了千载难逢的历史最佳阶段。

以北京冬奥会、冬残奥会筹办举办为契机，我国冰雪运动实现了跨越式发展。我国冰雪运动员在国际赛场上取得优异成绩，丰富了为国争光的内涵，为进一步发挥竞技体育举国体制优势，增强我国竞技体育综合实力和国际竞争力积聚了力量。然而通过文献梳理发现，目前国内关于速度滑冰的研究成果较少，且研究不够深入，虽然速度轮滑一直以来作为速度滑冰的辅助训练内容，但是有关该方面的理论研究却不受重视，加之"轮转冰"计划近期作为试点进行实施，因此本文通过深入、准确地分析速度轮滑和速度滑冰运动的项目属性、项目特征、研究内容等方面，提出"轮转冰"训练的基本训练理论，这不仅丰富了速度滑冰运动理论研究，也填补了竞技体育转项训练理论研究的空白，具有较大的理论意义。

（二）实践价值

2022 年北京冬奥会已成功落下帷幕，中国代表团取得的优异成绩充分表明跨界跨项选材有效打破了冰雪项目发展的"项目障碍"，丰富了冰雪项目人才储备，依托项目之间的优势互补，补齐各类短板，为中国冰雪运动的全项目开展、全项目建队、全项目训练以及全项目参赛提供了有力支撑。因此，深入研究"轮转冰"训练能够解决在"转项"训练备战准备期过程中存在的实际问题，在今后速度轮滑转项发展速度滑冰的运动训练实践过程中具有较强的现实意义，同时也能为我国冰雪运动竞技实力全方位提升提供可持续的关键动力。

目前国家体育总局高度重视"跨界选材、转项训练",很多冬季项目已经完成了跨界选材的工作,并成立了相应的专业训练队伍,但是由于国内之前没有相关训练模式的经验可供借鉴,这对具体训练过程中的重点、难点以及可能出现的问题缺乏预判和科学的解决方案,因此本研究通过构建"轮转冰"训练的理论,结合"轮转冰"速滑队伍训练实践以及在训练过程中存在的问题,提出相对科学、可行的训练模式,为今后"轮转冰"训练模式指明方向,并为其他项目"跨界选材、转项训练"提供可借鉴的参考模式。

第二章 研究整体设计与理论基础

第一节 主要研究内容

一、我国速度滑冰与"轮转冰"发展现状分析

从北京冬奥会速度滑冰竞赛成绩出发，总结现阶段国际速度滑冰的发展趋势和我国速度滑冰整体竞技实力现状，以当前我国提升速度滑冰竞技实力，以及"轮转冰"竞技实力的现实需求，提出"轮转冰"转项训练方向，并应尽快构建"轮转冰"训练模式的理论框架，以更好地指导训练实践。

二、"轮转冰"训练模式的理论构建

通过对速度轮滑和速度滑冰竞赛规则和竞赛特征、竞技能力特征、训练特征以及制胜因素等项目特征进行分析，指出速度轮滑和速度滑冰在运动训练时具备迁移作用的可行性；然后界定"轮转冰"训练模式的概念和指导思想、遵循的基本原则，提出转项时机的选择与把握，归纳出转项成功的启示；通过德尔菲法确定"轮转冰"训练模式的影响因素；最后确定"轮转冰"训练研究的主要内容，进而构建"轮转冰"训练模式的理论框架。

三、"轮转冰"训练模式的运行机制

通过调研江苏省速滑队发展现状，了解队伍在实施"轮转冰"训练模式过程中各阶段的训练任务，多年训练计划的安排思路，年度训练的周期划分、主要任务和负荷特征，以及训练内容和方法手段的设计等方面的内容，了解"轮转冰"训练模式的运行机制。

四、"轮转冰"训练模式的案例分析

分别通过郭丹和李思杉两位优秀"轮转冰"运动员，从训练模式设计、转项训练重点、发展方向确定，以及具体在训练过程中的应用等方面对"轮转冰"训练模式进行进一步的验证。

第二节　研究重点、难点和创新点

一、研究重点和难点

①关于速度轮滑和速度滑冰两个项目的项目特征、制胜因素要准确把握；

②"轮转冰"训练的理论基础要充分；

③影响"轮转冰"训练的因素要科学、合理、准确地获取；

④"轮转冰"训练模式的提出要具备可行性、科学性，且可操作性强，这既是研究的重点也是难点；

⑤由于国内缺乏转项训练经验，因此构建科学的"轮转冰"训练理论，将是本研究最大的难点。

二、研究创新点

（一）研究视角创新

本文从国家倡导的"跨项选材、转项训练"这一新兴训练理念出发，以江苏省速滑队的训练模式为研究对象，从宏观层面为"轮转冰"训练可持续发展提供理论参考。

（二）研究内容创新

本文运用迁移理论、项群训练理论、分期训练理论、"双子模型"训练理论，首次针对"轮转冰"训练模式进行研究，构建科学的"轮转冰"训练理论，针对性地设计训练模式，并进行个案实证。

（三）研究价值提升

在 2022 年北京冬奥会举办成功的背景下，在以习近平同志为核心的党中央领导对 2022 年冬奥会各项筹办工作的人文关怀下，本文对"轮转冰"训练模式进行理论与实践研究，既弥补了我国关于速度滑冰训练理论的研究不足，也为"转项训练"模式提供有价值的参考，彰显重要的研究价值。

第三节　研究对象与方法

一、研究对象

本文以"轮转冰"训练模式理论与实践为研究对象。研究所涉及的江苏省速滑队，是目前国家体育总局进行"轮转冰"计划的试点，该队伍也是"轮转冰"跨界跨项速度滑冰国家集训队的主体。因此，根据研究需要，本文调研了江苏（6位）、上海（5位）、黑龙江（3位）、内蒙古（1位）、新疆（1位）等地区从事速度轮滑、速度滑冰管理和训练的教练员和裁判员，以及运动训练学专家等，调研对象共 17 位。

二、研究方法

（一）文献资料法

通过上海体育学院图书馆、中国知网（CNKI）、WOS（Web of Science）等国内外文献数据库检索和收集有关速度滑冰、速度轮滑项目发展、训练方面的书籍、文件和文献资料，通过国家体育总局、国家体育总局冬季运动管理中心、江苏省体育局等网站研读近些年我国有关冰雪运动的政策文件，以此全面了解该研究领域的研究现状、前沿动态及政策导向，为本研究内容"轮转冰"训练模式理论体系设计奠定基础，见表 2-1。

表 2-1 文献阅读类型及指导意义

文献类型	文献内容	指导意义
理论支撑	迁移理论、项群训练理论和周期训练理论的内涵	为"轮转冰"训练实践奠定理论基础，并为本文研究提供指导性思路
速度滑冰和速度轮滑研究成果	有关这两个项目的项目特征、技术特征、体能特征、训练方式方法等研究成果	为本文"轮转冰"训练模式理论的构建以及主要研究内容提供理论支撑
训练模式研究成果	有关竞技体育项目，包括体能训练模式等训练模式的研究成果	为本文训练模式的设计提供理论支撑

（二）调查法

1.专家访谈法

根据研究目的，分别对江苏省体育局、江苏省速滑队的教练员、运动员等进行采访，同时也采访国内运动训练学研究人员、速度滑冰裁判等知名专家以便了解"轮转冰"发展规划与政策支持、转项训练过程中的关键要素与注意事项，以及从运动训练角度了解构建"轮转冰"训练的理论框架和训练模式的理论知识，见表 2-2。

表 2-2　访谈专家基本情况一览表

姓名	职务、职称	工作单位	备注
薛蓉	副主任	苏州市体育局	苏州市体育专业运动队管理中心副主任
贺鑫	高级教练	苏州市体育局	江苏省"轮转冰"速滑队总教练、国家速度轮滑队主教练、国际轮滑联合会速滑委员会委员
杨劲	高级教练	新疆维吾尔自治区体育局（原苏州市体育局）	江苏省"轮转冰"速滑队教练（负责滑冰训练）
蒙猛	院长、教授	哈尔滨体育学院	速度滑冰、速度轮滑国际级裁判员
南相华	教授	哈尔滨师范大学	原速度滑冰专业运动员、速度滑冰国际级裁判员
吴瑛	教授	上海体育学院	博士生导师
张庆文	教授	上海体育学院	博士生导师
邰崇禧	教授	苏州大学体育学院	博士生导师
郭丹	国际健将	江苏省速滑队（苏州大学）	"轮转冰"跨界跨项速度滑冰国家集训队主教练（兼队员）、世界轮滑大满贯冠军、"轮转冰"领军人

2. 问卷调查法

（1）问卷的设计

在编制调查问卷之前，阅读了大量有关速度滑冰、速度轮滑训练等方面的资料，做了充分的理论准备。根据主要研究内容，遵循体育科学研究方法关于问卷设计的基本要求，共设计了 2 种调查问卷表：一是"'轮转冰'速滑运动员不同阶段速度滑冰技术训练内容调查表"；二是"'轮转冰'速滑运动员不同阶段体能训练内容调查表"。

（2）问卷的效度和信度检验

问卷设计完成后，为保证调查问卷的有效性，抽取被调查者中的 6 位专家对问卷进行了效度检验，其中教练员 2 人、管理人员 2 人、运动员 2 人。检验结果显示，6 位专家都对设计的 2 种问卷予以肯定，总体上给予了较高的评价。符合本研究的要求，见表 2-3。

表 2-3　问卷效度评价结果（%）

问卷类型	非常合理	比较合理	一　般	不合理	非常不合理
问卷一	100	0	0	0	0
问卷二	83.33	16.67	0	0	0

统计学指出：在进行社会现象调查时，一般采用大样本。如果样本数目太小（样本数目小于 30 称为小样本），则会导致误差太大，推断则会失去意义。鉴于当前我国了解"轮转冰"训练的专家人数较少，邀请 10 位专家对本问卷进行调查。因此，依据统计学关于样本量的规定，以及对统计学专家的咨询，结合小样本量调查的实际操作情况，故本问卷调查不进行信度检验。

（3）问卷的发放与回收

问卷发放人员主要是江苏省速滑队的教练员、运动员、管理人员，以及从事速度轮滑和速度滑冰训练、竞赛的教练员和裁判员。

为了提高问卷的回收率，通过在江苏省速滑队跟队观察以及在 2017—2018 年度全国速度滑冰青少年锦标赛（大庆站）竞赛期间，对问卷采取现场发放、现场回收的方式，其中"问卷一"和"问卷二"分别发放 10 份，分别回收 10 份，回收率 100%，有效率 100%，见表 2-4。

表 2-4　问卷发放、回收情况统计

问卷类型	发放问卷（份）	回收问卷（份）	有效问卷（份）	回收率（%）	有效率（%）
问卷一	10	10	10	100	100
问卷二	10	10	10	100	100

3. 德尔菲法

德尔菲法（Delphi 法）作为一种专家咨询法，其要求选择的专家具有较高的理论水平和丰富的实践经验，具有一定的权威性和代表性[1][2]。该方法目前已成为世界上比较流行的、预测或评估某些事物规律或流行趋势的调查方法[3]。在一般的具体研究中选取对该领域学术造诣较深、对该领域较为熟悉的 4～16 位专家即可得到满意结果，如果研究内容非常重要，且需要涉及的知识面较广，因此选取15～30 位专家[4]。总体来讲，采用德尔菲法进行专家调查时，选取专家以 10～50人为宜[5]。鉴于本研究领域相对较小，且"轮转冰"计划作为试点实施不久，故本文选择来自黑龙江、内蒙古、新疆、江苏以及上海等 6 个省市的 17 位专家作为本研究的咨询专家，专家的选择具有很好的权威性、地域性和专业性。

4. 追踪调查法

追踪调查法是对某一调查对象长期连续不断地跟踪调查。用这一方法可以获取研究对象的动态信息，把握、分析其运动规律性，克服一般方法只能掌握其某一时间内静态资料的不足。

根据研究需要，连续两年利用寒暑假时间，对江苏省速滑队进行追踪调查，详细收集有关"轮转冰"训练周期安排、冰上和陆上训练方法等资料，进行整理、

① DELBECQ A L, VAN D V A H, GUSTAFSON D H. Group techniques for program planning: a guide to nominal group and delphi processes[J]. The Journal of Applied Behavioral Science, 1976, 12(4): 581.

② 方率，汪志刚. 大型体育赛事现场观众满意度评价指标体系的构建 [J]. 体育成人教育学刊，2017，33（4）：30-33.

③ 陈钢，武曦蔼，杨丽萍，等. 基于专家问卷调查及德尔菲法的糖尿病肾病中医证候研究 [J]. 中华中医药杂志，2011，26（10）：2241-2244.

④ SUE HOYT K, COYNE E A, PEARD A S, et al. Nurse practitioner Delphi study: Competencies for practice in emergency care[J]. Journal of Emergency Nursing , 2010, 36(5): 439-449.

⑤ DELBECQ A L, VAN D V A H, GUSTAFSON D H. Group techniques for program planning : a guide to nominal group and delphi processes[J]. The Journal of Applied Behavioral Science, 1976, 12(4): 581.

归纳、总结与分析。通过追踪江苏省速滑队训练过程发展变化轨迹，可以准确地找出其转项训练的规律。

（三）模糊综合评价法

模糊综合评价法（FCE）是一种基于模糊数学的综合评价方法。该综合评价法根据模糊数学的隶属度理论把定性评价转化为定量评价，即用模糊数学对受到多种因素制约的事物或对象做出一个总体的评价。它具有结果清晰、系统性强的特点，能较好地解决模糊的、难以量化的问题，适合各种非确定性问题的解决。它比较适合对多层次、多属性的多指标体系进行综合评判。由于"轮转冰"训练模式影响因素的评价指标较多，且具有多层次的特点，因而采用模糊综合评价法较为合适。

（四）数理统计方法

将专家调查有效问卷录入 Excel，采用 SPSS22.0 软件对"轮转冰"训练模式影响因素中统计指标的均值、标准差、变异系数、卡方值和一致性系数等方面的内容进行统计学处理。同时运用 Excel 对"轮转冰"各阶段体能、技术训练内容的重要程度进行评判。

（五）逻辑分析法

定义：对速度轮滑、速度滑冰、冰轮两栖训练、"轮转冰"以及训练模式等概念给出相关定义。

分类：对本研究中关于速度轮滑和速度滑冰的项目特征中关于竞赛、体能（技术、体能、战术）、训练特征和制胜因素等内容进行分类分析、讨论和总结。

分析：对我国速度滑冰和"轮转冰"实施后该项目的竞技实力进行系统分析，对速度轮滑和速度滑冰项目特征进行系统对比分析，然后通过实践和理论相结合的方式来揭示"轮转冰"训练模式的内涵。

归纳：通过关于速度轮滑和速度滑冰相关技术、体能、战术等方面的文献资料，结合相关理论知识，归纳速度轮滑和速度滑冰两个项目在项目特征、竞技能力等方面的异同，探讨"轮转冰"训练模式理论体系的科学基础和基本规律，为训练实践提供科学的借鉴和指导。

（六）个案分析法

对郭丹和李思杉两位"轮转冰"训练得较为成功的运动员进行个案分析。文章采用案例分析法，主要是基于本文研究对象较为新颖，过去没有针对跨界转项训练的研究，并且本文研究"轮转冰"训练方向和训练模式等内容需要有训练实践作为支撑和依据，这不仅可以直观地介绍和展示本文的观点，而且能够对阐述的问题进行细致的描述、分析，从而归纳结论、总结规律。

第四节　相关概念和理论基础

一、相关概念

（一）速度轮滑

轮滑运动又称为"滑旱冰"或"滚轴溜冰"，都与"冰"字有关，因此不难推断出轮滑是人们在生存活动中，从冬季活动的滑冰逐步演变而衍生出来的体育活动。随着社会历史的发展和人们生活内容的不断丰富，轮滑运动也衍生出多种形式，如速度轮滑、花样轮滑、轮滑球、自由式轮滑、极限轮滑、滑板、速降轮滑、高山轮滑以及休闲轮滑，多样化的运动形式渗透人们的日常生活，并逐步形成了时尚的轮滑文化，当前轮滑运动得到空前的发展。

所谓轮滑运动，是指借助各种滚轴类鞋、板等器材进行的速度轮滑、花样轮滑、轮滑球、自由式轮滑等竞赛、训练、表演、交流和娱乐活动等表现形式的运动项目。其中以速度轮滑开展最早、最受人们欢迎。速度轮滑属于体能主导类运动项目之一[1]。

速度轮滑是指运动员脚穿轮滑鞋，在轮滑场地内或公路上，在规定距离内，以快慢决定胜负的比赛滑跑速度的运动项目[2]。速度轮滑项目起源于速度滑冰，比赛分为场地赛和公路赛两大类。

---

[1] 甄志花. 核心区力量训练对速度轮滑 300 米成绩提高影响的实验研究 [D]. 成都：成都体育学院，2017.

[2] 付进学，张晓明，夏娇阳. 轮滑运动教程 [M]. 北京：北京体育大学出版社，2008.

（二）速度滑冰

速度滑冰在世界上有着悠久的历史。古代生活在寒冷地带的人们就学会了滑雪和在封冻的江、河、湖泊中滑冰，并以滑冰作为交通工具和运输手段。这种生产、生活需求的手段和活动逐步演变成滑冰游戏，直到现代的速度滑冰运动。速度滑冰是其他冰上运动的源头，其他所有的冰上运动（如短道速滑、花样滑冰、冰球等）都是在速度滑冰的基础上产生或演化出来的。广义来讲，速度滑冰是指人们穿着冰鞋，在冰上特殊的环境中，进行滑行速度练习的一项冰上体育运动[①]，是具有较好健身和锻炼意义的冬季体育项目之一，在世界范围内广泛开展并受到大众的喜爱。从竞技体育的视角来看，速度滑冰是指运动者借助冰刀以特定的身体姿势在规定场地上按照比赛规则进行的个人、团体、群滑项目的竞速运动[②]。

（三）"轮转冰"

"轮转冰"，亦称为"冬冰夏轮"，是将轮滑人口转变为滑冰人口，目的在于打通轮滑和滑冰两个项目之间的通道，扩大上冰人口基础，也将更加激发青少年参与轮滑运动的热情。作为落实"冰雪运动南展西扩"战略，实施跨界跨项选材、转项训练，响应习近平总书记"带动三亿人参与冰雪运动"的有力举措，"轮转冰"计划自 2016 年实施以来，受到训练实践和学术研究领域的普遍重视。在健康中国和体育强国建设的新时代背景下，在北京冬奥会开启我国冰雪运动新篇章的发展格局中，"轮转冰"训练的内涵也在不断完善、升级和演化。

（四）"轮转冰"训练

"轮转冰"在国际上已成为冰雪竞技体育训练的一种潮流。我国实施"轮转冰"已有近 7 年之久，期间涌现出了郭丹、李思杉、李乐铭等多名优秀的"轮转冰"速滑运动员，并在国际、国内赛场上取得了较为成功的突破。然而近些年随着郭丹转型成为教练员后，李思杉、李乐铭也进入成年组逐渐淡出了速度滑冰高水平竞技场，"轮转冰"速滑队的运动员也仅是在青少年比赛中取得较为亮眼的成绩，转项后缺乏突破。面对这种局面，相关教练员、运动员和学者难免心有所思："轮转冰"取得成功了吗？"轮转冰"训练模式合理吗？"轮转冰"能为速度滑冰后

---

① 南相华. 速度滑冰理论与方法 [M]. 哈尔滨：黑龙江教育出版社，2012.
② 蒙猛. 中国青少年速度滑冰训练教学大纲 [M]. 北京：北京体育大学出版社，2017.

备人才培养起到足够大的作用吗？"轮转冰"提升速度滑冰整体竞技实力了吗？随着"轮转冰"训练的深入，以及对"轮转冰"训练模式的不断揣摩，结合对冰、轮两个项目特征的综合理解，加之与"轮转冰"速滑队的教练员、运动员的深入交流，本研究认为，"轮转冰"内涵和训练模式本身没有问题，之所以会出现上述的现象，基于前期在备战 2022 年北京冬奥会实现全面参赛的压力，"轮转冰"从业者只注重转项后速度滑冰的训练，在速度轮滑竞技能力正迁移的促进下，短期内取得了较为不错的成绩。

深入分析发现，这一现象是由于缺少对"轮转冰"训练的辩证思考。"转项训练"应是"跨项选材"的一种特殊形式，但"跨项选材"实际上正是源于运动员的"转项训练"实践。这一"跨项选材"与"转项训练"之间的互动关系，无疑为进一步理解"轮转冰"奠定了理论基础。由于竞赛形式、比赛场地、专项能力的差异，"轮转冰"运动员表现出在转项初期的速度滑冰竞赛中，运动成绩会有突飞猛进的提升，但随着转项训练的深入，速度滑冰专项技术难以突破或无法与传统速度滑冰运动员相抗衡，同时"转项"运动员又失去了速度轮滑所积累的竞技能力，导致"轮转冰"运动员后劲不足现象的产生。因此，从竞技属性来看，"轮转冰"训练并不仅是速度轮滑运动员转项训练速度滑冰这一"单向"关系，而应是"以轮促冰"和"以冰促轮"的"双向"互动。只有把握冰、轮互动的"双向"关系，通过整合"冰、轮"优秀人才资源，"轮转冰"才能提升选材、成才的效率，才能持续地为速度滑冰输送优秀人才，才能不断地创造历史佳绩，最终才能推动我国速度滑冰整体竞技实力更上一个台阶。基于此，"轮转冰"训练模式也应注重这一"双向"互动联系，训练过程中充分体现"轮转冰"训练的内涵，才能确保"轮转冰"训练的科学化进程。

（五）训练模式

"模"是指模范、规范、模型，既强调制作的方法，又充当事物的标准，"式"是指样式、形式[①]。"模式"一词既注重事物的结构，又在于操作或方法的标准。汉语词典中将"模式"定义为某种事物的标准形式，或是指让人们可以照着做的

---

① 隋国成. 教育硕士 U-T-S 联合培养模式研究 [D]. 重庆：西南大学，2017.

标准样式①。"模式"一词依据不同领域、学科可以组合成多种词组，如管理模式、思维模式、培养模式、教学模式、生存模式等，无论何种组合，核心要素是模式，模式即样式或模板②。模式是解决某一类问题的方法或标准，将其与训练相结合，就是指提升某一项目竞技水平和运动成绩的方法和标准，供该项目从业人员借鉴和参考的准则。通过查阅文献发现，虽然我国竞技体育领域关于训练模式的研究不少，但是关于训练模式的内涵和概念则很少有专家和学者能够给予具体的解析和界定。教育学领域指出，教学模式是在一定的教育思想、教学理论和学习理论指导下的、在某种环境中展开的教学活动进程的稳定结构形式③。田麦久博士曾指出，训练模式是在一定体育训练理论指导下，围绕训练目标所形成的相对稳定的训练程序，即对训练方法的归纳总结，具体应包括练习动作及其组合方式、运动负荷及其变化方式、过程安排及其变化方式等要素④。周龙峰博士在针对击剑运动员专项体能训练模式的研究中指出，训练模式是指运动训练过程中，以提高竞技能力为目标，总结训练实践问题解决方案的有一定逻辑线索、相对稳定的参照性指导方略和样式⑤。综上所述，训练模式不能简单地归于训练内容和形式，而应属于训练过程的范畴，是关于训练过程质态的总体性描述。因此，通过整合多学科资源，本研究认为，训练模式是指：在运动训练实践过程中，依据相关理论基础，在理论体系指导下以提高运动员竞技能力为目标，总结并构建的运动训练过程相对固定的标准样式。

二、理论基础

（一）迁移理论

1. 迁移理论的内涵

迁移理论最早起源于德国官能心理学，过去很长一段时间内占据着心理学和

① 中国社会科学院语言研究所词典编辑室. 现代汉语词典 第 5 版 [M]. 北京：商务印书馆，2000.

② 高文财. 免费师范生教育硕士培养模式研究 [D]. 长春：东北师范大学，2016.

③ 何克抗. 构建主义的教学模式、教学方法与教学设计 [J]. 北京师范大学学报（社会科学版），1997，143（5）：74-81.

④ 田麦久. 运动训练学 [M]. 北京：人民体育出版社，2000.

⑤ 周龙峰. 我国有序击剑运动员专项体能训练模式研究 [D]. 北京：首都体育学院，2017.

教育学领域的重要位置。随着多学科相互融合、交叉的需求，且迁移存在各类知识、技能与社会规范之中，迁移理论开始慢慢渗透到各个学科领域和社会各行各业，为社会的发展进步带来较大的影响。通常来讲，迁移理论就是学习迁移理论，是指一种学习对另一种学习的影响，或习得的经验对完成其他活动的影响。这种通过已有知识的经验或积累而不断获得新的知识和技能，强调前一种学习对后一种学习的影响或后一种学习对前一种学习的影响，就是学习迁移理论的核心理念。随着社会各界对迁移理论的广泛关注，有关迁移理论的内涵不断丰富，形成了认知较为深刻的不同类别的学说，如形式训练学说、相同要素学说、经验类化说、关系理论以及学习定势说，这几类主要理论学说能够帮助人们更好地理解和应用迁移理论。对于迁移来讲，不单是正向的，也有逆向的，即一种学习对另一学习起到加强或提升的作用，称之为正迁移；反之，一种学习对另一种学习产生了干扰或削弱，称之为负迁移。因此，迁移理论依据不同情况也有不同的表现形式，即根据迁移性质的不同可分为正迁移、负迁移；根据迁移方向的不同可分为顺向迁移、逆向迁移；根据原有知识在新情境中应用的难度和结果，可分为水平迁移、垂直迁移；根据迁移范围的大小可分为一般迁移与特殊迁移；另外，还有同化性迁移、顺应性迁移与重组性迁移，以及低路迁移和高路迁移[①]。在日常的生活、工作和学习过程中，人们主要注重正迁移带来的良性影响，避免负迁移带来的恶劣影响。尤其在教育学领域，迁移理论受到普遍重视，教学中应注意利用正迁移，消除负迁移，在课程设置、教材的组织、教学方法的选择上都要注意学习迁移的作用。通过对迁移理论的梳理可以发现，迁移首先是在过去原有知识、环境基础上发生的，当新的情景与原有情景产生重叠或交叉，则迁移可能出现，但是要深刻地理解迁移的原理，并不是新的情景或事物与原有的在表象上有关联就可以产生迁移，而是新、旧情景或事物的内在结构、内在关系、内在规律等密切相关，才是迁移产生的关键。

　　运动技能迁移理论是迁移理论的一个分支，在国内外也有较为全面的研究。运动技能迁移理论的研究成果现已在各个体育项目训练中得到了广泛的应用。技能迁移简单地说就是一种已经形成或掌握的运动技能对另一种正在进行的或者已

---

① 于悦晗. 运动技能迁移理论在异项群转项学生网球教学中的研究 [D]. 济南：山东体育学院，2015.

经完成学习的技能的影响。在竞技体育训练过程中，不同运动项目之间的运动迁移包括体能迁移、技术迁移、战术迁移、意识迁移等许多个组成部分，它们都在相互影响着两个运动项目的学习和提高。随着技能迁移理论广泛应用于运动训练，许多教练员和专家总结出两个项目间技术动作结构、技术环节、技术原理、运动素质要求越相似，则产生正迁移的可能性就越大，利用技能迁移的训练效果则越好。

从北京申办冬奥会成功之初，大约有三分之一的冬奥会小项我国此前从未开展过，还有三分之一远远落后于世界先进水平，在北京冬奥会上，中国体育代表团共收获9金4银2铜共15枚奖牌，多个项目实现新突破，金牌榜排名第三，创造了冬奥参赛史上的最好成绩。冰上项目上台阶、雪上项目有突破，完成"全项目参赛""参赛出彩"任务，冰雪运动实现跨越式发展。在当前国家大力为冰雪人才助力，通过"跨界跨项选材"为我国冬季竞技体育项目积累更多人才，在后冬奥时代进一步提升冬季项目整体竞技水平的需求下，有关学者、教练员和科研人员应深入、细致地研究和运用迁移理论科学地指导"转项"训练，推动冰雪竞技实力高质量发展，为新时代体育强国建设贡献强有力的理论支撑。

2. 迁移理论在体育领域中的应用

鉴于运动技能迁移的重要性，我国许多专家、学者和教练员等对运动迁移理论应用于体育教育和竞技体育运动训练进行了深入的分析和研究。

20世纪80年代开始，迁移理论运用到体育领域的研究在我国已经受到关注。通过中国知网以"迁移"为主题词，年度不限，学科选择"体育"进行检索发现，最早一篇关于迁移理论的研究是陈川衡[1]在《中国体育科技》发表的一篇题为《运用技能迁移规律，迅速提高训练效果》的文章，该文通过将迁移理论引入体操教学课程，分析了技能正迁移和干扰的条件、技能迁移的减弱和被破坏的原因、技能迁移规律如何正确地应用到体操教学等内容。之后，关于运动技能迁移的研究在体育界逐步受到关注。研究内容包括：迁移（理论、原理）规律与体育教学、迁移理论在体育教学中的作用和意义等。通过对文献的梳理进一步发现，20世纪八九十年代，体育领域关于迁移理论的研究主要集中在教学方面，研究内容主要围绕迁移理论如何在教学中运用，注重提高教学效果和技术学习质量的研究，关于竞技体育方面的研究则相对较少。

---

① 陈川衡. 运用技能迁移规律，迅速提高训练效果 [J]. 中国体育科技，1982（8）：27-31.

进入 21 世纪，迁移理论在体育领域中的研究全面铺展开来。首先，教学方面，除了进一步优化迁移理论在提高教学效果和教学质量方面的研究，学者开始关注在单个项目或不同项目间教学手段的迁移对教学效果和技能学习的促进和提高；其次，竞技体育领域关于迁移理论研究的关注度得到提高，例如，田径十项全能和七项全能运动中迁移规律和运用的研究、跳远和三级跳远技术和身体素质迁移的研究、运动迁移理论在投掷项目（标枪、铅球）技术训练中的运用等，不难发现，将迁移理论运用到竞技体育领域的研究中，起初多集中在田径项目，多以体能主导类项目间的体能、技术训练研究较多；随后约在 2010 年前后运用迁移理论研究单个项目，以及技（战）能主导类项群的项目逐步增多，表现在运用迁移理论研究武术（体操）与健美操技术，篮球与足球战术，沙滩排球与排球技战术，乒乓球、羽毛球和网球关于技战术训练，武术、散打和跆拳道关于体能、技战术训练等；尤其值得注意的是关于跨界跨项的研究也逐步受到关注，诸如速度轮滑与速度滑冰（短道速滑）关于体能、技术训练的研究，珍珠球与篮球战术训练的研究等。

目前，迁移理论广泛应用于体育领域各个层面，不论是对教学、训练还是群众体育的发展都起到良好的促进作用。在当前国家大力为冰雪人才助力，通过"跨界跨项选材"为我国冬季竞技体育项目积累更多人才，在短期、快速、全面提升冬季项目整体竞技水平的局面下，有关学者、教练员和科研人员应深入、细致地研究和运用迁移理论科学地指导"转项"训练，尽快实现冰雪竞技体育实力快速提升。

（二）项群训练理论

1. 项群训练理论的内涵

项群训练理论是由我国运动训练学专家田麦久博士于 20 世纪 80 年代提出并建立起来的，是指将一组具有相似竞技特征及训练要求的竞技项目称为一个项群，将揭示不同项群竞技规律和训练规律的理论称为项群训练理论[①]。项群训练理论是位于一般训练理论和专项训练理论之间的一个层次。项群训练理论在提出至今近 40 年的时间内，受到了体育界的高度重视，几乎各项目专家、学者、教练员和运

---

① 田麦久，刘大庆. 运动训练学 [M]. 北京：人民体育出版社，2012.

动员都在尝试、研究并运用项群训练理论指导运动训练方法的移植、迁移、创新，以期促进竞技能力的提升。经过几十年的探索和研究，经过同行人士的质疑和建议，逐步形成了较为完善、操作性更强的理论体系。项群训练理论的核心理念是依据运动项目所需竞技能力的重要程度、运动项目的动作结构和运动成绩评定方法分为 3 个理论体系。其中依据一切运动训练活动都以提升运动竞技能力为核心进行组织实施和科学规划的原则，按照运动员竞技能力主导因素进行分类的理论体系为人们最多采用的，将所有项目依据体能、技术和战术分为体能主导类、技能主导类、技心能主导类和技战能主导类共 4 大类别，进而在这 4 大类别中继续依照体能、技术和战术的主要表现形式和项目特征分为 9 个亚类，分别是体能主导类包含快速力量、速度性和耐力性；技能主导类主要是难美性；技心能主导类主要是准确性；技战能主导类包含隔网对抗性、同场对抗性、格斗对抗性以及轮转攻防对抗性的以运动员竞技能力主导因素决定的项群训练理论（表 2-5）。

表 2-5　按竞技能力的主导因素对竞技项目的分类

大类	亚类	项目
体能主导类	快速力量	跳跃、投掷、举重
	速度性	短距离跑（100 米、200 米、400 米）、短距离游泳（50 米、100 米）、短距离速度滑冰（500 米）、短距离场地自行车
	耐力性	中长距离走、跑、速滑，中长距离游泳、越野滑雪，长距离自行车、划船
技能主导类	难美性	体操、艺术体操、跳水、花样滑冰、花样游泳、冰舞、自由式滑雪、单板滑雪 U 型池、马术、武术（套路）
技心能主导类	准确性	射击、射箭、高尔夫
技战能主导类	隔网对抗性	乒乓球、羽毛球、网球、排球
	同场对抗性	足球、手球、冰球、水球、曲棍球、篮球
	格斗对抗性	摔跤、柔道、拳击、击剑、武术（散打）
	轮转攻防对抗性	棒球、垒球、板球、冰壶、台球

以项群为基本单位去认识和概括同类属竞技项目的共同特点，既能够获得远远大于一个单项运动实践的视野，在一个较高的层次上去把握几个或几十个运动单项共同的训练规律，又不会因受到其他类属项目不同特点的约束，而使得一个

项群的共有规律无法显现出来，因此项群训练理论在运动训练过程中普遍应用，并取得了较大的成效。

项群训练理论除了从理论上可以在专项训练理论基础上进行升华和提高并且有机连接起一般训练学和专项训练学，从而完善运动训练理论体系，还可以通过迁移理论为同项群间运动项目，在相似主导因素方面，为今后训练各个方面促进正迁移，丰富训练理念、方法和手段，有效提升整体竞技能力水平。速度轮滑和速度滑冰在技术上呈现周期性特点，都是在固定的场地内采用固定的技术动作完成特定的距离。同时两者在短距离项目中比拼的是绝对速度，属于速度型项目；中距离比拼的是绝对速度和速度耐力，属于速度耐力型项目；长距离项目比拼的是有氧能力和速度耐力，属于耐力型项目。不论是短距离、中距离还是长距离，都体现出技术特征一致、制胜因素一致，因此运用项群训练理论，依据竞技能力主导因素来划分，两者应属于"体能主导类周期性竞速类项目"。

2. 项群训练理论的运用

项群训练理论自田麦久先生创立以来，受到竞技体育从业者的普遍青睐，并在不同项群范畴内展开研究和探索，取得了较为丰硕的成果。

据可查资料显示，关于项群训练理论最早的研究文献是田麦久先生于1990年发表于《体育科学》上的名为《项群训练理论及其应用》的文章，该文作为我国运动训练学项群训练理论开山之作，系统论述了项群训练理论的学科的分类基础，指出了构建项群训练理论的主旨、依据以及目的，在此基础上提出了项群训练理论的内容体系和各项群的基本特点，并对其应用做了深度的解析。自此之后，关于项群训练理论和应用的研究得以广泛开展。由于20世纪90年代我国科研力量有限，因此新涌现的训练理论的研究受到的关注度较少，主要在运动训练实践中应用较多。随着我国整体竞技体育水平的不断提高，同项群运动项目在项群训练理论指导下经济实力大幅度提升，因此进入21世纪后关于项群训练理论的研究迅速增多，并受到各界从业者的广泛关注，研究内容也更为广泛。例如，宏观层面通过项群训练理论解读优势项目在项群层面转移的关于国际竞技体育格局变化分析，我国全运会各省市、地区在优势项群时空转变的研究，以及田径项目在奥运会体现出的区域特征和转移态势等[1]；微观层面的研究则更为丰富，诸如体能

---

[1] 陈亮. 项群训练理论的广泛应用 [J]. 中国体育教练员，2018，26（2）：11-13.

主导类项群项目间力量、速度、耐力等运动素质的项群特征，技战能主导类项目的项群训练方法，项群训练理论在运动生物力学中的应用，异项群之间训练方法的移植与创新，同项群之间体能、技战术的规律与相互借鉴，以及项群训练理论的争鸣与探索等。除了在竞技体育领域外，项群训练理论还对体育教学（篮排足、乒羽网，以及田径项目）、社会体育（群众参与体育运动方面）进行指导，并都取得了较大的启发。

众所周知，当今项群训练理论已被运用在体育各个领域，既可以通过项群训练理论制定国家竞技体育发展战略，也可以对竞技运动项目进行宏观管理；既可以探讨和揭示同项群项目的训练规律，又可以指导同项群项目间竞技人才的流动，同时也可以通过理论对运动训练方法进行移植、创新和发展。通过项群训练理论指导项群特征运动员转项训练并成材已取得较大成效，相信今后在"跨界选材和训练"方面也将会取得重大突破。针对本研究内容"轮转冰"训练模式的理论与实践来讲，项群训练理论在速度轮滑和速度滑冰技能、体能、战术的训练理论、训练方法、项目规律等方面有着很好的指导和迁移作用，同时在两个项目后备人才培养、"轮转冰"计划的管理，以及速度滑冰发展战略方面亦有着良性的推动作用。

（三）分期训练理论

1. 分期训练理论的内涵

分期训练理论最早是 20 世纪 30 年代由苏联运动生理学专家克里斯托甫尼科夫提出来的，后来在马特维耶夫于 1964 年编著的《运动训练分期问题》中完善并推广。随着该理论逐步传入西方各国，为早期世界各国运动训练做出了巨大贡献。1977 年出版的《运动训练原理》更是将马特维耶夫的运动分期理论传向全球，并确立其在国际运动训练学界的地位和影响力。半个世纪以来，分期训练理论在国际运动训练实践中广泛应用，并受到了从业者的普遍认同。分期训练理论是依据人体生物适应性规律的原理，提出运动员的竞技状态的形成要经过"获得""保持"和"消失"三个阶段，在运动训练过程中与之相对应的是"准备期""比赛期"和"过渡期"三个时期，其中"准备期"由一般训练和专项训练组成，"比赛期"由赛前训练和赛中训练组成，每个时期依据任务不同，相对应的训练目标和内容也不同（表 2-6）。

表 2-6[①]　竞技状态的阶段性发展与大周期划分

竞技状态发展过程	生物学基础	任务	目标	训练量	时期
形成	适应性机制（对训练负荷的应答性提高）	发展一般和专项竞技能力促进竞技状态的形成	提高一般运动能力水平，增加各种不同运动技能的积累	相对较大的训练量和较小的训练强度，训练方式多样化，后期有选择性地提高强度	准备期
保持	动员性机制（动员心理、生理能力的潜能，各系统高度协调）	提高专项竞技能力，发展稳定的竞技状态，创造新成绩	提高专项运动能力、技战术能力，形成竞技能力个体模式并做好参赛准备	专项训练中，低训练量，高强度，全面形成参赛的状态模式	比赛期
消失	保护性机制（机体拒绝继续高强度工作）	积极恢复，消除心理、生理疲劳	消除身体和心理疲劳	运用各种轻松的活动进行积极性休息	过渡期

　　分期训练理论的核心是发展运动员的"竞技状态"，对"竞技状态"形成、发展的规律和原理的揭示是马特维耶夫教授对运动训练学理论与实践最重要的学术贡献[②]。准备期是运动员通过运动训练获得竞技状态的前提，比赛期是运动员以最佳竞技状态去参加比赛并表现出最佳竞技水平，过渡期则是消除运动员生理和心理疲劳、恢复伤病的重要阶段。在周期训练理论中训练大周期是构成年度训练的基本单位，也是发展运动员竞技状态的完整结构单位。一个完整的训练大周期内运动员的竞技状态也经历与"获得""保持"和"消失"相对应的"提高"（准备期）、"保持"（竞赛期）和"下降"（恢复期）三个阶段，这是构成训练大周期的基础。同时一个训练大周期包括若干个中周期，一个中周期包含了若干小周期，而一个小周期则包括若干训练周、训练日和训练课。在年度训练周期过程中大周期数量的安排是由该年度的总体规划、训练和参赛安排、不同运动项目，以及不同水平的运动员来决定，反映了年度训练的特征。通常年度训练安排呈现出单周期、双周期以及多周期三种类型。由此可见，分期训练理论体现出训练结构复杂的特性，要求教练员和运动员根据运动员自身竞技水平，从每堂训练课开始注重训练内容的安排和负荷量的调控，逐步实现每个小周期、中周期的任务和目标，在年度最重要的比赛期内形成最佳的竞技状态，力求获得优异的竞技成绩。

① 　田麦久. 论运动训练过程 [M]. 成都：四川教育出版社，1988.

② 　姚颂平. 运动训练分期理论的本质、现状和发展前景 [J]. 体育科学，2012，32（5）：3-11；33.

速度轮滑和速度滑冰训练带有明显的年度周期性特征，两者均属于体能主导类项目，体能储备和提升是支撑竞赛并取得优异成绩的关键。由于受季节的影响，速度滑冰赛季一般从 10 月开始至第二年 3 月结束，竞赛期长达 6 个月之久（重要赛事如世锦赛和冬奥会一般都在 2 月举行），进入 4 月之后就是运动的调整期以及陆上训练时期；速度轮滑比赛通常在公路、露天或半封闭的轮滑场进行，所以冬季不适宜举办轮滑赛事，因此速度轮滑赛季一般从 4 月开始至 11 月结束，竞赛期长达 8 个月（重要赛事如速度轮滑世锦赛一般在 9 月进行），然后进入调整期和冬训期。由此可见，速度轮滑和速度滑冰竞赛期时间跨度基本一致，训练结构大致相同，两个项目运动员的最佳竞技状态都要调整到竞赛期的后段，赛季结束后都需要大约 1 个月的时间采用一些低强度、训练量小的各种训练手段进行恢复，消除生理和心理疲劳，控制伤病；然后进入训练量较大、负荷强度较高的体能储备和技术改进的准备期，为新赛季打好基础。

2. 分期训练理论的应用

分期训练理论以人体在生理和社会活动方面具有周期性变化的规律作为制订竞技运动训练计划的方法依据，在全球现代竞技体育领域发挥着举足轻重的作用[①]。我国最早关于分期训练的研究要追溯到 20 世纪 70 年代，由田麦久博士在《体育科技资料》上发表的一篇题名为《少年中跑全年训练的分期问题》[②]的文章，该文将田径中跑运动员的年度训练按照年度单周期、年度双周期以及年度多周期的模式进行安排，详细论述了影响少年中跑训练分期的主要因素、分期训练结果的对比分析（年度双周期、多周期训练对比），论述了年度多周期训练安排在中跑训练过程中的优势，为中跑训练分期安排提供了理论和实践指导。自此之后关于竞技体育训练分期的研究逐步展开，并受到从业人员的不断重视。早期（20 世纪七八十年代）由于科研观念较弱加之信息传播渠道较为闭塞，导致关于训练分期的研究多集中在田径项目，又多以跑的项目居多，虽然也有个别关于越野滑雪年度训练周期的研究，但不难发现早期的研究多以体能主导类周期竞速项目为主；进入 20 世纪 90 年代，随着我国竞技体育实力的不断提升，以及各项赛事的逐步规范，国内关于运动训练的研究和交流逐步增多，围绕重大赛事科学合理安排运

---

① 龙斌，李丹阳. 传统周期训练理论的现代适用性及其发展 [J]. 武汉体育学院学报，2016，50（4）：84-89.

② 田麦久. 少年中跑全年训练的分期问题 [J]. 体育科技资料，1977（Z3）：53-59.

动员训练普遍受到教练员和学者的重视，关于训练分期的研究除了继续集中在田径竞速项目上，像游泳、竞走、短道速滑、皮划艇、体操、飞碟包括篮球等诸多项目的训练分期研究也受到格外重视，研究内容除了关于训练分期、每个时期的安排特征，参赛能力培养也受到从业人员的高度关注，可以发现这一时期研究的范围更加广泛，研究内容更加具体，为运动训练的直接性服务更强。然而也不难发现，研究的项目多集中在体能类周期竞速项目，以这一时期我国运动员在奥运会上表现出色的项目为主。

进入 21 世纪，随着竞技体育全球化程度不断扩大，运动训练研究的国际交流程度也不断提升，同时随着商业性赛事的不断增多，这一时期关于传统分期训练理论的争论开始出现并一直持续至今，主要争论点围绕当前赛事增多，过去以某一两个重要赛事为基准的运动员竞技状态调整已不能满足当今训练、竞赛的需求，并提出了一些新的训练安排理论。可以发现，不论争论结果与否，其最终目的是运动员能以更加理想的状态参赛，对运动训练水平的提升起到巨大的推动作用。这一时期除了关于分期训练理论的争论，利用分期训练理论研究的运动项目也进一步拓展，如乒乓球、排球、拳击、举重、蹦床、跨栏、跳远（三级跳远）、单板滑雪 U 型场地项目、网球、自由式摔跤等技战能主导的项目明显增多，同时教练员也更加注重根据项目特征科学合理安排训练内容和负荷，在分期训练理论指导下科学化训练程度不断提高。

从 2008 年北京奥运会前后开始，我国分期训练理论应用于运动训练实践的研究迎来了高峰期，受北京奥运会（包括备战）的影响，我国竞技体育无论是参赛规模还是奖牌（金牌）总数均达到历史的巅峰，这对我国竞技体育训练起到极大的推动和提升作用。自此至今，虽然关于分期训练理论的争论依然存在，但从业者相信争论越激烈表明对相关理论的认识越深刻，从业者更容易"取其精华、去其糟粕"，利用分期训练理论更好地指导运动训练实践。这一时期，随着各级各类赛事的增多，从业者（尤其是教练员）对于年度多周期训练的研究和运用明显增多，尤其更加注重小周期训练安排以满足当前赛事不断增加的需求。同时关于竞技能力和具体的单一运动素质训练分期的研究普遍增多，研究内容包括力量分期训练、耐力分期训练等，研究内容具体化、科学化，研究内容的针对性强，表明分期训练理论无论在年度训练结构研究还是竞技能力，抑或者运动素质层面上的研究依然起到科学指导的重要作用。

当前分期训练理论已在我国竞技体育领域得到广泛、科学的运用。速度轮滑和速度滑冰同属体能主导类周期竞速项目，两者在项目制胜因素、训练周期安排等诸多方面一致，且分期训练理论已用于速度滑冰和速度轮滑训练实践，为"轮转冰"这一"转项"训练模式在训练内容安排，冰、轮不同竞赛期运动员竞技状态的调整提供了良好的参考价值，从而更好地指导"轮转冰"训练实践。

（四）"双子模型"训练理论

1. "双子模型"训练理论的内涵

"双子模型"是由"木桶理论"和"积木模型"组合而成的关于运动员竞技能力结构的运动训练学理论。"木桶理论"是由美国著名管理学家、现代层级组织学的奠基人劳伦斯·彼得（Laurence J. Peter）博士于 20 世纪 60 年代在管理学领域提出的。其理论的核心和精髓在于"木桶盛水量的多少是取决于最短那块木板的高度"，这就是著名的"短板效应"，该理论强调"均衡发展"。在社会生活中，"木桶理论"广泛运用于社会各个行业，并解释诸多社会现象。日本学者根本勇将该理论引入运动训练领域，指出运动员竞技能力的各子能力（体能、技术、战术、心理、知识）分别代表木桶中各个木板，木桶盛水的多少即运动员的整体竞技能力水平取决于各子能力中最弱竞技能力的发展状态，强调了运动员竞技能力的综合、协调、全面发展，这对科学分析不同项目运动员竞技能力构成，并据此在训练中通过"补短"来消除"短板"形成的制约因素，实现整体竞技能力的最优化具有重要的意义。然而运动员在运动训练过程中竞技能力结构总是处于一种动态平衡发展，且每个运动员由于遗传因素或训练重心不同，竞技能力很难处于均衡状态。"木桶理论"过分追求运动员竞技能力的劣势要素的提高和发展，在很大程度上没有根据运动员个体差异化来考虑其优势或特长要素，没能揭示运动员竞技能力结构的整体性和动态性问题，这是"木桶理论"的不足之处。

教练员和运动员在参照优秀运动员竞技能力模型制订训练目标、计划时要充分考虑运动员自身的特点，要注重保持和发挥个人的优势。同场运动员个体的竞技能力整体结构中各子能力之间处于一个不均衡状态，呈现非衡结构特征，正是由于这种非衡结构在相当大的程度上弥补了"短板"的不足。基于此，我国著名运动训练学专家刘大庆博士通过大量优秀运动员案例提出，运动员竞技能力构成要素中某种素质或能力的缺陷，可由其他高度发展的素质或能力在一定范围内予以弥补和代偿，使其总体竞技能力保持在特定的水平，这种现象称为"运动员竞技能力非衡结构的补偿效应"[①]，并将其称为"积木模型"。"积木模型"的核心观点是"扬长"，揭示了竞技能力系统中的非衡状态，同时也通过代表运动员竞技能力的"积木"来描述了通过运动训练主动加强优势子竞技能力，可以弥补弱势子竞技能力的不足，使积木的总体体积不变，即运动员总体竞技能力仍然处于一个较高的水平。"积木模型"正视"短板"的存在，突出了竞技能力各构成要素之间是动态的、非衡的且是相互关联的，在一定范畴内通过补偿机制来实现总体竞技能力稳定和提升，辩证地看待竞技能力各要素不同水平存在的现实意义，提倡注重发挥运动员优势竞技能力的竞技价值。

"木桶理论"和"积木模型"分别从不同的视角分析了竞技能力的发展，前者强调"补短"，后者侧重"扬长"，两者相互结合共同指导竞技体育运动训练，故称之为"双子模型"。运用"双子模型"指导运动训练实践，可以有效解决"短板制约"，并发挥竞技能力迁移、代偿的特征，可以更有效、更科学地认识、理解竞技能力结构之间的关系，有助于教练员和运动员科学合理安排训练任务、合理选择训练内容、明确训练方向是"补短"还是"扬长"，从而高效地改善和提升运动员总体竞技能力，进而取得满意的训练效益和竞赛成绩。

2."双子模型"训练理论的应用

任何一个理论的提出与应用，都伴随着各种声音，代表"双子模型"的"木桶理论"和"积木模型"也不例外。我国体育领域最早关于"木桶理论"的研究是在 1999 年，由延烽在《北京体育师范学院学报》上发表的一篇名为《对"木桶理论"在高水平运动员训练中不适用性的剖析》[②]的文章，该文对"木桶理论"提出异议，认为只有发挥运动员特长才是创造优异成绩的重要途径，对"木桶理论"强调的均衡性进行了一定程度上的批判。此后关于对"木桶理论""积木模型"和"双子模型"的争论一直持续至今。但也有不少从业者通过该理论研究来指导运动训练实践，诸如"双子模型"理论在田径跑、跳、投和全能项目中的应用，

---

① 田麦久，刘大庆. 运动训练学 [M]. 北京：人民体育出版社，2012.

② 延烽. 对"木桶理论"在高水平运动员训练中不适用性的剖析 [J]. 北京体育师范学院学报，1999（4）：61-64；70.

在身体素质训练中的应用,在技战能主导类同场对抗性、隔网对抗性项目中的应用,在技能主导类表现难美性项目中的应用,在运动训练选材中的应用等,同时也有不少学者运用"双子模型"来指导高校体育教学和评价、竞技体育管理和发展、老年体育和体育社团发展等,可见"双子模型"理论在我国体育领域不论是竞技体育、群众体育还是学校体育,无论是宏观层面的发展还是微观层面的训练,都在很大程度上发挥了重要的作用,贡献了较大的价值。

应辩证地看待"双子模型"训练理论,世间的事物没有十全十美,我们应充分发挥"双子模型"的长处,避开其不足,科学地、有针对性地运用到运动训练实践中,就像可以考虑"木桶理论"是否可以运用在基础训练阶段或准备期、"积木模型"是否可以运用在最佳竞技阶段或微缩大周期等,根据运动训练不同时期、不同阶段,以及运动员的个体差异性和实际需要,合理选择"双子模型"的优势,有效地提升运动员竞技能力和运动成绩,进而为提升我国竞技体育整体竞技实力服务。

速度轮滑和速度滑冰虽同属体育主导类周期竞速类项目,且在诸多方面具备相同的特征,但由于比赛场地、所需器材、竞赛距离等方面的不同,对运动员竞技能力的要求也有所差异。因此在运动训练实践中可以充分发挥"双子模型"对于"扬长"和"补短"互为补充的特点,用以指导"轮转冰"训练实践,将会收到良好的训练效果。

(五)本章小结

本章主要针对研究的相关概念和理论进行阐述,其中涉及的"轮转冰"概念是本研究的重点,以及研究的核心关键。本研究从竞技属性和社会属性两个层面对"轮转冰"内涵进行剖析,为"轮转冰"发展提供了全面的指引。同时本研究对"轮转冰"训练内涵进行了尝试性解释,提出"轮转冰"训练应是"以轮促冰"和"以冰促轮"的"双向"互动,只有把握冰、轮互动的"双向"关系,通过整合"冰、轮"优秀人才资源,"轮转冰"才能科学、可持续发展。

本章另一部分内容主要对涉及的核心理论进行阐述。上述理论已普遍运用于我国体育领域,并形成了相对比较完善和成熟的理论体系,虽然在一定程度上还存在着争议,但不可否认,这些理论对我国体育发展尤其是运动训练的发展做出了巨大的贡献。需要指出的是,理论不仅源于实践,还要服务于实践,更要接受来自实践的检验。当前不论是在理论界，还是在运动训练一线，上述理论已被广大从业者广泛接受并付诸实践，并在竞技实力和运动成绩的提升方面也取得了较大的成果。广大学者除了运用上述理论研究、指导和探索备受瞩目的夏奥优势项目外，我国弱势项目尤其是关注度较低的冬奥冰雪运动领域也在逐渐开始接受并依据上述理论指导运动训练实践，近些年也取得了较为丰硕的成果。可见上述理论对我国竞技体育做出了较为突出和重大的贡献。虽然在实践过程中以及理论探讨时依然有所争议，但相信随着我国训练科学化水平和整体竞技能力的不断提升，研究者会在今后根据实践发展的实际情况对理论作出补充和完善，以期更好地为我国体育事业的发展提供理论指导和优质服务。

虽然 2022 年冬奥会在我国北京成功举办，不论是赛事举办结果，还是运动员成绩的全方位突破，抑或是群众冰雪运动的参与度，以及冰雪运动公共服务的配套设施均实现了跨越式提升。然而，在诸多光环成绩的背后，我们还应当清醒地认识到当前我国冰雪竞技体育现状，正视不足和差距，积极响应"跨界跨项选材"理念来实现冬季项目竞技人才培养新举措，相信通过上述理论来指导"跨界选材、转项训练"，既可以为"跨界选材、转项训练"构建出新的理论体系，也可以为这一新的训练模式提供理论指导，从而科学、快速、全面地提升我国冰雪运动整体竞技实力。"轮转冰"计划作为落实"北冰南展西扩"的试验田和主要突破口，作为肩负"跨界跨项选材"的排头兵，要把握项目特征，找准项目制胜因素，借助迁移、项群、周期以及"双子模型"等理论的指导，发挥两个项目的特长，借助同项群的本质特征和训练规律，合理安排训练内容和计划，实现两个项目优势互补，定能为"跨项选材、转项训练"的道路打开成功之门，并为其他项目提供理论和实践指导。

第三章　我国速度滑冰竞技实力
与"轮转冰"发展现状分析

第一节　我国速度滑冰竞技实力现状分析

为更客观、全面地了解当前世界速度滑冰的竞争格局以及我国速度滑冰整体竞技实力的变化，本研究以北京冬奥会速度滑冰竞赛成绩为基础，总结现阶段国际速度滑冰的发展趋势和我国速度滑冰整体竞技实力现状，深入剖析我国与国际速滑强国的主要差距，找出关键问题，总结经验教训，并提出有针对性的发展建议，为新时代我国速度滑冰实现跨越式发展、冬季项目整体竞技水平提升提供重要参考。

一、现阶段国际速度滑冰竞争格局分析

在国际上最有影响力的速度滑冰竞赛当属冬奥会和世界锦标赛，其中毋庸置疑，冬奥会的受关注度最高且影响力最大[1]。奖牌榜是某一国家在该项目上整体竞技实力和突出表现的直观反映[2]。表3-1是2022年北京冬奥会速度滑冰竞赛成绩一览表。从奖牌榜分布情况来看，荷兰队以6金4银2铜位列奖牌榜第一，遥遥处于第一集团。北欧冰雪强国瑞典以2枚金牌排名第二，北美加拿大和亚洲的日本则同样以1金3银1铜共5枚奖牌并列排名第三。从奖牌数的视角来看，更能体现一个国家整体竞技实力。除荷兰一枝独秀外，加拿大、日本、挪威、美国、韩国、意大利处于第二集团，均获得3枚及以上奖牌。中国、比利时、俄罗斯、

---

① 陆国田，王林，段意梅. "后刘翔时代"：中国田径国际大赛表现欲突破原因探析 [J]. 体育科学，2017，37（11）：56–62.

② 资薇，陈小平. 基于伦敦奥运会的当前赛艇世界格局及发展动向 [J]. 中国体育科技，2013，49（3）：84–88.

捷克等国不论是金牌数还是奖牌数均较少，处于第三集团。

表 3-1　北京冬奥会速度滑冰奖牌一览表

序号	国家	金牌	银牌	铜牌	奖牌
1	荷兰	6	4	2	12
2	瑞典	2	0	0	2
3	加拿大	1	3	1	5
4	日本	1	3	1	5
5	挪威	1	0	2	3
6	美国	1	0	2	3
7	比利时	1	0	0	1
8	中国	1	0	0	1
9	韩国	0	2	2	4
10	意大利	0	1	2	3
11	俄罗斯	0	1	1	2
12	捷克	0	0	1	1

本次冬奥会共有 8 个国家获得金牌，12 个国家获得奖牌，与前几届相比，无论是金牌还是奖牌分布均有所扩大，表明当今速度滑冰世界格局竞争激烈程度不断加剧。这一局面从"速滑王国"荷兰的表现就能说明一切。本届冬奥会速度滑冰项目荷兰的金牌数和奖牌数虽然均遥遥领先其他各国，但与前两届冬奥会相比，奖牌数有所下滑，从索契的 23 枚奖牌（8 金 7 银 8 铜），到平昌的 16 枚奖牌（7 金 4 银 5 铜），再到本届的 12 枚奖牌，"橙衣军团"垄断地位被削弱，这进一步印证了世界各国速度滑冰竞技实力不断提升，国际速度滑冰竞争格局不断分化。

二、北京冬奥会中国速度滑冰竞技实力分析

本届冬奥会，我国雪上项目屡传捷报，这是中国冰雪运动通过跨界跨项等方式广纳人才结出的硕果，是民间雪圈与专业竞技体育良性互动结出的硕果。而高亭宇以破奥运纪录的成绩加冕速度滑冰男子 500 米新王，实现中国男子速度滑冰运动员冬奥金牌"零"的突破，彰显了中国速度的绝对自信，见表 3-2。

（一）女队竞技实力分析

速度滑冰之所以在我国成为传统优势项目，其主要原因是长期以来我国女子

速度滑冰短距离项目在国际上具有一定的竞争力。自 1990 年在阿尔贝维尔冬奥会女子速度滑冰 500 米、1 000 米项目中中国名将叶乔波获得两枚银牌,实现了中国冬奥会历史上速度滑冰项目奖牌"零"的突破开始,过去几乎每届冬奥会(除 1998 年和 2002 年两届冬奥会无牌外)中国女子速度滑冰短距离项目都获得奖牌,并在 2014 年由名将张虹获得 1 000 米冠军,拿下中国冬奥会速度滑冰项目历史首金。在 2018 年平昌冬奥会之前,中国速度滑冰在冬奥会历史上共获得的 1 金 3 银 3 铜共 7 枚奖牌全都来自女子短距离项目。在国际赛场上,中国速度滑冰女子运动员多次获得世锦赛和世界杯速度滑冰短距离项目的冠军,因此速度滑冰作为冰上运动的基础大项,一直以来成为我国的传统优势项目。然而从上届冬奥会开始,至本届"家门口"作战,中国女子速度滑冰运动员已连续两年无缘登上领奖台,近两届最佳战绩分别是 2018 年平昌冬奥会团体追逐和集体出发项目的两个第 5 名,以及 2022 年北京冬奥会的团体追逐第 5 名。过去引以为傲的女子短距离项目,平昌冬奥会最好名次也仅仅是由名将于静和张虹获得第 9 名和第 11 名,北京冬奥会更是没有一个项目进入前十(除团体追逐外)。除了名次下滑严重外,我国女子运动员的竞赛成绩与前三名选手有不小差距,表明过去我国在国际赛场上争金夺牌的传统优势项目已不存在。

表 3-2　北京冬奥会中国速度滑冰队参赛情况一览表

项目	组别	姓名	名次
男子	500 米	高亭宇 杨涛	1 21
	1 000 米	宁忠岩 廉子文	5 8
	1 500 米	宁忠岩 王浩田	7 20
	5 000 米	—	—
	10 000 米	—	—
	团体追逐	廉子文 王浩田 徐富	8
	集体出发	宁忠岩	12

项目	组别	姓名	名次
女子	500 米	金京珠	12
		田芮宁	14
		裴冲	替补
	1 000 米	李奇时	14
		殷琦	15
		金京珠	22
	1 500 米	韩梅	11
		殷琦	15
		阿合娜尔·阿达克	17
	3 000 米	韩梅	15
		阿合娜尔·阿达克	17
	5 000 米	韩梅	11
	团体追逐	韩梅	5
		李奇时	
		阿合娜尔·阿达克	
	集体出发	郭丹	13
		李奇时	DQ

不仅女子短距离项目竞技实力下降严重，而且过去始终较弱的中长距离项目依旧竞争乏力，虽然本届冬奥会女子项目实现全项参赛，且竞赛名次较之前几届有了一定的提升，但依然与速滑强国有着十分巨大的差距。当然，本届冬奥会我国女子速度滑冰项目也并非缺乏亮点，团体追逐和集体出发两个项目均保持较强的竞争力，团体追逐连续两届冬奥会获得第五名，集体出发项目也连续两届均有两名运动员进入决赛阶段。这从某种程度上表明在过去较弱的长距离项目中，虽然个人项目缺乏绝对获得奖牌的实力，但在整体实力上得到一定提升。其中值得注意的是，郭丹作为"轮转冰"运动员已连续参加两届冬奥会，并在本届冬奥会获得第 13 名的佳绩，在这个新增项目上由"轮转冰"看到了今后长距离项目的希望。

（二）男队竞技实力分析

长期以来我国速度滑冰项目一直处于"阴盛阳衰"的局面，截至 2014 年，冬奥会速度滑冰项目所获得的 7 枚奖牌均由女运动员获得。自上届平昌冬奥会中

20 岁小将高亭宇一鸣惊人，拿下男子 500 米铜牌，实现了自 1980 年我国参加冬奥会速度滑冰项目 38 年以来获得首枚男子项目奖牌的历史性突破。更令人兴奋的是，在本届冬奥会"冰丝带"速滑馆，高亭宇在男子 500 米比赛中以 34 秒 32 的成绩打破纪录并夺冠，这也是中国男子速滑在冬奥会上的历史首金，这一伟大成就改写了中国没有冬奥速度滑冰男子项目金牌的历史。值得注意的是，高亭宇在平昌冬奥会和北京冬奥会不断实现自我突破，其所获的 1 铜 1 金，也是这两届冬奥会我国速度滑冰仅有的两枚冬奥会奖牌。相比于平昌冬奥会仅获得一枚铜牌的情况，中国队在北京冬奥会无疑收获更多。除高亭宇外，小将宁忠岩在男子 1 000 米、1 500 米和集体出发三个项目中分别取得第 5 名、第 7 名和第 12 名的优异成绩。本届冬奥会中国男子运动员的表现已明显超越女子运动员的表现，因此过去我国速滑"阴盛阳衰"的这一局面，自平昌冬奥会开始已悄然转变。

然而，与短距离项目相比，男子长距离项目的整体实力有限，应直面长距离项目长期竞争乏力、竞技水平提升缓慢的尴尬现实，且进入 21 世纪后始终没能取得冬奥会的入场券。由此可见，当前我国男子速度滑冰长距离项目竞技实力与荷兰等欧美强国存在全方位的差距，亟须在接下来的奥运备战周期中有针对性地重点提升。

综上所述，我国速度滑冰传统优势项目——女子短距离项目整体竞技实力下滑严重，虽然男子 500 米项目取得了史无前例的突破，但整体的竞争力不足。长距离项目无论是男子还是女子非但没能与强国缩小差距，且一直以来都不具备与国际强国抗衡的实力，表明我国有氧训练存在严重问题。集体项目上（团体追逐、集体出发），本届冬奥会取得了较大的突破，但个人实力不足，缺乏领军人物，不具备挑大梁的能力。因此，从客观角度上讲，目前我国速度滑冰整体竞技实力十分落后，所谓的优势项目凤毛麟角，项目整体发展不均衡，偶尔出现亮点，近些年每届冬奥会仅获得一枚奖牌的局面不能成为掩盖事实的遮羞布，必须认清当前的现状。然而，通过与有关专家、教练员交流得知，造成目前我国速度滑冰这一现状的原因主要集中在经费投入有限、政策支持力度较弱、训练场馆严重不足、后备人才资源紧缺、教练员执教水平有限、科技支撑薄弱等，提升我国速度滑冰竞技水平任重道远。因此，当务之急应准确把握当前速度滑冰奥运格局，抓住核心问题，发挥举国体制的作用，有针对性地解决相关问题。

三、我国速度滑冰发展的建议

（一）打破传统战略布局的旧观念，抓住问题关键，促进项目同步发展

短距离项目500米、1 000米由于历史上取得过较为优异的成绩，因此被定义为我国速度滑冰的优势项目，我国速度滑冰长期以来也以重点、突出发展短距离项目为战略。然而通过本届冬奥会可以发现，目前我国短距离项目已无优势项目可言，除男子500米成为闪光点外，女子短距离项目整体竞技水平已远落后于世界强国，长距离项目竞技水平则始终提升缓慢，在国际上毫无竞争力；反观荷兰、加拿大、日本、挪威、美国、韩国等国在速度滑冰项目上全面发展。基于此，应从速度滑冰项目特征和制胜因素的视角，全面、深入思考造成当前我国速度滑冰整体竞技实力落后的关键问题。"耐力"是我国运动员普遍欠缺的素质，是造成我国体能类运动项目长期落后于世界水平的主要原因[1]。从训练学视角来讲，速度滑冰属于体能主导类周期竞速类项目，速度耐力是该项目的主要制胜因素，有氧能力是该项目的基础。目前我国速度滑冰项目尤其是长距离项目运动员后程降速明显，有氧耐力能力明显偏弱。同时，长期以来，我国部分速度滑冰教练员认为，一些以混合供能为主的中、短距离项目，应突出速度的训练，而没有将耐力素质的发展放到应有的位置。应当清醒地认识到，有氧供能同样是短距离项目的重要物质基础，短距离项目对有氧耐力的要求也越来越高，速度滑冰短距离项目运动员由于有氧能力不足会造成后程降速明显而成绩不佳。因此，要打破过去传统的"重点发展短距离优势项目，以短代长[2]，促进速度滑冰整体竞技实力提高"的观念，不应区分优势、潜优势项目，更新训练理念，将所有速度滑冰项目训练思想统一，着重提升运动员有氧耐力水平，过去的优势项目现在在国际上已不具竞争力，应踏踏实实地去提升我国速度滑冰项目的薄弱环节——有氧能力，且该薄弱环节又是整个项目竞技水平提高的核心要素[3]。对短距离项目运动员来讲，在

① 陈小平. 有氧训练——提高我国耐力项目运动水平的关键 [J]. 体育科学，2004（11）：45-50.

② 刘俊一. "周期"训练理论的重新审视——以张虹2014、2018年冬奥会周期训练模式为案例 [J]. 成都体育学院学报，2018，44（1）：7-12.

③ 陈小平，褚云芳，纪晓楠. 竞技体能训练理论与实践热点及启示 [J]. 体育科学，2014，34（2）：3-10.

保持速度的基础上，有氧耐力水平的提升，将会大大提升后程保持速度的能力，进而提升全程的运动成绩；对中长距离项目来说，既解决了制约我国速度滑冰中长项目的专项能力的短板——有氧能力，又保证了运动员技术的稳定性、经济性和有效性，进而提升运动员竞技水平。因此，通过科学训练方式与方法重视并加强有氧训练，我国速度滑冰无论是短距离还是长距离项目整体竞技水平都会得到大幅度提升，将有实力挑战荷兰、日本、挪威、韩国等速滑强国的地位，真正实现我国速度滑冰整体竞技实力高质量、跨越式的发展。

（二）打造复合型教练员团队，提升训练科学化水平

教练员是竞技体育后备人才选材、运动训练的具体执行者、主要主导者以及直接实施者，教练员综合水平的高低直接影响到运动队的整体竞技水平和发展高度[①]。当前加强教练员队伍建设是我国速度滑冰项目发展、训练水平和竞技实力提升的关键。因此，国家体育总局冬季运动管理中心和滑冰协会应着重考虑从速度滑冰强国荷兰、挪威、日本等聘请多名高水平教练（目前国家队拥有一名荷兰外教），他们不仅负责国家队运动员的技术和体能训练，还负责指导各地方速度滑冰的训练，提供专业的理论知识、先进的训练理念、科学的训练方法、过硬的专业技术，在提升我国速度滑冰运动员体能和技术水平的同时，更能为国内教练员在体能和技术训练方面提供直接的帮助与指导，有利于我国速度滑冰整体竞技水平的快速提升。同时，科学的体能和技术训练、医疗保障和心理疏导，能为提高运动员竞技能力提供更为专业的保障，因此组建复合型教练团队至关重要。基于此，我国速度滑冰项目应顺应国际竞技体育强国训练模式的发展趋势，结合当前我国速度滑冰的现状，构建以国外具有丰富速度滑冰训练经验的主教练为团队核心，依据速度滑冰的项目特征和制胜规律，配备训练、科研、心理、医疗、康复、体能等多学科成员，以团队形式为我国速度滑冰项目训练、比赛提供专业化、科学化保障的复合型教练员队伍[②]，提升速度滑冰训练的科学化程度，实现队伍跨越式发展。

---

① 王霞. 湖北省射击运动发展研究 [J]. 武汉体育学院学报，2012，46（9）：83-87.
② 李文超，李鸿江，席凯强，等. 整合机制下我国优势项目复合型教练团队的建设 [J]. 首都体育学院学报，2014，26（3）：239-242；252.

（三）注重后备人才梯队建设，普及、推广"轮转冰"计划

竞技体育后备人才梯队建设是冬季竞技体育可持续发展的首要资源、根本动力和关键因素。然而与世界强国相比，我国速度滑冰后备人才资源匮乏[①]。受制于气候、地域、场馆、宣传等因素，我国速度滑冰项目乃至所有冰雪竞技体育项目后备人才匮乏，梯队建设不完善。在"打通冬季运动项目与夏季运动项目后备人才的培养渠道，鼓励夏季项目与冬季项目的人才共享，促使冬季项目后备人才结构更加优化，后备人才素质逐步提高"[②]这一发展理念的指引下，国家体育总局提出"轮转冰"计划。基于此，当前我国应借助北京冬奥会成功举办的契机，搭乘"跨界跨项选材"的快车，响应"冰雪运动南展西扩"发展战略的号召，发挥速度轮滑与速度滑冰项目特征与制胜因素相似的优势，在全国范围内普及、推广"轮转冰"计划。平昌冬奥会"轮转冰"运动员郭丹的出色表现和她在国际赛场所取得的成就，以及国际诸多高水平运动员"轮转冰""冰轮两栖"成功的案例，证明了"轮转冰"的可行性。因此，无论从技术、体能训练的正迁移对速度滑冰竞技水平促进的视角，还是从增加速度滑冰运动人口、扩大运动员选材范围和输送渠道、有效加强后备人才梯队建设的视角，"轮转冰"计划都应受到各省市、各级体育部门的重视，进而促进我国速度滑冰运动的整体竞技水平不断提高和可持续发展。

（四）创新青少年"冰轮"联赛，"以赛促练"提升青少年综合素质水平

运动竞赛不仅是对运动员训练结果的检验，也是对训练过程的有效反馈。当前我国速度滑冰整体竞技实力偏弱很重要的因素是运动员在青少年时期过于追求竞赛成绩而忽视专项身体素质的提升，以至于基础训练阶段综合素质基础不牢而影响成年后整体竞技实力的突破与提高，更不利于技术的运用。速度轮滑长期以来作为速度滑冰辅助项目对运动员整体竞技实力的提升尤其是体能的提升起到至关重要的作用，且目前全国许多省份开始尝试"轮转冰"计划，因此国家体育总局冬季运动管理中心滑冰协会与社会体育指导员管理中心轮滑协会可以从提升我

① 朱景宏. 温哥华冬奥会主要运动强国的竞争实力及成功因素对中国的启示 [J]. 成都体育学院学报，2011，37（9）：43-46.
② 国务院. 关于以 2022 年北京冬奥会为契机大力发展冰雪运动的意见 [Z]. 2019.

国速度滑冰青少年综合素质战略视域出发，打破过去原有的速度轮滑和速度滑冰分别独立的赛制，全力打造青少年"冰轮"联赛，即所有注册的青少年速度滑冰运动员和"轮转冰"运动员，每年都要参加速度轮滑和速度滑冰比赛，根据运动员年度在速度轮滑和速度滑冰上获得积分（例如：速度轮滑竞赛的积分占 40 %，速度滑冰竞赛积分占 60 %）来最终排定名次。这一竞赛体制主要是从淡化青少年速度滑冰成绩的观念出发，重视青少年体能基础训练，这可以为将来运动员进入成年队之后竞技能力的提升奠定基础，同时也可以有效改善目前我国速度滑冰项目体能训练（尤其有氧训练）科学化程度不高[1]，造成中长距离项目竞技实力停滞不前以及短距离项目后程降速明显的被动、落后局面。当然这一创新性的提议面临诸多困难与挑战，需要相关部门通力协作、深入调研才能制订出一套切实可行的方案。

（五）建立完善的保障体系，促进我国速度滑冰健康发展

保障体系是指保障和支持速度滑冰项目发展的工作系统，即保证有相关的政策制度、一定的活动资金、合适的场馆设施、先进的科技支撑等。当前我国冰雪运动处于历史最佳发展时期，国家各部门出台了一系列关于冰雪运动发展的政策，然而关于速度滑冰发展的专项政策还没能引起足够重视，因此建立完善、合理的速度滑冰项目保障体系，必须要加强各级政府及主管部门的服务意识，全面制定与完善速度滑冰项目具体的政策法规，保障速度滑冰教练员、运动员的合法权益，通过舆论媒介正确引导社会大众关心与支持速度滑冰项目发展。由于速度滑冰项目对场馆、器材的投入和要求较高，因此应拓宽社会筹资渠道，在全国各地（尤其南方经济发达省市）兴建高规格的速度滑冰场馆，重视高科技器材的研发，建立科学的体育科技保障团队，加强速度滑冰项目发展、训练与管理的课题立项力度，强化各级部门之间的监督与协调等服务方式，以此来完善速度滑冰项目发展的保障体系，进而解决速度滑冰项目经费不足、训练场馆紧缺、科技支撑薄弱等一系列问题，促进我国速度滑冰健康、快速发展。

---

① 刘江山，张庆文，邵崇禧，等. 基于知识图谱的我国速度滑冰研究可视化分析 [J]. 成都体育学院学报，2017，43（6）：65-71.

第二节　江苏省速滑队竞技实力现状分析

一、江苏省速滑队发展历程

江苏省速滑队的前身是成立于 2003 年的江苏省轮滑队，也是全国第一支非奥"省队市管"的项目。轮滑队的成立受到江苏省体育局和省社会体育管理中心的高度重视。为提升轮滑队竞技水平，进而推广和普及轮滑运动，江苏省体育局和苏州市体育局相关领导邀请原轮滑国家队教练员徐三兆出任轮滑队主教练，经过徐教练的管理和训练，轮滑队整体竞技实力呈现突飞猛进的发展态势。建队仅一年，就在全国第 19 届速度轮滑锦标赛中取得了 14 金、6 银、5 铜以及团体总分第一名的出色成绩。建队两年就获得了亚洲轮滑锦标赛冠军，实现了中国速度轮滑亚洲冠军"零"的突破。自此江苏省轮滑队在全国展示出强劲实力，逐步迈向全国速度轮滑顶级之列。在教练员和运动员共同努力与配合下，江苏省轮滑队在国际赛场上不断取得突破，逐步实现速度轮滑世锦赛奖牌（2008 年）和金牌（2012 年）的突破，并在各级各类的世界大赛获得了诸多冠军并打破世界纪录，奠定了江苏省轮滑队在全国的领军地位。目前在全国各级别的速度轮滑比赛中，江苏省轮滑队连续十多年保持团体总分和金牌第一，确立了在我国速度轮滑领域的霸主地位。经过十多年的专业发展，江苏省轮滑队成为我国速度轮滑的领军队伍，几乎包揽了国内速度轮滑运动各项目、各年龄段的所有冠军，并培养了一批国际顶尖速度轮滑运动员，国际速度轮滑比赛共获得奖牌 20 多枚（包括青年比赛），其中郭丹与张弛分别获得轮滑世锦赛成年女子和青年男子的世界冠军；贺鑫目前则是国际轮滑委员会委员、中国速度轮滑国家队主教练；张梓博则是目前我国速度轮滑 300 米个人计时赛纪录保持者，国内第一个滑进 25 秒的速度轮滑运动员。

2014 年索契冬奥会上，曾在江苏省速度轮滑队训练过、后"轮转冰"的运动员韩天宇夺得索契冬奥会短道速滑男子 1 500 米银牌，引起了国家体育总局冬季运动管理中心的高度重视。由于很多欧美籍速度轮滑选手几乎常年从事速度轮滑和速度滑冰训练，已发展成较为成熟的训练模式，且众多双料世界冠军（速度轮滑和速度滑冰）运动员一直保持冰、陆两项运动一起训练的方式。因此，在江苏省轮滑队具备较高竞技水平的基础上，借鉴欧美国家诸多成功案例，经过多次专题调研，在 2015 年 5 月 19 日至 21 日召开的全国速度滑冰备战工作会议上，国家体育总局冬季运动管理中心明确将江苏省轮滑队作为落实"冰雪运动南展西扩"、实施"轮转冰"计划的试点。并于 2016 年 6 月由江苏省体育局、苏州市体育局和苏州大学联办共建"省队市办"的江苏省速滑队正式成立，这是全国首支速度滑冰和速度轮滑"两栖运动队"。

自"轮转冰"计划实施以来，江苏省速滑队开始参加 2015—2018 赛季的速滑比赛，已经取得了瞩目的成绩。2016 年全国冬运会上，从事速度滑冰训练仅 6 个月的运动员郭丹获得女子 5 000 米第六名，成为冬运会关注的焦点；3 月底的全国速度滑冰锦标赛上，郭丹再获个人全能亚军。在全国青年速度滑冰锦标赛上，李思杉获得冠军，李乐铭获得 2 个亚军。对于苏州"轮转冰"训练之路的探索，国家体育总局冬季运动管理中心也给予了高度支持与认可，表示以江苏省为试点的"轮转冰"计划取得了显著的成效，再次证明了跨项选材、转项训练是符合国际体育发展潮流的。尤其国内"轮转冰"训练引领者郭丹，参加了 2018 年平昌和 2022 年北京两届冬奥会，均在决赛中取得较为理想的成绩，充分印证"轮转冰"计划的试点成功，开辟了一条"人才从本地发掘，场馆与北方共享，夏轮与冬冰互相促进"的有效路径。

二、江苏省速滑队的队伍构成与管理现状

（一）运动员队伍

体育后备人才是保证竞技体育可持续发展的重要条件，多渠道的人才来源和构成模式可以大大提高选材标准及选材成功率，有利于维持我国竞技体育的可持续发展[①]。截至 2021 年 10 月，江苏省速滑队注册运动员共 35 名，其中男运动员 25 名，女运动员 10 名，每名运动员所从事的速度轮滑项目都具备全国前三名的水平，超过 70 ％ 的运动员获得过全国速度轮滑锦标赛单项冠军。作为国内南方

---

① 冯骏杰，刘江南，黄德敏，等. 竞技体育后备人才培养创新理论研究 [J]. 广州体育学院学报，2013，33（4）：1-7.

省市培养速度滑冰后备人才实行"轮转冰"的首个试点队伍，目前无论是队伍的整体规模、男女运动员比例，还是各组别运动员梯队建设等都不合理，既不利于通过冰雪运动"南展西扩"战略提高速度滑冰后备人才储备，也会大大影响"轮转冰"的成功率，不利于队伍的可持续发展（见表3-3）。通过访谈了解到，目前由于"轮转冰"的试点，且队伍速度轮滑竞技实力多年位居国内第一，与过去相比，招收运动员的情况明显改善，全国许多各年龄段速度轮滑水平较高的青少年主动愿意前来试训并渴望留队，究其原因，一方面，队伍转型后运动员在冬季运动管理中心注册，属于奥运项目的运动员；另一方面，队伍与苏州大学联办，一旦入队且获得较好的成绩今后可以解决上大学问题，且苏州大学知名度较高，得到运动员和家长的一致认可。然而由于目前有关"轮转冰"的宣传与推广工作力度有限，江苏省速滑队在社会上的关注度仍旧较低，因此政府有关部门应重视"轮转冰"的宣传工作。

表 3-3　江苏省速滑队运动员基本情况一览表 [①]

性别	成年组 （≧18岁）	青年组 （16—17岁）	少年甲组 （13—15岁）	少年乙组 （9—12岁）	从事速度轮滑训练	从事冰轮两栖训练	转项速度滑冰训练
男	7	3	7	8	18	6	1
女	2	3	4	1	4	3	3

　　基于此，主管部门应借助媒体的舆论作用联合队伍，根植苏州、面向全省、走向全国（尤其是南方省份）的中小学和轮滑俱乐部，让他们以最直观的感受和零距离的接触来认识"轮转冰"计划，以此吸引更多的青少年从事轮滑训练，来扩大速度轮滑运动人口，通过制订科学合理的选材方案，扩大江苏省速滑队伍的选材面和输送渠道，有效加强后备人才梯队建设，提升"轮转冰"的成功率，进而保障江苏省速滑队伍的可持续发展。

（二）教练员队伍

　　调查发现，目前江苏省速滑队仅有两名教练员（且仅有一名即将退役的短距离速度轮滑男运动员作为教练员储备），分别为轮滑教练和速度滑冰教练，均为男性，年龄都小于30岁，学历均为本科，且都是国家队退役运动员，具有很高

① 刘江山，邵崇禧，张庆文，等. 聚焦"轮转冰"速滑队伍：历史机遇、现实困境与应对策略 [J]. 上海体育学院学报，2019，43（1）：113-118；126.

的竞技水平，可以为速度轮滑和速度滑冰训练尤其是技术训练提供更为精细和专业的指导。然而，不难发现这支全国试点且肩负培养冬季竞技体育后备人才任务的教练员队伍结构十分不合理。其一，运动员人数众多，仅有两名教练员不论是精力、时间安排、训练经验，还是参赛安排等诸多方面都远远不够，严重影响训练的质量；其二，教练员配置十分欠缺，既没有专职的体能教练，也没有科研人员，甚至也没有康复保障人员，训练科学化程度将大打折扣，对各项目运动员竞技水平将产生巨大影响；其三，虽然教练员自身竞技水平较高、技术能力较强，但是相对来说比较年轻，知识结构单一，缺乏训练经验，仅是凭自身训练经验指导训练和比赛，对轮滑和滑冰项目本质、制胜规律缺乏深度理解，尤其要指导这一新兴的"轮转冰"队伍训练，这对教练员的训练经验、执教能力等各方面提出了更高的要求，否则将会造成对两栖训练的时机，冰、轮训练间的互补和促进等方面无法合理的把握，这将严重影响速度轮滑和速度滑冰两个项目竞技水平的提升；其四，作为唯一的速度滑冰教练员，肩负着"轮转冰"成绩不断突破与提高的重担，如此重要且关键的岗位的教练员没有江苏省体育局或苏州市体育局的正式编制，这难免会影响教练员执教积极性和努力程度，不利于队伍可持续发展。此外，虽然苏州市体育运动专业队管理中心重视教练员培训，但国内培训内容科学性不够、系统性不强，难以真正在"轮转冰"训练方面给予最直接的帮助。

因此，当前亟须从具有"轮转冰"训练传统的荷兰、加拿大、美国等欧美国家引进高水平的教练员。江苏省速滑队伍应构建以国外具有丰富"轮转冰"训练经验的主教练为团队核心，依据"跨项选材，转项训练"的特点和需要，配备训练、科研、心理、医疗、康复、体能等多学科成员，以团队形式为"轮转冰"队伍训练、比赛提供专业化、科学化保障的复合型教练团队[1]，提升"轮转冰"训练的科学化程度，实现队伍跨越式发展。

（三）队伍管理

运动队卓越的管理水平是运动员成才的重要决定因素，是获取优异比赛成绩、提高竞技水平的重要条件。

---

[1] 李文超，李鸿江，席凯强，等. 整合机制下我国优势项目复合型教练团队的建设 [J]. 首都体育学院学报，2014，26（3）：239-242；252.

1.政策支持

虽然当前我国冰雪运动发展的政策红利为"轮转冰"的发展提供了良好的政策机遇，但仔细推敲来看，这仅是一个宏观层面，无论是国家、江苏省还是苏州市有关政府或体育部门都没有就"轮转冰"发展规划、发展计划、管理办法、队伍建设、竞赛制度、裁判员培训、经费投入等诸多方面制定具体且有针对性的政策法规。国家和地方已有的政策法规（目前仅有《青少年体育"十三五"规划》和《江苏体育发展"十三五"规划》）也仅是从宏观层面提出做好"轮转冰"组队和训练工作，没有明确具体内容，缺乏可操作性，这从一方面说明国家十分重视"轮转冰"计划的实施，为今后江苏省速滑队伍的发展提供了良好的政策环境与发展平台。另一方面也反映出，由于国内没有可供借鉴的有关"冰轮兼项"训练的经验，缺乏具有"轮转冰"经验的资深学者和教练员，致使与"轮转冰"队伍建设和发展等直接相关的政策法规迟迟难以制定。具体有关"轮转冰"队伍发展的组织管理办法等法律法规更是无从谈起，无法形成完善的政策法规体系，在此形势下，更无法指引、推动和保障"轮转冰"计划可持续发展，这在很大程度上阻碍了以"轮转冰"计划为突破口从而落实冰雪运动"北冰南展西扩"战略的实施。

因此，国家体育总局和主管部门应全面制定与完善"轮转冰"计划（选材、训练、竞赛、管理等）具体的政策法规，保障教练员、运动员的合法权益，才能使"轮转冰"计划的发展有法可依、有章可循、有人管事，通过舆论媒介正确引导社会大众关心与支持"轮转冰"计划的发展，才能确保"轮转冰"训练模式科学、可持续发展。

2.组织管理

目前江苏省速滑队伍的组织管理工作是由两条管理路径共同负责（见图3-1），速度轮滑和速度滑冰的选材、训练、竞赛、教练员培训等工作分别由以中国轮滑协会和以中国滑冰协会为核心的两条管理路径承担。从主要职能来看，两条管理路径一个以社会体育为主，一个以竞技体育为主，在工作思路、管理方式等方面有着极大的不同，此种管理模式下势必在政策制定与执行、发展规划与落实等诸多方面存在着严重裂痕，缺乏有效联动，无法形成合力。同时，两条管理路径均缺乏关于两栖运动队伍的管理经验，加之相互之间沟通、协调程度不够，并且两个上层协会所组织的赛事不同，这在很大程度上给从事"冰轮两栖"训练、竞赛的江苏省速滑队伍在备战不同类型的比赛时带来一定的困扰。例如，轮滑赛事4月初开始，但是速度滑冰赛季3月底才刚结束，因此江苏省速滑队要立刻进入由"冰"到"轮"的转换，缺乏必要的调整和适应，同样由"轮"到"冰"亦是如此，这样一来队伍始终处于竞赛期，缺乏针对不同类型赛事的准备期和调整期，不利于队伍整体竞技水平的提升与发展。

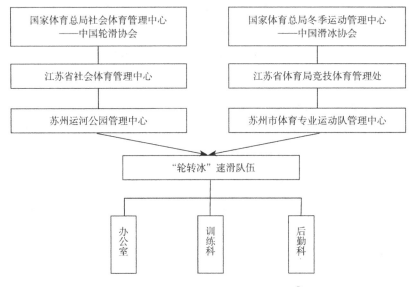

图3-1　江苏省速滑队伍管理机构图①

为保障江苏省速滑队伍的快速发展，以苏州市体育专业运动队管理中心为主，联合苏州运河公园管理中心成立专职管理部门（办公室、训练科和后勤科），其中苏州运河公园管理中心主要负责提供场地和后勤服务，苏州市体育专业运动队管理中心负责队伍发展、选材、训练、参赛等工作。进一步调查了解到，虽然苏州市对于这一"省队市办"队伍的管理模式体现出分工明确，然而每个科室管理工作人员配置十分有限，且都不具备从事轮滑和滑冰运动、工作的经历，严重影响对江苏省速滑队的服务质量。

分析上述问题不难发现，目前江苏省速滑队的管理结构，无论是管理思路、管理方式还是人员配置、职责分工等方面均难以体现科学性、规范性、有序性和

① 刘江山，邵崇禧，张庆文，等. 聚焦"轮转冰"速滑队伍：历史机遇、现实困境与应对策略[J]. 上海体育学院学报，2019，43（1）：113-118；126.

有效性，这里既有组织结构构成的内生缺陷，也有不同部门之间职责、事权不清等问题，因而导致"轮转冰"管理工作协调不畅、联动受限，不利于队伍系统、快速发展。

因此，应强化国家体育总局领导的重视程度，由相关部门牵头成立"轮转冰"的专职管理机构，负责轮滑和冰上项目的全方位工作，并积极主动地与中国轮滑协会和中国滑冰协会就相关赛事安排等工作进行沟通与协调，以此来健全"轮转冰"管理机构，理顺各层面关系，明确管理思路与职责，优化管理队伍，加强各方联动，确保各项规章制度有效落实，实现资源配置最优化、服务效益最大化①，从而保障"轮转冰"队伍规范化和高质量发展。

3. 队伍发展定位

众所周知，江苏省速滑队是我国首支速度滑冰和速度轮滑"两栖运动队"，通过实施"轮（滑）转（滑）冰"计划，采取"冰轮两栖"的训练模式，把开展速度滑冰项目作为落实冰雪运动"南展西扩"的主要突破口。从概念上来看，"轮转冰"主要是轮滑运动员转项发展速度滑冰，"冰轮两栖"训练是指根据气候条件将运动员年度训练分为速度轮滑训练和速度滑冰训练两个训练周期，运动员同时保持速度轮滑与速度滑冰训练和参赛的模式，这首先就存在分歧；其次，通过实地调查发现，目前队伍并不是所有的运动员进行"冰轮两栖"训练，个别成绩优异的运动员已完全转项训练速度滑冰（如郭丹，已完全转项速度滑冰备战冬奥会，而李思杉等队员进行"冰轮两栖"训练，同时大部分运动员仍旧进行速度轮滑转项训练）。因此，在"轮转冰"训练初期，江苏省速滑队整体发展思路模糊，是不分年龄与运动成绩全部进行"冰轮两栖"训练，还是重点发展速度滑冰？这都是当前江苏省速滑队发展过程中存在的问题。缺少有经验且专业的管理者、训练学专家和教练员的共同探讨，造成队伍在训练规划、发展定位等诸多方面思路不清晰，不利于队伍可持续发展。

（四）训练保障

1. 经费保障

实践表明，竞技体育的发展需要巨大的经费投入与支持，"轮转冰"亦是如此。

---

① 刘江山，王平，王金花，等. 江苏省残疾人竞技体育管理现状及发展对策 [J]. 体育文化导刊，2017（4）：107-112；126.

走访了解到，目前"轮转冰"队伍经费来源比较单一，主要依靠政府和体育局单方拨款，虽然与过去相比，经费投入有所增加，并在住宿、生活等方面较以往有很大改善，但由于轮滑属于非奥项目，受此影响，再加上"轮转冰"队伍刚成立不久，在国际重要赛事中成年组别没有取得太多亮眼的成绩，因此与其他奥运项目"省队市办"的队伍相比，经费投入差距巨大，这就给需要装备精良、场馆相对特殊，且需要借助许多辅助器材才能实施训练的"轮转冰"队伍带来了很大的困扰。同时，由于没有专业的速度滑冰场馆，队伍每年还要去长春进行冰上训练和比赛，经费不足则无法给外训提供全方位的保障。另一方面，经费支持是竞技体育训练比赛监控、运动技术创新、人才的培养与引进、运动装备更新、后勤服务的基本保障。然而由于江苏省速滑队伍经费投入有限，造成队伍配置不合理、场馆设施建设和训练比赛保障不到位、科技支撑薄弱等方面的发展相对滞后。

因此，管理部门要重视探索多元化经费投入渠道，科学调配经费的使用，根据队伍发展的不同需求，兴建专业竞赛场馆设施，加大科研经费投入，为提升科学化训练水平服务，提高教练员和运动员相关待遇和奖励，改善训练和生活条件。

2. 场馆设施保障

场地设施是支撑运动训练及运动竞赛最基本的物质条件。对于进行"冰轮两栖"训练的速滑队来说，完善的场地设施是运动训练最基本的保障。通过调查了解到，目前队伍的训练场所位于苏州运河轮滑基地，该基地属于国家级训练基地，曾举办过速度轮滑世界锦标赛、全国速度轮滑公开赛等各级各类国内外高水平轮滑赛事。虽然该训练基地功能完善，场地条件优越，但是苏州市轮滑队、苏州轮滑传统学校以及一些轮滑俱乐部的训练都在该训练基地进行，造成训练人数众多而场地有限、相互之间干扰、影响训练质量等问题。通过与教练员交流得知，冰期速滑队通常会选择在长春冰上训练基地速滑馆进行训练，然而长春冰上训练基地速滑馆每年除了承担吉林省速滑队、长春市速滑队、江苏省速滑队以及相关专业队训练的任务外，还要承担诸如速度滑冰世界杯、亚锦赛等国内外高水平速滑赛事的任务，场馆训练安排十分紧张，这对于刚刚转入滑冰训练的运动员来说，难以保证冰上训练的连续性、系统性，不仅不利于培养冰感，也不利于教练员训练计划的实施，难以保证训练质量，也无法快速提升竞技水平。目前苏州体育训练基地速滑馆已建设竣工，意在为速滑队训练比赛提供服务，同时该速滑馆也对外开放，让更多的市民可以体验冰上运动，带动群众体育发展，培育群众冰雪体育观念。但是如何做好场馆的管理和维护，从而保障速滑队的有效训练，需要有关部门制订完善的管理方案。由此可见，目前无论是轮滑训练场地还是速度滑冰场馆都难以满足当前队伍的训练需求，训练质量难以得到有效保障，不利于队伍整体竞技实力的快速发展。

3. 科技支撑保障

当前社会随着现代化进程加快，体育科技应用于竞技体育领域已成为国际竞技体育发展的大趋势，也是国家竞技体育实力在国际大舞台的重要展现。尤其对于要借助轮滑鞋和滑冰鞋来从事运动训练和竞赛运动员来说，现代化的科技支撑将使他们如虎添翼。通过与两名教练员交流得知，他们都有着以科研手段攀登训练高峰的迫切意识和强烈期望，这与他们自身竞技水平以及长期与国外顶尖运动员竞赛、交流密切相关。然而，通过实地调查以及查阅相关资料发现，目前江苏省速滑队无论是在日常训练还是运动竞赛过程中都没有得到相应的科技支持。教练员团队没有配置科研人员，更没有针对冰、轮项目训练特点配备相关的器材和装备，也就无法对训练、竞赛过程实施监控，相关技术解析和训练指标分析的应用则无从体现，也就无法科学地诊断运动员有氧耐力水平，进而无法进行针对性、科学化的有氧耐力训练，因此运动员的竞技能力得不到有效提升。此外，通过查阅各个科研网站发现，甚至没有关于"轮转冰"的课题指南，课题立项更是无从谈起。由此可见，当前有关"轮转冰"的科技支撑工作十分缺乏，科研支持力度较低，有关"轮转冰"训练、竞赛等科研工作无论是理论支撑还是实际运用都相对比较滞后。

因此，应拓宽社会筹资渠道，在全国各地（尤其南方经济发达省市）兴建高规格的速度滑冰场馆，提升南方省市之间"轮转冰"训练的便利性。重视高科技器材的研发，建立科学的体育科技保障团队，加强"轮转冰"计划发展、训练与管理的课题立项力度，强化各级部门之间的监督与协调等服务方式，以此来完善速度滑冰项目发展的保障体系，从而解决"轮转冰"训练经费不足、训练场馆紧缺、科技支撑薄弱等一系列问题，进而促进我国速度滑冰健康、快速发展。

三、江苏省速滑队在轮、冰两个项目上取得的成绩

（一）速度轮滑竞赛取得的成绩

江苏省速度轮滑队竞技实力在国内属于绝对强者，涌现出了诸如贺鑫、郭丹、张弛、李思杉、张子博、李乐铭等一批世界级水平的优秀运动员。队伍自实施"轮转冰"计划以来，在速度轮滑赛场依旧保持霸主地位，并在 2016 年速度轮滑世界锦标赛中青年运动员张弛代表中国夺得男子 1 000 米项目的金牌。虽然江苏省速滑队重心已转向速度滑冰，但是速度轮滑的整体竞技实力依旧强劲，这得益于保持速度轮滑竞技能力可以很好地弥补速度滑冰体能和战术短板的训练理念。

表 3-4 是 2015—2018 年江苏省速度轮滑队实施"轮转冰"训练后，在速度轮滑国内外重大赛事取得的成绩。由此不难看出，2015—2018 年江苏省速滑队在国内最高速度轮滑赛事中依然处于绝对霸主地位，金牌总数和奖牌总数均是全国第一，遥遥领先第二名（通过与江苏省速度轮滑领队交流得知）；同时，在国际赛场上，中国速度轮滑队均是由江苏省速度轮滑队为班底组建，在国际赛场上为我国速度轮滑取得了一定的成绩，近几年国家速度轮滑队主教练均由江苏省速度轮滑队主教练贺鑫担任，目前我国速度轮滑仅有的两名世界冠军均来自江苏省速度轮滑队（郭丹和张弛）。如此优异成绩的获得更为今后坚持"轮转冰"训练但不放弃速度轮滑训练的理念增添了信心，也为今后我国运动员在速度滑冰赛场上取得更大的突破提供了保证。

表 3-4 2015—2018 年江苏省速滑队速度轮滑重要比赛成绩一览表

名次	国内速度轮滑锦标赛（奖牌数）				国际重要比赛（奖牌数）					
	2015 年全国轮滑锦标赛	2016 年全国轮滑锦标赛	2017 年全国轮滑锦标赛	2018 年全国轮滑锦标赛	2015 世锦赛	2016 世锦赛	2018 世锦赛	2018 马拉松世界杯	2016 亚锦赛	2018 亚运会
1	41	36	35	46		1				
2	25	29	36	45		1	1	1	4	1
3	22	21	31	33	1	1			3	
4	19	15	16	22					2	
5	16	12	9	20					14	
6	8	5	12	10			1	1	4	

注：表数据由江苏省速滑队提供。

（二）速度滑冰竞赛取得的成绩

由于速度轮滑与速度滑冰项目的内在规律和诸多训练方法相一致，加之江苏省速度轮滑运动员本身就具备世界级水平，因此自"轮转冰"计划实施以来，江苏省速滑队开始参加 2015—2016、2016—2017 以及 2017—2018 赛季的国内外速度滑冰比赛，并在成年组、青年组以及少年组均取得了较为瞩目的成绩（见表 3-5）。其中，我国第一位世界轮滑冠军郭丹作为我国"轮转冰"第一人，在从事速度滑冰训练仅 6 个月就参加了 2016 年全国冬运会，一举获得女子 5 000 米第六名和 3 000 米第九名的不错战绩，成为冬运会关注的焦点；并于同年 10 月，在全国速度滑冰冠军赛中勇夺女子集体出发项目的冠军，这是队伍组建以来获得的首个全国冠军；随后，郭丹又参加日本札幌亚洲冬运会，成为我国第一位既参加夏季亚运会又参加冬季亚运会的运动员，并在女子集体出发项目获得第五名以及 5 000 米比赛第六名；另外，在 2017—2018 赛季速度滑冰世界杯集体出发项目中获得银牌，并在平昌冬奥会上取得集体出发第十名的佳绩。与此同时，青年运动员李思杉和李乐铭在国际、国内赛场也取得惊人成绩，其他年轻队员在速度滑冰赛场也慢慢崭露头角。

表 3-5 江苏省速滑队 2015—2018 年速度滑冰比赛成绩一览表

级别	赛事	项目	运动员（性别）	名次	地点	时间
国内	2015—2016 年全国速度滑冰联赛第一站	3 000 米	郭丹（女）	10	长春	2015.10.18—20
	2015—2016 年全国速度滑冰联赛第三站	3 000 米	李乐铭（女）	5	齐齐哈尔	2015.11.27—29
	2015—2016 年全国速度滑冰联赛第三站	5 000 米	李乐铭（女）	4	齐齐哈尔	2015.11.27—29
	2015—2016 年全国速度滑冰联赛第四站	5 000 米	李乐铭（女）	7	乌鲁木齐	2015.12.25—27
	2015—2016 年全国速度滑冰联赛第四站	1 500 米	李思杉（女）	8	乌鲁木齐	2015.12.25—27
	第 13 届冬季全运会	5 000 米	郭丹（女）	6	乌鲁木齐	2016.1.22
	2015—2016 年全国速度滑冰锦标赛	女子全能	郭丹（女）	2	哈尔滨	2016.3.17—20
	2015—2016 年全国速度滑冰锦标赛	500 米	郭丹（女）	4	哈尔滨	2016.3.17—20
	2015—2016 年全国速度滑冰锦标赛	1 500 米	郭丹（女）	8	哈尔滨	2016.3.17—20
	2015—2016 年全国速度滑冰锦标赛	3 000 米	郭丹（女）	2	哈尔滨	2016.3.17—20
	2015—2016 年全国速度滑冰锦标赛	5 000 米	郭丹（女）	1	哈尔滨	2016.3.17—20
	2015—2016 年全国速度滑冰锦标赛	500 米	李思杉（女）	3	哈尔滨	2016.3.17—20
	2015—2016 年全国速度滑冰锦标赛	1 500 米	李思杉（女）	4	哈尔滨	2016.3.17—20

续表

级别	赛事	项目	运动员（性别）	名次	地点	时间
国内	2016—2017 年全国速度滑冰联赛第一站	5 000 米	郭丹（女）	4	乌鲁木齐	2016.10.14—16
	2016—2017 年全国速度滑冰联赛第一站	集体出发	郭丹（女）	2	乌鲁木齐	2016.10.14—16
	2016—2017 年全国速度滑冰冠军赛第二站	集体出发	郭丹（女）	1	乌鲁木齐	2016.10.20—23
	2016—2017 年全国速度滑冰冠军赛第二站	5 000 米	李乐铭（女）	8	乌鲁木齐	2016.10.20—23
	2017 年全国速度滑冰少年锦标赛	全能	于飞航（女）	3	大庆	2017.2.23—26
	2017 年全国速度滑冰少年锦标赛	全能	兰天宏（男）	5	大庆	2017.2.23—26
	2017—2018 年全国速度滑冰联赛第一站	集体出发	郭丹（女）	1	长春	2017.10.13—15
	2017—2018 年全国速度滑冰联赛第三站	集体出发	李思杉（女）	2	哈尔滨	2017.11.17
	2017—2018 年全国速度滑冰联赛第四站	集体出发	李思杉（女）	1	大庆	2017.11.19
	2017—2018 年全国速度滑冰联赛第四站	团体追逐	李思杉、李乐铭（女）	1	大庆	2017.11.19
	2017—2018 年全国速度滑冰联赛第五站	1 500 米	郭丹（女）	1	长春	2018.1.28—30
	2017—2018 年全国速度滑冰联赛第五站	1 000 米	郭丹（女）	2	长春	2018.1.28—30
	2017—2018 年全国速度滑冰联赛第五站	1 500 米	李乐铭（女）	6	长春	2018.1.28—30
	2017—2018 年全国速度滑冰青少年锦标赛	1 000 米	李乐铭（女）	3	大庆	2018.2.01—04
	2017—2018 年全国速度滑冰青少年锦标赛	1 500 米	李乐铭（女）	1	大庆	2018.2.01—04
	2017—2018 年全国速度滑冰青少年锦标赛	3 000 米	李乐铭（女）	1	大庆	2018.2.01—04
	2017—2018 年全国速度滑冰青少年锦标赛	全能	李乐铭（女）	1	大庆	2018.2.01—04
国际	2016—2017 年速度滑冰青年世界杯第一站	集体出发	李思杉（女）	1	俄罗斯	2016.11.26—27
	2016—2017 年速度滑冰青年世界杯第一站	团体追逐	李思杉（女）	1	俄罗斯	2016.11.26—27
	2016—2017 年速度滑冰青年世界杯第二站	集体出发	李思杉（女）	1	意大利	2017.1.21—22
	2016—2017 年速度滑冰青年世界杯总决赛	集体出发	李思杉（女）	1	德国	2017.2.12
	2017 年速度滑冰短距离世界锦标赛	集体出发	郭丹（女）	5	韩国	2017.2.9—12
	2017 年亚洲冬季运动会	集体出发	郭丹（女）	5	札幌带广	2017.2.23
	2017 年亚洲冬季运动会	5 000 米	郭丹（女）	6	札幌带广	2017.2.22
	2017—2018 年速度滑冰世界杯总决赛	集体出发	郭丹（女）	2	美国盐湖城	2017.12.13
	2018 年冬季奥运会	集体出发	郭丹（女）	10	韩国平昌	2018.2.24
	2021—2022 年速度滑冰世界杯	集体出发	郭丹（女）	4	加拿大	2021.12.13
	2022 年北京冬奥会	集体出发	郭丹（女）	13	中国北京	2022.2.19

　　综上所述，目前江苏省速滑队伍发展已逐步走向正轨，虽然在队伍结构、队伍管理（政策支持、组织管理）、训练保障（经费、场馆设施、科技支持）等方面仍旧存在一些问题，但经过多方努力已探索出相对合理的应对策略，保证江苏省轮转冰速滑队的发展。同时，江苏省速滑队在国内外取得的成绩和突破（尤其是长距离项目），已令国内诸多从事速度滑冰的教练员和裁判员对"轮转冰"运动员刮目相看，也进一步认可了从事速度轮滑训练转项后对速度滑冰竞技能力的提升有很大促进作用，从竞技实力这一视角也为今后"轮转冰"训练和发展带来了重要的机遇。另外，对于"轮转冰"计划的实施，国家体育总局冬季运动管理中心也给予了高度支持与认可，有多名运动员入选速度滑冰国家集训队，并取得了较为出色的成绩。并且，由于江苏省速滑队的优异表现国家体育总局社会体育指导管理中心轮滑协会，以江苏省速滑队为班底组建"轮转冰"跨项组集训国家队，彰显对江苏省速滑队的重视和认可。

第三节　对"轮转冰"训练的启示

一、江苏省速滑队的突破，证实了"轮转冰"提升速度滑冰整体竞技实力的可行性

　　江苏省速滑队近年来在国内外取得了一系列优异的成绩，先后在冬运会、全国各级别速度滑冰竞赛、世界杯以及冬奥会等重大速度滑冰赛事不断取得突破，受到了国家体育总局冬季运动管理中心，各省市速度滑冰、速度轮滑队伍的高度重视。同时又以江苏省速滑队为班底，组建了"轮转冰"跨项组集训国家队，并在苏州、美国等地进行集训，初步也已取得良好的训练效果。因此，从现有训练实践的视角，结合欧美国家诸多"轮转冰"训练的成功案例，表明我国实施"轮转冰"训练无论是从增加速度滑冰运动人口、扩大运动员选材范围和输送渠道、加强后备人才梯队建设的视角[①]，还是从提升速度滑冰整体竞技实力的层面（"轮转冰"在速度滑冰长距离项目取得成功，而我国速度滑冰长距离项目的竞技水平

---

① 刘江山,张庆文,邰崇禧,等.江苏冰雪运动发展 SWOT 分析 [J].体育文化导刊,2017(11): 28—33.

始终停滞不前），都已证实这一路径在南方省份十分可行。

冬季项目的全面发展必须依靠良好的人才培养环境和源源不断的人才输送，运动员后备人才梯队建设显得尤为重要 ①。尤其在当前我国面临冬季项目后备人才紧缺的局面，通过"轮转冰"计划，实施跨界跨项选材有助于充分挖掘每名运动员的潜能，打通人才培养壁垒，提高人才培养和使用效率，是实现"全面参赛"目标的重要手段。基于此，当前我国应借助北京冬奥会成功举办的契机，搭乘"跨界跨项选材"的快车，响应"冰雪运动南展西扩"发展战略的号召，发挥速度轮滑与速度滑冰项目特征与制胜因素相似的优势，在南方和西部省市、地区大力、全面、可持续地贯彻并广泛推广"轮转冰"计划 ②。

二、转项训练成功案例不断涌现，指引转项训练方向逐渐明确

国际上诸多"轮转冰"和"冰轮两栖"训练的成功案例表明，速度轮滑训练对速度滑冰竞技能力提升有重要作用，为我国"轮转冰"训练增添了巨大的信心。自江苏省速滑队成立以来，短短几年时间就涌现出郭丹、李思杉两位世界级运动员，诸如李乐铭、张弛等多位国内优秀运动员，以及丁一、于飞航（女）、许政浩、汪建铠、孙逸宸等一批年轻队员，在国内青少年速度滑冰比赛中表现出十足的竞争力，表明江苏省速滑队实施"轮转冰"转项训练已取得较为可观的成绩，转项训练成功的案例已开始不断涌现。

调查了解到，速度轮滑运动员多是全能型选手，往往从短距离到马拉松等项目都要参加，且每项比赛要经过不同赛次才能进入决赛，因此速度轮滑运动员多具备较强的力量、速度和耐力水平。同时，速度轮滑项目除个人计时赛以外，其他项目均属于集体出发，要求运动员拥有较好的战术思维和意识，具备较强的变速能力来执行比赛中的战术要求。然而，当前我国速度滑冰运动员有氧能力亟待提升，有氧能力弱已成为制约我国速度滑冰整体竞技实力提升的核心要素。纵观近些年国际速度滑冰大赛不难发现，我国速度滑冰中长距离项目成绩一直停滞不

① 海鹏，陈小平，何卫. 我国冬季项目实现"全面参赛"的策略研究——基于对 2018 年平昌冬奥会的调查 [J]. 中国体育科技，2018，54（5）：3-12.
② 李雪梅，李佳军. 速度轮滑转项速度滑冰的国内外现况研究 [J]. 北京体育大学学报，2016，39（9）：132-138.

前，始终没有取得突破性进展；短距离项目整体竞技实力下降明显，已逐步退出国际一流水平之列。

基于"双子模型"理论的视角不难发现，江苏省速滑队众多转项训练成功的运动员，正是发挥了速度轮滑运动员有氧能力和战术能力的优势，来弥补速度滑冰运动员有氧能力和集体项目战术的劣势，体现了"双子模型"理论中"扬长"和"补短"并存的效应。因此，"轮转冰"转项训练发展方向应以速度滑冰长距离和集体出发项目为主，尤其注重集体出发项目的发展。

三、转项训练模式正在形成，实践活动逐步走向深入

2017 年为备战 2022 年北京冬奥会，为做到"全面参赛，恶补短板"，国家体育总局在全国范围内已实施多项目、多轮次地跨界跨项选材。包括北京冬奥会新增 7 个小项在内的所有 109 个小项都已在国内有序开展，22 支跨界跨项国家集训队或集训组已经全部组建在训，尤其通过跨界跨项选材为冰雪项目国家集训队补充了大量后备人才。

值得关注的是，为提升我国速度滑冰中长项目的竞技实力，在备战北京冬奥的关键时期，国家体育总局社会体育指导中心、中国轮滑协会以江苏省速滑队为班底，组建"轮转冰"跨界跨项速度滑冰国家集训队，郭丹作为该队伍的主教练兼队员，与贺鑫一同负责训练和竞赛，以加快实现速度滑冰"恶补长距离短板"的目标。队伍集训地点放在了苏州，在备战冬奥会的过程中队伍飞赴德国、美国、荷兰与高水平"轮转冰"队伍（或"冰轮两栖"队伍）进行长时间的训练、学习和交流，为北京冬奥会郭丹取得集体出发第 13 名的优异成绩奠定了良好的基础。由此表明，当前江苏省速滑队的训练模式逐步形成，并得到一致认可。"轮转冰"跨界跨项速度滑冰国家集训队的组建，一方面揭示转项训练过程对速度轮滑训练重要性的认识不断提升，速度轮滑教练员参与、负责转项训练过程的力度逐步增加；另一方面体现江苏省"轮转冰"转项训练实践活动已逐步走向深入发展，转项训练的合理性、科学性程度不断提高。

四、"轮转冰"训练队伍持续扩大，后备人才培养增添新内涵

随着转项训练不断深入，在国家不断出台相关政策的引领、导向和保障下，

不但组建"轮转冰"跨界跨项速度滑冰国家集训队,而且在全国范围内由转项训练成立的轮、冰两栖训练队伍也在不断扩大。诸如,浙江省成立短道速滑队,队员全部由速度轮滑转项而来,充分发挥速度轮滑与短道速滑竞技能力需求基本一致的特征(尤其是战术方面,短道速滑比赛属于集体出发),经过不断的探索,浙江省短道速滑队已在全国青少年短道速滑比赛中多次获得冠军,创造了优异的成绩,拓宽了速度轮滑作为冰上项目后备人才培养的渠道。河北省于2018年2月成立冰上运动协会轮转冰项目管理委员会,主要针对轮滑球转冰球和速度滑冰两个项目。其中,保定市成立速度滑冰队,队伍借助原速度轮滑俱乐部的教练和梯队资源,迈出速度滑冰训练专业化的新步伐,训练水平快速提高,河北省速度滑冰队中保定速度滑冰队输送队伍最多,并在河北省冬运会上勇夺速度滑冰金牌总数第一名的佳绩,转项训练已逐步走向正轨,打破过去三级训练体制后备人才培养模式,开拓从业余俱乐部选材的新路径。安徽省也响应国家"轮转冰"号召,在安徽省体育局的推动下成立首支冰球队,队员全部来自轮滑球运动员,并参加了全国冰球锦标赛。西部地区四川省也在速度轮滑队的基础上组建了速度滑冰队,准备参加下一届冬运会,以此来全力推进冰雪运动开展,拓宽冰雪后备人才队伍。

目前,我国从事"轮转冰"训练的队伍在持续扩大,不论是传统速度滑冰队伍,还是转项训练队伍,均为下届冬奥会备战注入了新的活力与动力,成为原有国家队的有力补充,各自训练备战,开放竞争、相互促进,为速度滑冰后备人才培养增添新的内涵。

五、国家高度重视转项训练,推进改革试验向纵深发展

"轮转冰"计划作为我国弥补冰雪运动人才不足短板进行"跨界跨项选材,转项训练"改革的先驱,已成功奏响了转项训练的乐章。国家体育总局已陆续出台了一系列政策,成立选材领导小组和工作小组,制订了跨项跨界选材工作总体方案和各项目选材工作子方案,分项目制定选材标准,打破冬季圈子,改变以往单一输送渠道,面向全国,开放选拔。同时,发挥举国体制优势,为转项训练配备国际、国内知名教练员和科研人员等专业教练员团队,保障转项训练的科学化程度,提高转项训练的成材率。另外,关于专项训练的科研工作也逐步受到关注,国家社会科学基金、科技部、教育部以及各省市等基金项目均将冬奥会备战、转

项训练列入选题指南，加强冬季项目基础科学研究，鼓励科研工作者、教练员一起探索转项训练的模式和规律，为推动我国冬季竞技体育后备人才培养改革向纵深、长远、可持续和跨越式发展提供了强有力的政策支撑并奠定坚实的科技基础。

第四节 当前"轮转冰"训练亟须解决的问题

一、转项训练理念需要不断更新

速度轮滑与速度滑冰同属体能主导类周期性竞速项群，在专项技术、体能和战术等竞技能力方面拥有诸多相似之处。在训练特征方面，轮、冰两项目的训练周期、训练方法和手段以及制胜因素等均相似。基于此，在实施转项训练最初，教练员训练重心应围绕专项技术的改进展开，随着运动员专项技术水平的提升，短期内取得较为理想的成绩。

然而，随着训练的深入逐步发现诸多问题。首先，专项技术学习改进难度很大，"轮转冰"速滑运动员的肌肉对速度轮滑技术记忆深刻；其次，"冰感"的培养绝不是在短期内可以得到有效提升；第三，运动员虽然取得较为理想的速度滑冰运动成绩，但随着速度滑冰技术以及整体训练比重的不断增加，运动员体能在很大程度上明显下降，尤其体现在参加以有氧耐力为主的中长距离项目，运动员比赛能力下降，无法适应连续、高强度的速度滑冰比赛。因此，运动员转项训练后，在速度轮滑和速度滑冰的体能、技术、战术等竞技能力上面如何取舍？需要教练员、运动员和相关专家结合冰、轮两个项目的特征、制胜因素，在遵循运动员个性化特征的基础上，通过转换频率的增加，来进行不断的探索。

二、训练理论极度缺失，训练模式需要进一步优化

理论的力量是巨大的，实践如果没有正确的理论指导，就容易"盲人骑瞎马，夜半临深池"。理论对规律的揭示越深刻，对社会发展和变革的引领作用就越显著[1]。作为"跨界选材，转项训练"改革排头兵，"轮转冰"转项训练所取得的成

---

[1] 李建明. 加强体育理论创新 推动体育事业新发展——在"庆祝改革开放40周年暨深化体育改革发展理论研讨会"上的讲话（节选）[J]. 体育文化导刊，2019（2）：1-3.

绩不但为速度滑冰项目可持续发展发挥巨大助推作用，而且也为平衡我国冬季和夏季项目的发展起到一定的促进作用。在一定程度上表明"轮转冰"训练实践已逐步走向深入。纵然，"轮转冰"在"跨界选材，转项训练"的实践中迈出了成功的一小步，然而在"轮转冰"训练理念、模式等理论层面，依旧比较模糊。虽然教练员和运动员在训练实践中进行不断的尝试，但仍旧缺乏较为科学、合理的理论对"轮转冰"训练进行指导。

理论建设的高度决定着体育事业发展的高度。只有站得高、想得深，才能走得对、走得远。北京冬奥会虽然取得圆满成功，但我国速度滑冰整体竞技实力不强依旧是不争的事实。对照"轮转冰"计划的目标，对照国外诸多"轮转冰"成功案例，对照我国"轮转冰"训练已经逐步走向正轨，"轮转冰"训练实践过程中还存在着发展方向不够坚定、训练模式不够清晰、训练经验极度缺乏、转训时机判断比较模糊、训练内容安排不够科学等一系列问题。这都迫切需要我们联系实际，面对现实，加强"轮转冰"训练理论创新研究。

第五节　本章小结

自"轮转冰"计划实施以来，江苏省速滑队速度轮滑整体实力依然位于我国霸主地位，并在速度滑冰赛场也取得较为可观的成绩。在此期间培养出三位全国冠军、世界青年冠军，郭丹成功参加平昌和北京两届冬奥会，表明"轮转冰"计划已取得初步成功。证明了"轮转冰"无论是对扩大速度滑冰选材和后备人才队伍建设，还是对扩大上冰人口和提升速度滑冰整体竞技实力均十分可行。

然而，纵观国内外诸多"轮转冰"转项训练案例，皆缺乏理论研究。当前我国面临"轮转冰"训练实践已初步形成，但关于理论建设层面已经滞后的局面，因此必须重视、强化"轮转冰"训练的研究，理论联系实际，坚持理论先导，才能推动"轮转冰"训练实践实现更快、更深入的发展。

第四章 "轮转冰"训练模式的理论构建

第一节 速度轮滑与速度滑冰的项目特征分析

所谓项目特征是指一项或一类运动项目区别于其他运动项目的根本属性,这些属性是认识运动项目和进行科学运动训练的基础与依据[①]。查阅各类著作、文献了解,关于项目特征的表述基本通过运动形式、项目设置、竞赛规则以及竞技能力等方面进行概括性总结。依据运动训练学理论,通过对已有文献的整理,结合与相关教练员沟通得知,速度轮滑和速度滑冰同属体能主导类周期性竞速类项群,都是运动员穿戴特殊装备,在特定场地,按照竞赛规则采用特殊的滑跑姿势和正确的技术动作,在规定距离内,以最快的速度滑跑完一定距离的周期性竞速类运动项目[②]。

一、竞赛规则和竞赛特征

体育竞赛的项目设置决定了比赛的内容,参赛选手根据竞赛项目设置的相关竞赛内容,在统一竞赛规则的范畴内,进行运动竞赛。在此基础上,所有竞赛项目依据竞赛内容进行有针对性的运动训练,决定了项目的特征和训练内容、方法。因此,竞赛项目的设置是运动员训练、比赛的前提和标准。

(一)竞赛项目设置

1.速度轮滑竞赛项目设置

速度轮滑分为场地赛和公路赛,公路赛跑道可以是"开放式",也可是"封闭式"。

---

① 王三保,刘大庆. 论运动项目的特征与本质 [C]. 重庆:第十一届中国科协年会,2009.
② 彭迪. 运用速度轮滑训练手段解决速滑运动中速度障碍的研究 [D]. 长春:东北师范大学,2007.

（1）重要国际比赛竞赛项目设置

速度轮滑世锦赛项目设置中，共分为成年组和青年组两个组别，也分场地赛和公路赛两种竞赛方式，其中场地赛共有 300 米个人计时赛、500 米争先赛、1 000 米计时赛、10 000 米积分淘汰赛、15 000 米淘汰赛以及 3 000 米接力赛 6 个项目；公路赛共有 200 米个人计时赛、10 000 米积分赛、20 000 米淘汰赛以及 42.195 千米马拉松赛 4 个项目。2018 年速度轮滑世锦赛在荷兰举办，我国共有 14 名运动员参加成年组和青年组的比赛，其中有 7 名运动员来自江苏省速滑队，但仅获得 1 枚银牌 2 个第 4 名以及 1 个第 6 名，其中郭丹一人获得 1 枚银牌（15 000 米淘汰赛）、1 个第 4 名（马拉松）以及 1 个第 6 名（10 000 米积分赛）。

（2）重要国内比赛项目设置

依据 2013 版《速度轮滑竞赛规则和裁判通则》[①] 可知，当前我国正式比赛项目场地赛共有 300 米个人计时赛、500 米争先赛、1000 米计时赛、10 000 米积分淘汰赛、15 000 米淘汰赛以及 3 000 米接力赛 6 个项目；公路赛共有 200 米个人计时赛、500 米争先赛、10 000 米积分赛、20 000 米淘汰赛、5 000 米接力赛以及 42.195 千米马拉松赛 6 个项目。参赛运动员共分为 6 个组别，分别为：

成年组：17 岁以上，在比赛上一年 12 月 31 日满 17 周岁；

青年组：15—16 岁，在比赛上一年 12 月 31 日满 15 周岁；

少年甲组：13—14 岁，在比赛上一年 12 月 31 日满 13 周岁；

少年乙组：11—12 岁，在比赛上一年 12 月 31 日满 11 周岁；

少年丙组：9—10 岁，在比赛上一年 12 月 31 日满 9 周岁；

少年丁组：7—8 岁，在比赛上一年 12 月 31 日满 7 周岁。

2. 速度滑冰竞赛项目设置

（1）重要国际比赛项目设置

第一，冬奥会项目设置。

根据《速度滑冰竞赛规则 2016 版》[②] 的要求，从 2018 年平昌冬奥会开始，速度滑冰竞赛项目共分为男子和女子两个组别，竞赛项目分别为：

男子：500 米、1 000 米、1 500 米、5 000 米、100 000 米、团体追逐（8 圈）、

---

① 国家体育总局社会体育指导中心. 速度轮滑竞赛规则和裁判通则（2013 版）[Z]. 2013.

② 国际滑冰联盟. 速度滑冰竞赛规则 2016 版 [Z]. 2016.

集体出发（16 圈）共 7 个项目；

女子：500 米、1 000 米、1 500 米、3 000 米、5 000 米、团体追逐（6 圈）、集体出发（16 圈）共 7 个项目。

其中，集体出发为新增项目。

第二，世锦赛项目设置

速度滑冰世锦赛分为单项锦标赛、短距离锦标赛、全能锦标赛以及青年锦标赛。其中，单项锦标赛的比赛项目设置与冬奥会一致。

第三，世界全能锦标赛项目设置。速度滑冰世界全能锦标赛比赛项目设置为：

男子：500 米、5 000 米、1 500 米、10 000 米，共 4 个项目；

女子：500 米、3 000 米、1 500 米、5 000 米，共 4 个项目。

其中，女子 500 米和 3 000 米的比赛在同一天进行，次日进行 1 500 和 5 000 米比赛。男子 500 米和 5 000 米的比赛在同一天进行，次日进行 1 500 和 10 000 米比赛。

第四，世界短距离锦标赛项目设置。速度滑冰世界短距离锦标赛比赛项目设置为男子和女子两个组别，项目均为 500 米和 1 000 米。在连续两天的比赛中男、女运动员各项距离均滑行两次，每天的比赛中，500 米要在 1 000 米项目之前进行。

第五，世界青年锦标赛项目设置。速度滑冰世界青年锦标赛的比赛项目设置为：

男子全能：500 米、1 000 米、1 500 米和 5 000 米共 4 个项目；

女子全能：500 米、1 000 米、1 500 米和 3 000 米共 4 个项目；

男子单项：500 米、1 000 米、1 500 米、5 000 米和集体出发（10 圈）；

女子单项：500 米、1 000 米、1 500 米、3 000 米和集体出发（10 圈）；

男子团体：男子团体追逐为 8 圈；

女子团体：女子团体追逐为 6 圈。

（2）重要国内竞赛项目设置

第一，冬运会项目设置。通过 2016 年第十三届全国冬季运动会速度滑冰竞赛规程了解到，我国冬运会速度滑冰竞赛项目设置为：

男子：500 米、1 000 米、1 500 米、5 000 米、10 000 米和团体追逐（8 圈）；

女子：500 米、1 000 米、1 500 米、3 000 米、5 000 米和团体追逐（6 圈）；

青年男子：500 米、1 500 米、5 000 米；

青年女子：500 米、1 500 米、3 000 米。

根据国际滑冰联盟最新修改的速度滑冰竞赛规则以及 2018 年冬奥会项目设置来看，今后我国冬运会速度滑冰项目设置将会增加男女集体出发项目。

第二，速滑联赛项目设置。目前我国每年都会举办全国速度滑冰联赛，大约共 6 站，项目设置为：

男子：500 米、1 000 米、1 500 米、5 000 米、10 000 米和团体追逐（8 圈）、集体出发和短距离追逐；

女子：500 米、1 000 米、1 500 米、3 000 米、5 000 米和团体追逐（6 圈）、集体出发和短距离追逐。

第三，速滑青少年锦标赛项目设置。为促进速度滑冰后备人才培养，检验青少年训练成效，中国滑冰协会每年均会举办青少年速度滑冰竞赛，其中全国青少年速度滑冰锦标赛规格最突出、规模最大、参赛水平最高。该项赛事共分为男女甲、乙、丙组，以及男女小全能，具体竞赛项目设置为：

男子（甲、乙组）：500 米、1 000 米、1 500 米、5 000 米、团体追逐（8 圈）、集体出发（10 圈）和短距离追逐；小全能（500 米、1 500 米、1 000 米、5 000 米）。

女子（甲、乙组）：500 米、1 000 米、1 500 米、3 000 米、团体追逐（6 圈）、集体出发（10 圈）和短距离追逐；小全能（500 米、1 500 米、1 000 米、3 000 米）。

男、女丙组：小全能（500 米、1 500 米、1 000 米、3 000 米）和短距离团体追逐（3 圈）。

对比得知，速度轮滑和速度滑冰在项目设置方面不论是组别划分还是具体项目都存在诸多一致之处。不同点在于速度轮滑项目分为公路赛和场地赛，项目类型分为个人计时、积分淘汰和集体出发；速度滑冰设有团体追逐项目，而速度轮滑设有接力项目；同时速度轮滑项目竞赛距离更长。

3. 项目属性

依据速度轮滑和速度滑冰的项目属性、竞赛办法，根据项群训练理论，按照竞技能力主导因素划分，速度轮滑和速度滑冰同属体能主导类项群，其中体能主导类项目又分为快速力量、速度性和耐力性三个亚类。依据速度轮滑和速度滑冰的项目设置可知，距离最短的项目为 200 米，距离最长的项目为马拉松项目，为更好地了解和认识这两个项目，为"轮转冰"训练提供更为专业的理论和实践参考，有必要以项群训练理论为指导并按照能量代谢的视角对两个项目进行细致分类（见表4-1）。

表4-1 依竞技能力主导因素（体能）对轮、冰项目的分类

分 类	亚 类	项目	
		速度轮滑	速度滑冰
体能主导类	速度性	200 米（公路）、300 米（场地）、500 米、1 000 米（场地）	500 米、1 000 米
	耐力性	5 000 米、10 000 米、15 000 米（场地）、20 000 米（公路）、马拉松（公路）、3 000 米接力（场地）、5 000 米接力（公路）	1 500 米、3 000 米、5 000 米、10 000 米、团体追逐、集体出发

（1）速度类

速度轮滑项目中的200—1 000 米[1]以及速度滑冰项目中的500 米和1 000 米[2]属于短距离项目，均以无氧代谢为主、有氧代谢为辅，随着比赛距离的增加有氧供能比例增多，因此这些项目属于体能主导类速度性项目。

（2）耐力类

速度轮滑1 500 米及以上的项目，以及速度滑冰1 500 米及以上的项目（包括团体追逐和集体出发）属于长距离项目，均以有氧代谢为主、无氧代谢为辅，糖酵解供能系统在不同项目中的供能都占有较为重要的位置，因此这些项目属于体能主导类耐力性项目。

（二）竞赛规则对比

竞赛规则的改变对运动技术、战术以及运动成绩往往会带来显著变化。任何形式的运动竞赛都必须按照竞赛规则规定的技术规范和准则进行，速度轮滑和速度滑冰亦是如此。

分析两个项目竞赛的规则发现，速度轮滑和速度滑冰在竞赛规则上有许多相同之处，例如：对护具的要求、对起跑的规定等方面一致，尤其对于速度滑冰新增项目集体出发，两个项目的竞赛规则均对第一圈滑行、到达终点的判定，以及

---

[1] 孙显墀，孙一，蒙猛. 速度轮滑运动技术与训练 [M]. 北京：人民体育出版社，2015.

[2] 南相华. 速度滑冰理论与方法 [M]. 哈尔滨：黑龙江教育出版社，2012.

比赛过程中的超越等作出了相同的规定。在竞赛特征方面，速度轮滑的个人计时赛与速度滑冰的单项赛竞赛形式较为相似，均以成绩判定名次；集体出发项目，均在比赛过程中设置积分点，比赛名次由最终名次和赛中获得积分来判定；另外，速度轮滑的团体计时赛和速度滑冰的团体追逐每队均由 3 人组成，按规定滑跑等距距离，均不以第一名到达终点来判定最终名次。由此可见，速度轮滑和速度滑冰在竞赛规则和竞赛特征方面有诸多相似之处，尤其是集体出发项目，二者无论是竞赛规则还是竞赛办法均一致，因此二者这两个角度有利于产生正迁移，为"轮转冰"训练和比赛创造了有利的竞赛环境。

（三）场地器材要求

1. 竞赛场地

（1）速度轮滑

速度轮滑的比赛分为场地赛和公路赛。场地赛是指设在露天或有覆盖设施的比赛线路，由两条长度相等的直道和两个左右对称、半径相同的弯道相连接构成的竞赛场地。跑道要完全平坦，在弯道处由外向内应有一定的倾斜角度。根据国际轮滑联盟竞赛规则规定，速度轮滑竞赛场地的总长度不短于 125 米，最长不超过 400 米。国际比赛的标准竞赛场地周长是 200 米，弯道设有斜坡跑道，宽度不少于 6 米。

速度轮滑公路赛场地同样也需要符合国际轮滑联盟竞赛规则规定。公路赛场地分为两种，一种是封闭环式公路跑道，另一种是开放式公路跑道。封闭环式公路跑道周长最短不少于 400 米，最长不超过 600 米，运动员根据竞赛项目设置在此跑道上滑行一圈或多圈；开放式公路竞赛场地最好选择环境秀美的海滨公路或滨湖公路，公路跑道的起点和终点可以不衔接，全程跑道要求平坦且任何赛段坡度不得超过 5°，整个赛道的坡段不得超过 25 %，跑道宽度不得少于 5 米。开放式公路跑道上主要是进行马拉松赛。

（2）速度滑冰

标准的速度滑冰场地既可以是一个露天的室外场地，也可以是一个遮盖的半封闭式的场地，抑或是一个室内的冰场，无论是室内还是室外场地[①]，均有两条跑

---

① 南相华. 速度滑冰理论与方法 [M]. 哈尔滨：黑龙江教育出版社，2012.

道（内道和外道宽均为 4 米），跑道周长不长于 400 米（两条直道和弯道），不短于 333.33 米，两条弯道弧度各为 180°，内道半径应在 25～26 米之间。换道区是指从一个弯道结束至下一个弯道开始之间的直道全长。教练员区在换道直线区应标有特殊标记。距离跑道外沿 1 米处画一条 2 厘米宽的线，该线由距离弯道结束点 25 米处画至距离下一个弯道前 10 米处并贯穿整个换道直线区；在团体追逐比赛中各队教练区在各队起点的对面直道。在发令过程中，教练员必须离开发令员和运动员 20 米以外；同时，在集体出发和短距离团体追逐比赛中，不允许教练员进场在教练区指挥比赛；另外，在比赛期间（当运动员已经开始滑跑），教练员不允许在练习道（热身道）陪伴队员。为了避免各类事故的发生，国际滑联还对场地的保护措施作出了严格的要求（例如，提供必要的防护垫；室外场地，必须在场地内和跑道外侧提供足够的雪作为防护），以避免运动员摔出冰面发生事故[1]。

冬季奥林匹克运动会速度滑冰比赛必须在人工制冷的国际滑联标准 400 米场地举办，跑道必须按国际滑联的规则设计，并且在比赛道内侧有一条宽不小于 4 米的练习道。

2. 器材与服饰

（1）速度轮滑

国际轮滑联合会明确规定，参加速度轮滑比赛，必须佩戴相应的装备与护具，以避免运动员受到不必要的伤害。速度轮滑运动员的装备分为器材和服饰两大类，其中器材由竞速轮滑鞋、头盔和护具（护腕、护肘和护膝）三类组成；服饰由连体速滑服和运动眼镜两类组成[2]。优质的头盔和速滑服除了具有保护作用外，还具备透气性好、减少空气阻力的功能。

头盔是速度轮滑运动员最重要的保护装备，"只要穿上轮滑鞋，就要带上头盔"，这是运动员在任何情况下必须牢记的自我保护的要求。规则规定[3]，比赛时运动员必须佩戴头盔，集体出发比赛时头盔必须坚固且不能有部分突出和尾翼，在比赛结束前摘掉头盔的运动员将被取消比赛资格；轮滑鞋最多可以有 6 个轮子，可以是单排也可以是双排形式，但禁止有制动装置。运动员的速滑服有长款

① 国际滑冰联盟. 速度滑冰竞赛规则 2016 版 [Z]. 2016.
② 孙显墀，孙一，蒙猛. 速度轮滑运动技术与训练 [M]. 北京：人民体育出版社，2015.
③ 国家体育总局社会体育指导中心. 速度轮滑竞赛规则和裁判通则（2013 版）[Z]. 2013.

连体和短款连体两种，规则规定，正式比赛中，同一单位的所有运动员必须穿着统一的长款或短款服装，颜色和图案要一致，穿着不合适的运动员将被取消比赛资格。

（2）速度滑冰

速度滑冰运动员的装备分为滑冰鞋和服饰两大类，其中滑冰鞋由冰鞋、固定板和冰刀三部分构成。速度滑冰冰刀是运动员必备的器材，其材料组成和结构特征直接决定了运动效果。速度滑冰发展至今，其技术的发展离不开器材的革新，最典型的是于20世纪90年代问世的新型冰刀"Klapskate"，与传统冰刀相比，新冰刀的结构（前单托铰链）变革增加了运动员蹬冰的幅度，提高了蹬冰的效果，提升了滑行速度，使得速度滑冰原有的世界纪录频频被打破，并大幅度提高，因此新型冰刀带来了速滑技术的革命。

速滑服对运动员技术的发挥和运动成绩的提高有着至关重要的作用。当前速滑服的设计既可以保暖又可以减少空气阻力并保证运动员的安全。规则规定，参加国际滑联组织的赛事，同一国家的运动员必须穿着统一的速滑服，可在比赛服外佩戴一个头盔、护颈或手套。

对比得知，速度轮滑和速度滑冰在竞赛场地和器材装备方面存在较大差异。速度轮滑竞赛场地大小、构成不一致，且速度轮滑竞赛也存在公路赛。同时两个项目的运动员穿戴有很大差异，主要体现在速度轮滑运动员比赛必须佩戴头盔，且穿轮滑鞋，而速度滑冰运动员比赛穿冰刀鞋。

（四）竞赛基本特征

1.竞赛时间安排

由于速度轮滑和速度滑冰受季节影响，因此两个项目在赛事安排的时间上有所不同。

（1）速度轮滑竞赛时间安排

通过访谈并查阅中国轮滑协会对赛事的安排可知，每年4月—11月为速度轮滑的比赛期，赛季长达8个月，其中7月—9月为国内和世界速度轮滑主要的竞赛期。根据赛事安排，速度轮滑训练依据运动员竞技状态"形成""保持"和"消失"三个阶段，有针对性地在12月—第二年3月进行体能储备和技术改进，4月—11月运动员开始参赛并在7月—9月达到最佳竞技状态。

（2）速度滑冰竞赛时间安排

速度滑冰赛事安排受季节影响较大，加之对场地要求较高，因此国际上速度滑冰赛事一般开始于 10 月，至第二年 4 月结束，赛季长达 7 个月，其中 12 月至第二年 2 月是国内和国际重大赛事的竞赛期。与速度轮滑不同，速度滑冰的调整期、体能储备期安排在春夏时期的 5 月—9 月，其原因一是由于赛事时间的安排，二是由于训练条件所限。由于速度滑冰对场地的要求较高，且场地维护成本很大，运动员在非竞赛期的训练都安排在陆地完成。为了在准备期进一步改进技术，教练员、运动员将速度轮滑训练和比赛作为重要的环节，为即将到来的赛季做好体能、技术的准备。

由此可见，速度轮滑和速度滑冰在赛事安排上依季节而不同，但竞赛周期均为 7 月—8 月，因此这两个项目的训练和竞赛周期相似。同时依据文献资料和通过教练员访谈了解到，速度轮滑作为速度滑冰的重要训练手段，因此从训练和竞赛周期方面为速度轮滑转项速度滑冰训练提供了实现的可能。

2. 竞赛类型

通过对比分析速度轮滑、速度滑冰的项目设置可以发现，速度轮滑比赛类型分为计时赛（个人计时赛、分组计时赛、团体计时赛）、争先赛、淘汰赛、群滑赛、积分赛、积分淘汰赛、接力赛等；速度滑冰比赛类型分为计时赛和积分赛（集体出发）。由此可见，两个项目在竞赛类型上相一致，其中速度轮滑的竞赛类型更丰富，这说明速度轮滑运动员在转项速度滑冰后适应比赛的能力会更强。

由此可见，速度轮滑和速度滑冰在竞赛特征方面的相似之处体现在竞赛时间跨度、训练周期调整、竞赛类型等方面，有助于两个项目相互借鉴，有助于"轮转冰"训练过程的承接；不同之处体现在竞赛规则、项目设置、场地设施和器材装备等方面。

二、竞技能力特征

竞技能力即运动员的参赛能力，是运动员参加比赛的主观条件或自身才能，由具有不同表现形式和不同作用的体能、技术能力、战术能力、心理能力以及知识能力所构成，并综合地表现于专项竞技的过程之中[1]。速度轮滑和速度滑冰属于

---

① 田麦久，刘大庆. 运动训练学 [M]. 北京：人民体育出版社，2012.

体能主导类周期竞速项群，依据田麦久教授提出的项群训练理论关于不同项群运动员竞技能力各决定因素作用的等级判别来看，对这两个项目发挥重要作用的竞技能力依次为体能、技术和战术能力。因此，本研究将从这三个方面探讨速度轮滑和速度滑冰运动员竞技能力特征的异同。

（一）技术特征

1. 基本姿势对比

运动技术是指完成体育动作的方法，是运动员竞技能力水平的重要决定因素[①]。进行不同体育项目的学习和训练，需要学会并提升不同的技术。技能迁移通常用来表达已掌握的技能对其他技能或新学技能的影响。"轮转冰"计划的提出就是基于速度轮滑与速度滑冰在技术结构外形（支撑、蹬收、下刀和下轮等）、发力顺序、动作节奏规律基本一致（表 4-2），且做功原理相同的前提下提出，因此技术的相似和相通为"轮转冰"提供了理论上的可能，并在迁移理论的指导下进行教学和训练。速度轮滑和速度滑冰都属于体能主导类周期竞速项目，且都需要借助器械在场地或冰面上进行滑跑，因此滑跑技术的经济性、合理性和实效性是运动训练过程中必须注重、改进和提高的方面。只有坚持合理、正确的运动技术，才能充分利用人体机能特点，发挥人体运动能力，进而取得更优异的成绩。速度轮滑和速度滑冰都有符合运动学、生物力学原理以及人体结构和生理特点的技术规范，且由于两个项目比赛场地和器材的不同，势必会造成两个项目之间在基本姿势、直道和弯道滑行等技术上有些许差异。

表 4-2 速度轮滑和速度滑冰基本姿势对比[②]

		直道滑行			
周期	速度轮滑	复 步			
	速度滑冰				
时期	速度轮滑	单脚支撑	双脚支撑	单脚支撑	双脚支撑
	速度滑冰	单脚支撑	双脚支撑	单脚支撑	双脚支撑

---

① 田麦久，刘大庆. 运动训练学 [M]. 北京：人民体育出版社，2012.

② 孙显墀，孙一，蒙猛. 速度轮滑运动技术与训练 [M]. 北京：人民体育出版社，2015.

直道滑行							
阶段		速度轮滑	自由滑进	单脚支撑蹬地	单脚支撑蹬地	自由滑进	单脚支撑蹬地	双脚支撑蹬地
		速度滑冰	自由滑进	单脚支撑蹬冰	单脚支撑蹬冰	自由滑进	单脚支撑蹬冰	双脚支撑蹬冰
腿部动作	左腿	速度轮滑	自由滑进	单脚支撑蹬地	单脚支撑蹬地	向内回收腿	向前摆动	下轮着地
		速度滑冰	自由滑进	单脚支撑蹬冰	单脚支撑蹬冰	向内回收腿	向前摆动	下冰着地
	右腿	速度轮滑	向内回收腿	向前摆动	下轮着地	自由滑进	单脚支撑蹬地	双脚支撑蹬地
		速度滑冰	向内回收腿	向前摆动	下冰着地	自由滑进	单脚支撑蹬冰	双脚支撑蹬冰

弯道滑行						
周期		速度轮滑	复　步			
		速度滑冰				
时期		速度轮滑	单脚支撑	双脚支撑	单脚支撑	双脚支撑
		速度滑冰	单脚支撑	双脚支撑	单脚支撑	双脚支撑
阶段		速度轮滑	单脚支撑蹬地	双脚支撑蹬地	单脚支撑蹬地	双脚支撑蹬地
		速度滑冰	单脚支撑蹬冰	双脚支撑蹬冰	单脚支撑蹬冰	双脚支撑蹬冰
腿部动作	左腿	速度轮滑	单脚支撑蹬地	双脚支撑蹬地	收摆腿	下轮着地
		速度滑冰	单脚支撑蹬冰	双脚支撑蹬冰	收摆腿	下冰着地
	右腿	速度轮滑	收摆腿	下轮着地	单脚支撑蹬地	双脚支撑蹬地
		速度滑冰	收摆腿	下冰着地	单脚支撑蹬冰	双脚支撑蹬冰

2. 滑行中相关关节角度对比分析

正确的滑行姿势是影响运动员将速度发挥到极致的重要因素，保持正确的人体姿势能减少滑行中的阻力，使运动员始终处于最佳用力状态[①]。由表 4-3 和图 4-1 可知，速度轮滑和速度滑冰的基本姿势相似，在髋关节、膝关节、踝关节、躯干与水平面角度，以及蹬地（冰）角度等方面都相差不大，这为两个项目在技术学习与训练上提供了借鉴的可能。

---

① 王法. 速度轮滑向竞速滑冰运动技能迁移研究 [D]. 成都：成都体育学院，2017.

表 4-3　速度轮滑与速度滑冰运动员滑行中相关关节角度的对比

基本姿势	髋关节角度（°）		膝关节角度（°）		踝关节角度（°）		躯干与水平面角度（°）		蹬地（冰）角度（°）	
运动项目	速度轮滑	速度滑冰	速度轮滑	速度滑冰	速度轮滑	速度滑冰	速度轮滑	速度滑冰	速度轮滑	速度滑冰
	35～50	45～50	110～120	90～110	65～80	55～75	15～30	10～25	50～60	30～45

　　虽然速度滑冰和速度轮滑在技术链和基本姿势上十分接近，但仍存在着细微的差别，正是这些技术上的细微差别，导致两个项目相互转换时对技术的控制要求十分严格，避免由于技术细微差别的干扰而产生不良的效果。由表 4-3 和图 4-1 可以了解到，整体来看，速度轮滑运动员身体重心高于速度滑冰，这主要源于高重心有利于速度轮滑运动员动作幅度的灵活变化。膝关节角度稍大于速度滑冰，可以保证长时间滑行时支撑腿仍旧获得较大的蹬动距离，进而缓解长时间保持某一固定动作而产生的肌肉疲劳，有利于节省体能。而速度滑冰为减小制动力，提供向前的动力性作用，要求运动员躯干向前，蹲屈角度较小使重心靠后，整个上体呈流线型，便于保持动作的稳定性，同时可加快髋、膝、踝三关节的伸展速度，增强蹬冰效果，进而有利于加快速度。

图 4-1　速度轮滑和速度滑冰基本姿势示意图：左——速度滑冰，右——速度轮滑[①]

3. 直道技术对比

　　速度轮滑和速度滑冰运动在场地内滑行都分为直道滑行和弯道滑行两个部分。通过查阅资料并对相关教练员访谈了解到，造成速度轮滑和速度滑冰在直线滑行技术上的差别主要源于比赛场地和借助器材的不同，即速度轮滑与场地摩擦系数要大于速度滑冰与冰面摩擦系数，因此在滑行时蹬冰（地）的角度（图

---

① 戴登文. 速度轮滑与速度滑冰直道技术的比较与分析 [J]. 冰雪运动，2001（3）：9-10.

4-2)、力量、幅度和滑行节奏等各方面都有所不同（表 4-3）。

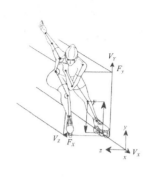

V_Z 为有向内侧的侧向分力
V_Y 为有向上的垂直分力
V_X 为有向前的水平分力

F_1：垂直分力　　F：蹬冰力
F_2：水平分力　　α：蹬冰角

图 4-2　速度轮滑与速度滑冰直道滑行技术运动学特征：左——速度轮滑 [1]，右——速度滑冰 [2]

通过进一步对速度轮滑和速度滑冰两个项目直道技术特征进行比较，可以了解到速度轮滑的滑行节奏也明显快于速度滑冰，这主要是由于轮滑运动为了克服滑轮与地面产生的较大摩擦阻力，保持一定的滑行速度，必须要提高滑行节奏以不断获得向前的动力。由于轮滑的抓地力与冰刀相比要弱得多，受制于蹬地角度且支点不牢固，在滑行过程中一旦蹬地角度过小则很容易导致脱滑情况，蹬地方向为侧前蹬地逐渐向后蹬伸，因此蹬伸幅度不宜过大，蹬伸距离相对较短，且由于滑行节奏加快并需要克服较大的摩擦力，所以需要更强的力量耐力来完成长时间周期性的技术动作。反观速度滑冰，由于冰刀可以切入冰面，可以瞬间形成较为稳定的支点和较小的蹬冰角度，同时冰刀与冰面的阻力相对较小，在滑行时借助自身肌肉力量协同蹬冰，即可产生较大的蹬冰幅度，蹬冰距离相对较长，步频相对较慢，因此蹬冰方向为侧向蹬冰且动作衔接连贯，能产生较大的蹬冰力量，进而获得较快的滑行速度。

此外，速度轮滑运动员的落轮着地动作是浮腿加速度向前摆腿动作的延续，这一浮腿前摆可以促使着地轮在与身体重心投影点最近的距离内下轮，并使着地轮的前轮指向和接下来的自由滑进方向与身体重心移动的方向相吻合，即与蹬地动作创造的速度和借助于惯性滑行速度的方向相一致，有利于保持滑跑的直线性，使滑跑速度具备高速向前冲的特点；速度滑冰运动员落刀前浮腿冰刀应尽量靠近

① 孙显墀，孙一，蒙猛. 速度轮滑运动技术与训练 [M]. 北京：人民体育出版社，2015.
② 南相华. 速度滑冰理论与方法 [M]. 哈尔滨：黑龙江教育出版社，2012.

支撑脚冰刀,尽量缩小落刀的角度,以冰刀的外刃(或平刀)和冰刀的后半部着冰,然后重心后移冰刀内刃变外刃,由浮腿冰刀变为支撑腿冰刀着冰,充分利用体重和全身的力量集中压向冰面的支点,便于运动员以最大的力量和最快的速度,获得最佳的滑跑速度。见表4-4。

表4-4 速度轮滑与速度滑冰直道技术特征对比 [1]

技术动作	速度轮滑	速度滑冰
蹬地/冰幅度	较小	较大
单步蹬地/冰次数	内、外刃两次蹬地 + 平刃加速	外刃接平刃惯性滑行 + 内刃蹬冰
蹬地/冰节奏	节奏快,两次蹬地衔接紧密,流畅	节奏较慢,利用体重惯性滑行
蹬地/冰方向	侧前蹬地	侧向蹬冰
蹬地/冰最佳角度	50° ~ 60°	30° ~ 45°
蹬地/冰力量	强调全身协调发力,形成倒钟摆效应,力量均匀	强调身体力量,大力蹬冰
蹬地/冰轨迹	S形曲线滑行,直线性很强	大折线或向外的大弧线滑行,直线性差
蹬地/冰支点	支点不牢固,经常有脱滑现象	支点牢固,没有脱滑现象
蹬地/冰时机	协调全身力量,力的衔接紧密、严格	时间性要求严格,有效利用惯性
重心高度	中、高姿,重心位于轮滑鞋中心	低姿,重心位于冰鞋后三分之一处
上体姿势	协调压摆	低姿放松
收腿线路	沿最短的距离收回,适应轮滑特有的快节奏	大腿带小腿后弧线收回,利用横向摆重心形成惯性助力
收腿作用	完成重心转移,形成剪夹力,配合收蹬技术	完成重心转移,为惯性滑进助力
收腿速度	迅速、含力	迅速、含力
摆腿落地/冰	主动前摆,开步落轮	靠近支撑腿落刀,外刃着地惯性滑进
落轮/刀角度	正前方平刀或稍外刃落轮	外开角外刃落刀
落轮/刀位置	正前跨步落轮	靠近支撑腿落刀
摆臂方向	侧后,微屈肘	侧后,臂展直

4. 弯道技术对比

无论是速度轮滑还是速度滑冰,弯道滑行姿势要求与直道滑行姿势几乎完全相同,只不过弯道滑行是在圆周弧上进行高速滑行,为克服离心力,滑行技术必须符合圆周运动规律,因此整体滑行技术特点要求滑行姿势应向左倾斜且重心更低,蹬地(冰)角度更小,产生一个向心力,同时整体保持平稳状态并保持高速滑行的流线型姿势,因此在既要保持弯道高速滑行又要保持平稳的要求下,弯道

---

[1] 贾远航. 速度滑冰与速度轮滑的技术差异性 [J]. 冰雪运动,2016,38(2):7-10.

技术要比直道技术更加难以掌握。速度轮滑和速度滑冰除了场地器材的差异外，由于滑行速度不同，导致两个项目产生的离心力不同。速度轮滑男子 300 米世界冠军全程滑行的平均滑速约为 45 km/h，而速度滑冰男子 500 米世界纪录的全程平均滑速约为 53 km/h，可见速度滑冰的滑速要远大于速度轮滑，因此速度滑冰弯道的滑速也必然更快，冰刀与冰面的摩擦力也较小，因此速度滑冰弯道滑行时的重心要求更低，角度也必须更小，如此才可有效克服较大的离心力。

通过进一步对速度轮滑和速度滑冰弯道滑行技术的比较，可以了解到速度轮滑由于赛道斜坡设计的因素，为了在弯道高速滑行时既要克服离心力又要防止轮子抓地力不够而产生的脱滑现象，目前运动员多采用"《"形侧弯姿势[1]，如此可以获得比直道滑行时更牢固的支点（弯道斜坡带来的反作用力）[2]，增加了轮子与弯道地面的摩擦力，运动员蹬、滑动作更加充分，有利于弯道加速；同时，配合左臂微摆来提高滑行动作的协调性和滑行节奏，加之右臂大幅度摆动来协调和提高腿部动作速率，提高弯道滑行速度；速度滑冰在弯道滑行阶段，由于速度更快、离心力更大，因此在滑行时要求重心更低且身体要大幅度向圆弧内倾倒，左脚冰刀用外刃、右脚冰刀采用侧向外刃以交叉步快速蹬冰的方式向右侧蹬冰[3]，以增加向心力并维持身体平衡，同时配合左臂背后，右臂侧后大幅度摆动，有助于与蹬冰动作节奏配合，加大向前的推进力，提高弯道加速的能力（见表 4-5）。

表 4-5　速度轮滑与速度滑冰弯道技术特征对比 [4]

技术动作	速度轮滑	速度滑冰
滑跑姿势	多采用"《"形侧弯姿势	多采用重心向圆弧内倾倒的姿势
蹬地/冰角度	约 40°～55°	约 30°～45°
蹬地/冰方向	多采用侧向前蹬地技术	多采用侧向蹬地技术
落轮/刀位置	侧前主前（克服斜坡高度差）	侧前主侧（水平冰面）
摆臂技术	左横抬大臂屈肘，微摆小臂，右臂侧后微屈肘大摆臂	左臂背后，右臂侧后大摆臂

综上所述，速度轮滑和速度滑冰在技术动作结构上都属于单一动作结构的周期性技术动作；每一单步动作结构都是由自由滑进、单腿支撑蹬地、双腿支撑蹬

① 王法. 速度轮滑向竞速滑冰运动技能迁移研究 [D]. 成都：成都体育学院，2017.
② 孙显墀，孙一，蒙猛. 速度轮滑运动技术与训练 [M]. 北京：人民体育出版社，2015.
③ 南相华. 速度滑冰理论与方法 [M]. 哈尔滨：黑龙江教育出版社，2012.
④ 贾远航. 速度滑冰和速度轮滑的技术差异性 [J]. 冰雪运动，2016，38（2）：7-10.

地、向内回收腿、向前下摆和下轮（刀）着地（冰）等动作构成；每个动作周期都由 2 个滑步（2 个复步）组成，包括 4 个周期（2 个单脚支撑、2 个双脚支撑）、6 个阶段（2 个自由滑进、2 个单脚支撑蹬地 / 冰、2 个双脚支撑蹬地 / 冰，弯道为 4 个阶段，没有 2 次自由滑进阶段）、12 个动作（分别是左右脚各 1 次的自由滑进、单脚支撑蹬地 / 冰、双脚支撑蹬地 / 冰、收腿、摆腿和下轮 / 冰着地，弯道为 8 个动作，没有 2 次自由滑进以及 2 个收腿动作），因此两个项目动作属性、动作结构以及技术链条基本一致[①]。动作外形方面，两个项目运动员滑行基本姿势都呈现低重心的屈蹲状态，两臂摆动幅度大，重心移动的技术原理一致。

不同之处在于速度轮滑运动员滑行时上体前倾角度较大，滑行重心较高，躯干与水平面角度、膝关节、踝关节的角度也比速度滑冰略大；由于场地、器材的原因，速度轮滑的蹬地角度要偏大，滑行节奏要更快（有研究指出，速度轮滑小步幅高步频的滑行节奏相对速度滑冰大步幅低步频的滑行节奏较快，但是通过速度轮滑滑行节奏的训练可以更好地提升速度滑冰运动员的专项运动能力[②]），而速度滑冰需要通过降低蹬地 / 冰的角度来获得更大的蹬地 / 冰力量，快节奏地提升滑行速度，因此速度滑冰的蹬冰角度要更小。

（二）体能特征

运动员体能是指运动员机体的基本运动能力，是由运动员身体形态、身体机能和运动素质所决定的，是运动员竞技能力的重要组成部分。其中，运动素质是指运动员机体在训练和比赛时所展现出的各种基本运动能力，通过力量、速度、耐力、灵敏、协调和柔韧六大素质来体现。在当今竞技体育训练中，体能训练越来越受到重视，并已在多个领域展示出训练的核心地位和重要作用。体能训练的终极目标是服务于、满足于专项运动训练的需求，体能不仅是完成高质量技术动作和提升运动员竞技能力的必要条件和现实基础，更是运动员长期承受大负荷训练和连续进行高强度比赛，以及防治伤病、促进机体恢复最为有效的方法和途

---

① 王丰秋，顾鑫. 速度轮滑与速度滑冰教学的互补性研究 [J]. 冰雪运动，2014，36（1）：78-81.

② 彭迪. 运用速度轮滑训练手段解决速滑运动中速度障碍的研究 [D]. 长春：东北师范大学，2007.

径①。因此，科学的体能训练不论是在大众健身运动还是在专项运动训练中都应作为核心内容之一，不可忽视。速度轮滑和速度滑冰从训练学视角来讲同属体能主导类周期竞速类项目，体能训练是这两个项目训练的重点，是提高运动员竞技能力和运动成绩的主要突破点②。两个项目都以有氧能力为基础，绝对速度和速度耐力、速度耐力和有氧能力均是两个项目在短距离和中长距离中的主要制胜因素。因此，将对两个项目起重要作用的力量、速度和耐力进行比较与分析。

1. 对力量素质要求的对比分析

力量素质是指人体神经肌肉系统在工作时克服或对抗阻力的能力③，力量素质是运动之源，力量素质水平的高低决定着运动员其他素质的发展水平，因此力量是体能的基础。在任何时候、任何情况下，力量、力量耐力都是速度和耐力项目选手各种竞速能力的重要基础以及夺取比赛胜利的关键④。因此，不论竞速的距离是短还是长，运动员要想取得优异的成绩，都必须发展力量素质。

分析发现，速度轮滑和速度滑冰都需借助器材和自身体重，对抗支撑面（地面、冰）的摩擦力以及弯道离心力来获得向前的速度，因此需要在每一步滑行中充分发挥腿部肌肉力量与全身相配合，增加蹬地/冰的力量，提升蹬地/冰的效果，改变滑行的节奏，以取得较快的滑行速度。在直道滑行时股四头肌是最重要的肌群，在屈膝和蹬伸过程中起主要作用，股二头肌的主要作用是维持身体的动态平衡，尤其在单脚支撑滑行阶段，发挥重要作用；弯道滑行时左腿胫骨前肌和股内侧肌在屈膝时起到的作用比蹬伸时要大，右腿胫骨前肌和股二头肌屈膝时起到的作用比蹬伸时要大⑤；在高速滑行过程中都要经历直道滑行、入弯道、弯道滑行、出弯道、直道滑行的周期，因此身体重心要根据具体滑行阶段不断进行变换，否则将会破坏身体稳定性，影响力量的传导效果，因此核心力量对速度轮滑和速度滑冰非常重要。有实验表明，速度轮滑和速度滑冰优秀运动员均具备发达的下肢力量，下肢力量的强弱、肌纤维的比例、肌肉动员的速率都是运动员取得优异

① 孙显墀，孙一，蒙猛．速度轮滑运动技术与训练 [M]．北京：人民体育出版社，2015．

② 夏娇阳．优秀短距离速度滑冰运动员核心竞技能力训练理论体系与实证研究 [D]．北京：北京体育大学，2007．

③ 田麦久，刘大庆．运动训练学 [M]．北京：人民体育出版社，2012．

④ 田麦久．体能主导类耐力性项群训练原理 [J]．山东体育学院学报，1998（3）：3-17．

⑤ 王法．速度轮滑向竞速滑冰运动技能迁移研究 [D]．成都：成都体育学院，2017．

成绩的关键因素[①]；另外，速度轮滑和速度滑冰的短距离项目均属于体能主导类周期性速度力量类项目，长距离则属于速度耐力类项目，比赛距离越短，运动员肌肉用力的次数就越少，每次用力的强度也就越大，则越要求运动员具备较强的最大力量和爆发力量；而比赛距离越长，运动员肌肉用力的次数就越多，相应的每次用力的强度也就越小，自然也就要求运动员具备更强的力量耐力。

由此可见，速度轮滑和速度滑冰专项技术的发挥离不开力量素质的支撑，且两个项目都需要臀大肌、股二头肌、股四头肌等直接做功，做功的肌群相同。因此从力量训练特征、专项力量需求等角度来看，速度轮滑和速度滑冰之间存在正迁移。

2. 对速度素质要求的对比分析

通常将速度素质定义为人体快速运动的能力[②]，是指人体进行快速位移的能力或在最短时间内完成某种运动的能力[③]。依据项群训练理论，所谓竞速运动，是指通过计时装置的客观记录，以通过一定距离所需时间的长短决定比赛的名次[④]。竞速类项目从某种程度上来说是运动员不断突破速度极限的过程。

速度轮滑和速度滑冰的专项速度是由反应速度、动作速度和位移速度组成的。反应速度主要体现在起跑阶段，拥有良好的起跑反应速度对于两者短距离以及集体出发项目来讲有利于抢占有利位置并提高运动成绩；动作速度是通过技术动作高度重复的频率表现出来的，与运动员掌握技术的熟练程度有关，这一能力的高低直接决定着滑行的速度和节奏；位移速度体现在运动完成规定距离的时间，从某种程度上来讲是一种综合能力的体现，与力量、柔韧、耐力素质密不可分，位移速度与蹬地 / 冰幅度、滑行节奏呈正相关，是速度轮滑和速度滑冰滑行速度的具体体现。另外，在训练要求上均强调注重力量素质的训练，强调力量素质向速度训练的转化，尤其强调速度素质训练与专项技术动作相结合，使专项技术动作达到快速、有力、经济、有效；在速度训练内容上都包括反应速度训练、最大速度训练、速度耐力训练、加速度训练（包括弯道加速能力训练）、动作频率训练、

① 夏娇阳. 优秀短距离速度滑冰运动员核心竞技能力训练理论体系与实证研究 [D]. 北京：北京体育大学，2007.

② 田麦久，刘大庆. 运动训练学 [M]. 北京：人民体育出版社，2012.

③ 陈月亮. 我国优秀短距离速滑运动员体能训练的理论与实践——以 500 米项目为例 [D]. 上海：上海体育学院，2007.

④ 田麦久. 体能主导类耐力性项群训练原理 [J]. 山东体育学院学报，1998（3）：3-17.

动作速度训练、培养放松能力的动作速度训练等；在速度训练方法上都包括重复训练法、间歇训练法、变换训练法和综合训练法等。

由此可见，速度轮滑和速度滑冰在速度训练要求、训练内容、训练方法等方面较一致，这为"轮转冰"训练合理安排各阶段速度训练提供理论依据并创造良好条件，有利于速度训练的连续性和延续性，保证了速度训练的有效性。

3. 对耐力素质要求的对比分析

耐力素质是指机体在一定时间内保持特定强度负荷或动作质量的能力[①]。对于体能主导类竞速项目来讲，尤其是长距离项目，耐力素质发展水平对运动员竞技能力起决定性作用，对运动员竞技水平的整体表现和运动成绩的最终获取具有决定性影响。

速度轮滑和速度滑冰是以体能为主导的周期性竞速类项群，且各自包含了多项不同距离的竞赛项目，这就决定了这两项运动多元化的供能特征[②]。人体在进行不同项目的运动时，主要是通过人体三大供能系统完成供能任务（见表4-6）。不同的运动项目和运动形式对应不同的能量供应方式，且每个项目的能量供应方式都不是单一的，而是由两种或两种以上的供能方式共同作用，其中以某一供能方式为主。从能量代谢角度来讲，有氧能力是无氧能力的基础，速度轮滑和速度滑冰同属周期性竞速项群，因此有氧能力是两个项目不同专项运动员训练的基础，且有氧能力的提升可以推迟乳酸的产生进而提升无氧能力，所以有氧能力强的运动员在比赛中才更具竞争优势。

表4-6　人体运动时三大供能系统的供能特征

供能系统的名称	能源物质	输出功率	供能时间
磷酸原系统	ATP、CP	最大	最大做功6～8秒（<10秒）
乳酸能系统	肌糖原、血糖	约为①的50%	30～60秒达最大，可维持2～3分钟
有氧氧化系统	肌糖原、血糖	约为②的50%	1～2小时
	脂肪	约为②的25%	理论上无上限

分析表4-7可知，速度轮滑和速度滑冰运动员在相同项目上的供能相一致，

① 田麦久，刘大庆. 运动训练学[M]. 北京：人民体育出版社，2012.
② 陈文红，刘德宏，范永胜. 速度滑冰冰陆双周期教学与训练[M]. 哈尔滨：东北林业大学出版社，2008.

短距离以无氧供能为主，长距离以有氧供能为主，且供能比例也较相似。由于速度轮滑和速度滑冰项目的供能特征一致，因此在耐力训练内容的设计中既要有提高有氧耐力的训练，也要有提高无氧代谢能力的训练[①]。有氧训练主要包括低强度自由滑、低强度有氧训练、无氧阈训练和最大摄氧量训练等；无氧训练主要包括耐乳酸训练、乳酸峰值训练、速度和爆发力训练（磷酸原训练）等；有氧无氧混合训练包括大强度的反复滑行、高强度间歇快滑、力竭重复滑、俄式间歇滑等；速度轮滑和速度滑冰耐力训练方法相同，主要有持续训练法、间歇训练法、重复训练法、循环训练法、短冲训练法、变速训练法、法特莱克训练法等方法。耐力训练手段也大致相同，主要采用各种形式的跑／滑、公路自行车、自行车台、AT跑等。

表 4–7　速度轮滑和速度滑冰不同竞赛距离的无氧和有氧供能比例[②③]

速度轮滑					
距离（米）	500	1 000	1 500	5 000	10 000
无氧供能（%）	85	75	—	—	23
有氧供能（%）	15	25	—	—	77
速度滑冰					
距离（米）	500	1 000	1 500	5 000	10 000
无氧供能（%）	70	49	36	14	7
有氧供能（%）	30	51	64	86	93

注："—"表示没有文献支撑。

　　由表 4-7 可知，速度轮滑和速度滑冰运动员在不同竞赛距离的供能特征有所不同，但是在相同竞赛距离的供能特征基本相同，即长距离项目有氧供能比例较大，短距离项目无氧供能比例较大。相同专项运动员的耐力训练所采取的内容、方法、手段也基本一致，因此从发展运动员耐力素质的要求来讲，速度轮滑和速度滑冰项目具有正迁移作用，这为"轮转冰"耐力训练安排提供了操作的便利性。

① 常风，朱志强，郭俊清，等. 不同陆地恢复训练对优秀速度滑冰运动员血液生化指标的影响研究 [J]. 中国体育科技，2012，48（6）：77–83.

② 孙显墀，孙一，蒙猛. 速度轮滑运动技术与训练 [M]. 北京：人民体育出版社，2015.

③ 陈文红，刘德宏，范永胜. 速度滑冰冰陆双周期教学与训练 [M]. 哈尔滨：东北林业大学出版社，2008.

综上所述，速度轮滑和速度滑冰在做功肌群、所需力量特征、力量训练方法和手段方面相同；在速度训练的要求、内容和方法等方面相似；尤其在能量代谢特征方面，两者供能方式基本一致，且有氧训练的方法和手段也基本相同，具有非常好的正迁移作用，有利于"轮转冰"训练成效快速显现。

（三）战术特征

当今随着竞速类项目的不断发展，运动训练的科学化水平不断提升，运动员竞技成绩的提高突飞猛进，随之而来的比赛竞争激烈程度也不断升级，在运动员体能、技能水平处于伯仲之间时，战术运用在比赛中往往能起到决定性的作用。竞技战术是指在比赛中为战胜对手获取期望的比赛结果而采取的计谋和行动[1]。具体到速度轮滑和速度滑冰来讲，战术是指依据不同项目的竞赛规则和竞赛特点，教练员和运动员通过对对手和自身竞技实力、比赛特点进行综合分析，结合对临场变化情况的预判，而采取的以战胜对手或创造最佳运动成绩为目标的具体谋略和滑行方法。

1. 速度轮滑不同项目战术特点

（1）个人计时赛项目

速度轮滑公路 200 米和场地 300 米两个项目均属于个人计时赛，由于比赛距离短，运动员单独滑行，因此不存在体力分配的问题，运动员应集中精力抢起跑，途中全力滑行，体现出一气呵成、一搏到底的精神，并在最后做好终点冲刺动作。

（2）短距离集体出发计时赛

500 米和 1 000 米计时赛属于速度轮滑短距离项目，两个项目的战术特点大致相似，均是抢起跑，占据有利位置，途中全力滑行（其中 1 000 米计时赛运动员要控制好每 200 米的速度），做好进出弯道的技术动作，尽可能保持全程滑跑节奏不变，并做好终点冲刺动作。

（3）长距离（积分）淘汰赛

5 000 米、10 000 米、15 000 米和 20 000 米均属于速度轮滑长距离竞赛项目。根据竞赛规则，途中设有积分点并淘汰相应运动员，因此这些项目是比变速能力、速度耐力和斗智斗勇的竞赛。运动员多采用变速跑，运用多次变速滑、领滑、跟

---

① 田麦久，刘大庆. 运动训练学 [M]. 北京：人民体育出版社，2012.

滑、并滑、扣圈和冲刺战术组合，来获得理想的运动成绩。

（4）马拉松赛

马拉松是在公路上进行的速度轮滑超长距离竞赛项目，参赛人数众多，对运动员耐力、体能和战术素养都有很高的要求。通常运动员要合理分配全程体能，尽量以匀速、跟随的方式滑行全程，并在最后 2 千米左右做好冲刺。但根据竞赛情况不同，在相应的时段可采用突然提速、变速滑破坏对手的节奏来达到获得比赛优胜的目的。

2. 速度滑冰不同项目战术特点

根据竞赛规则，速度滑冰除集体出发项目外，所有项目均是两人（队）一组滑行，因此运动员在滑行时基本上采取"以我为主"的战术策略。

（1）短距离竞赛项目

500 米和 1 000 米属于速度滑冰短距离竞赛项目，滑跑速度相对较快，因此两个项目战术特点大致相似，均以抢起跑、保持全程高速滑行节奏，并做好终点冲刺动作。

（2）长距离竞赛项目

1 500 米、3 000 米、5 000 米和 10 000 米属于速度滑冰长距离竞赛项目。其战术特点体现在全程匀速滑行，保持滑行节奏，提高蹬冰效果，最后全力冲刺。

（3）集体出发竞赛项目

集体出发项目是速度滑冰新增设的奥运会项目，也是目前速度滑冰竞赛唯一一项不分道次、参赛人数众多的项目。根据速度滑冰规则，集体出发要求运动员滑行 16 圈（共 6 400 米），每 4 圈设一个积分点，因此对运动员耐力、战术素养要求较高，要求运动员多次采用变速滑行来抢占积分，并最好在最后 2 圈冲刺，以获得比赛的优胜（见表 4-8）。

表 4-8　速度轮滑、速度滑冰不同项目的战术特点

项目分类	项目内容		战术特点
	速度轮滑	速度滑冰	
短距离	200 米、300 米、500 米、1 000 米	500、1 000 米	抢出发，全力滑行，做好终点冲刺

续表

项目分类	项目内容		战术特点
	速度轮滑	速度滑冰	
长距离	5 000 米、10 000 米、15 000 米、20 000 米、马拉松	1500 米、3 000 米、5 000 米、10 000 米	速度轮滑：合理分配体能，途中滑行多次变速，战术多变； 速度滑冰：全程匀速滑行，保持滑行节奏，提高蹬冰效果
集体出发	除个人计时赛，所有的比赛	集体出发项目	合理分配体能，不断地采用尾随滑、变速滑、领滑、冲刺滑来获得竞赛积分和比赛优胜

3. 战术分类

根据速度轮滑和速度滑冰项目属性、项目设置和战术特点，依照运动训练学竞技战术分类，轮、冰两个项目竞技战术分为以下几种。

（1）个人战术与集体战术

速度轮滑比赛分为公路赛和场地赛两大类别，以场地赛为例。除300米个人计时赛以外，其他项目全是集体出发，属于多人同场竞技类项目，比赛相对比较激烈，且存在身体对抗，在运动员竞技水平势均力敌的局面下，运动员战术的选择和运用往往会成为比赛取胜的关键。灵活、激动、快速、准确是速度轮滑战术的本质特征。根据竞赛特征，速度轮滑战术分为个人战术和集体战术（图4-3），个人战术主要是领先滑、跟随滑、变速滑、出发抢位等；集体战术主要是两名或两名以上运动员之间依据场地瞬息变化的情况、相互配合等，分为杀伤类战术、策应类战术、掩护类战术和进攻类战术。依据不同竞赛项目，由于300米和500米距离短、用时少、体力分配要素考虑较少，两者战术特点体现在快速起跑及通过起跑抢占有利位置，侧重于滑行技术和滑行频率；1 000米属于匀速快滑的项目，其战术特点体现在快速起跑，抢占有利位置，均速滑完每圈，注重滑行节奏，根据赛场情况伺机变速；5 000米以上距离的积分淘汰赛，有氧耐力是运动员滑行的基础，比赛过程中运动员的变速能力、速度耐力是获取比赛优胜的关键，因此这些项目的战术特点体现在合理分配体力，在非积分圈提高滑行速度（如有同队队员，则可采取"并滑""纵滑"的方式防止对手超越），在最后一圈全力冲刺获取最终的积分和名次；马拉松比赛是超长距离的公路赛，参赛人数众多，对运动员的耐力和意志品质是个极大的考验，因此该项目的战术特点体现在均匀分配体能，可采取跟随滑最后2千米加速冲击的战术。由此可见，速度轮滑比赛依据不同项目、有无队友参赛，可供选择的战术灵活多样，故教练员和运动员要依据赛前部署和临场比赛情况选择和运用最合理的战术以达到取胜目的。

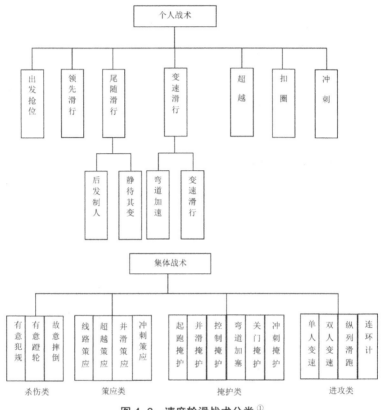

图 4-3　速度轮滑战术分类 ①

速度滑冰比赛由于每个运动员要在各自分道内完成滑行，因此该项目的战术主要依据运动员自身实力进行选择和执行，通过正确分配体能来发挥自身优势，属于个人战术。依据不同竞赛项目，500 米是速度滑冰项目中距离最短的项目，全程全力滑行是该项目的特点，和速度轮滑一样，由于距离短和用时少，在相对没有干扰的情况下快速起跑是该项目战术的最主要体现；1 000 米项目要求运动员具有强大的速度耐力，快速起跑、合理分配体能、保持高速滑行的节奏是该项目的战术特点；1 500 米要求运动员具备强大的速度耐力和肌肉耐乳酸能力，因此该项目的战术特点不能像 500 米和 1 000 米一样比赛开始就快速滑跑，而是应该选择全程匀速滑行或者先慢后快的全程滑行战术，避免前程过快造成乳酸过早

① 孙显墀，孙一，蒙猛 . 速度轮滑运动技术与训练 [M]. 北京：人民体育出版社，2015.

堆积，影响后程滑行效果；3 000 米至 10 000 米的长距离项目，有氧能力是比赛获胜的基础，而无氧能力又是比赛最后决胜时刻的关键，因此该项目战术特点体现在全程匀速滑行，保持滑行频率，提高蹬冰效果，最后全力冲刺。

由此可见，在个人战术上速度轮滑和速度滑冰战术特征比较相似，短距离项目抢出发，长距离项目保持匀速最后冲刺。但是速度轮滑长距离项目属于集体出发项目，同场竞技的人数较多，因此运动员不仅需要个人战术还要有集体战术相配合，根据赛场情况灵活机动地选择合理战术，因此与速度滑冰相比，速度轮滑的战术更加灵活多样。

（2）创纪录战术与夺冠战术

竞技比赛的结果一般表现为运动员获得的运动成绩，运动成绩既包括运动员在比赛中获得名次，也包括运动员在比赛中表现出的竞技水平。众所周知，不论哪个竞技体育项目，比赛结束时都要分出名次，尤其在奥运会和世锦赛等重要的国际大赛中，追求奖牌（比赛名次）的意义和目标甚至超过了运动员在竞赛中所展现出的竞技水平的价值。然而，当前竞技体育职业化快速发展，运动员在训练、参赛、康复等方面需要大量资金的支持，同时随着商业性赛事的增加为运动员提供了丰厚的奖金，当前运动员（尤其是顶尖运动员）频繁参赛，一方面通过"以赛代练"来提升自身的参赛能力并检验赛间训练效果，另一方面可依据自身竞技状态在比赛中去创造新的赛会纪录甚至世界纪录，以此来获得更为丰厚的奖励。因此，高水平顶尖运动员会依据比赛性质、自身竞技实力和状态、对手水平等来选择是仅追求好的名次，还是力求创造优异的成绩，抑或者两者皆求[1]。

从竞技体育的本质来讲，没有不想获取比赛胜利的运动员，因此获得比赛冠军或者较为理想的名次，是众多比赛中运动员制定战术的出发点。运动员根据自身竞速能力特征，以对自身有利的方式去选择"先发制人"或"后程发力"以求获得最终的胜利或较好的名次。

对于某个项目具备超强实力或绝对实力的运动员来讲，在力求获得冠军的同时创造更高的纪录或突破个人最好成绩往往是他们战术制定的出发点。这类运动员往往以自我为中心，依据平时训练的节奏，严格控制体力分配，不受其他运动员的干扰，依据赛前制订的比赛方案完成比赛。

---

① 田麦久. 体能主导类耐力性项群训练原理 [J]. 山东体育学院学报，1998（3）：3-17.

（3）同道竞速战术与分道竞速战术

依据速度轮滑和速度滑冰竞赛规则可知，前者多数竞赛项目属于集体出发的同道竞速比赛，而后者除团体追逐和集体出发（集体出发项目同速度轮滑竞赛方式相同）外所有项目均属于分道竞速比赛。因此，依据项目竞赛方式不同，运动员所采取的战术安排各异。

对于速度轮滑和速度滑冰集体出发项目这类同道竞速比赛来讲，比赛过程中由于人数众多且赛道相对较窄，运动员之间会经常发生身体接触并受到对手速度变化的影响，这对运动员赛前战术的制定提出了更高、更细的要求，以使运动员根据场上形势不断变化的情况，在不同的赛段依据自身体能状况和对手速度节奏的变化而采取相应的战术，作出适当的调整，进而获得比赛的优胜或创造更优异的运动成绩甚至新的纪录。

对于速度滑冰这类分道竞赛项目的比赛，由于运动员根据竞赛规则沿既定的道次（内、外道交换）滑行，因此运动员战术选择通常根据自身实力，合理分配全程速度，采用相对均速滑行的方式进行比赛，力求以最短的时间通过全程来获得较为理想的名次。

（4）领先战术与跟随战术

领先战术是运动员在比赛中大多数时间处于领先的位置，并利用领先的优势控制对手滑行速度、占据有利位置并保持到最后冲刺阶段而采用的战术形式。跟随战术是指运动员在比赛开始即利用较快速度迅速抢占有利位置，在比赛过程中紧跟第一集团或第一名抑或特定对手，在比赛后程或最后冲刺阶段利用自身良好的速度优势超越对手（领先者）的战术[1]。领先或跟随战术在体能主导类周期竞速耐力类项目中比较常见，因此对于速度轮滑长距离和速度滑冰集体出发项目，这类战术运用较为普遍。

由于运动员普遍存在个体化差异，即便在同一项目中，竞技水平相近的运动员在速度、力量和耐力方面也存在较大的差异。对于整体实力明显强于对手或耐力素质较强的运动员来讲，在比赛过程中可以多采取领先滑行的战术，该战术有利于运动员掌握场上主动权，确保滑行节奏和速度分配不受对手干扰；抑或是充

---

① 焦铁仁，张绍礼，焦凯. 越野滑雪（短距离）项目战术体系的构建 [J]. 沈阳体育学院学报，2012，31（3）：13-15.

分发挥自身耐力强的优势避免后程冲刺能力不足,从出发开始便以较高的滑行速度保持领先给对手设置障碍,打乱对手的滑行节奏,从一开始就消耗对手的体能,为后程确立自己的优势打下基础。对于速度较快的运动员,在耐力水平不弱于主要竞争对手的情况下,应多采取跟随滑行战术。采用跟随滑行战术在赛前要充分了解主要竞争对手的最好成绩、当前的竞技状态以及比赛特点,通过跟随来节约自身体能,在比赛后程或冲刺阶段伺机超越。2018年平昌冬奥会男子和女子集体出发项目前三名运动员,均采用跟随战术,在比赛还剩2圈时逐步发力向前超越,在最后一圈时全力冲刺获得最终的前三名。跟随战术普遍应用于当前新规则增加的速度滑冰集体出发项目。

(5)变速战术

变速战术是指在比赛中战术实施者先后多次采用快慢交替的变速跑(滑行)来干扰、打破对手正常比赛(跑、滑)节奏而采取的一种战术行为。在比赛过程中,运动员有时领先(跑、滑)但速度不快,有时跟随(跑、滑)但经常突然快速提高速度并超越对手,有时运动员处于高速领先(跑、滑)而造成对手心理紧张和体力分配紊乱[1]。这种战术的目的主要是夺取冠军(或好名次)而不是提高成绩,因此这种战术的实施需要运动员具备高水平的有氧和无氧能力,即需要速度和耐力的高度结合[2]。根据竞赛规则,速度轮滑长距离和速度滑冰集体出发项目在比赛过程中需要获得相应的积分(积分淘汰),因此同队的一名或两名运动员往往通过先后多次变速和提高非积分圈滑跑速度的方式,来干扰或破坏对手的体力和节奏,来达到本队的战术目的[3]。需要指出的是,速度轮滑和速度滑冰集体出发项目全程滑行的体力分配应是相对匀速,但是积分(淘汰)赛的特点是要求运动员必须具备高速的变速滑行能力,因此运动员应在比赛前程保持匀速滑行且速度相对较慢,比赛后程逐步不断变速滑行并提高滑行速度与对手斗智斗勇,尤其在最后一个积分圈达到最高速进行冲刺并完成超越来获得理想的积分,进而获取较好的名次。

综上所述,速度轮滑和速度滑冰两个项目从战术特征上体现出,轮、冰两个项目参赛战术设计与应用对运动员制胜具有重要作用;轮、冰两个项目战术方式

① 付进学,张晓明,夏娇阳. 轮滑运动教程 [M]. 北京:北京体育大学出版社,2008.
② 焦铁仁,张绍礼,焦凯. 越野滑雪(短距离)项目战术体系的构建 [J]. 沈阳体育学院学报,2012,31(3):13-15.
③ 孙显墀,孙一,蒙猛. 速度轮滑运动技术与训练 [M]. 北京:人民体育出版社,2015.

具有多样性；轮、冰运动员选择的战术均根据竞赛需要、竞技实力以及比赛实际情况等因素。由于竞赛项目不同，竞赛项目战术特点表现出很大差异。尤其在个人战术方面，速度轮滑和速度滑冰战术特征比较相似，短距离项目抢出发，长距离项目保持匀速，最后冲刺。对于其他竞赛项目而言，在以有氧耐力为基础的前提下，速度轮滑对运动员的变速能力和战术素养要求较高，而速度滑冰则要求运动员合理分配体能，保持（高速）匀速滑行的节奏完成比赛，因此在速度轮滑项目训练中，战术训练的重要程度明显高于速度滑冰。然而，由于速度滑冰竞赛新增集体出发项目，使得速度滑冰集体出发项目在战术特点方面也开始与速度轮滑趋于高度一致。要求运动员不断通过尾随滑、变速滑、领滑、冲刺滑来获得竞赛积分和比赛优胜。基于此，速度轮滑运动员在转项速度滑冰后，更有利于在集体出发项目获得更好的成绩并取得更大的突破，从战术特征这一视角来看，"轮转冰"也存在正迁移，为今后"轮转冰"训练和竞赛的突破奠定了基础。

三、训练特征

（一）选材标准和要求

科学选材是提高竞技运动水平的先决条件，只有科学地选拔符合相应运动项目特征的具有先天潜能的儿童和少年，通过科学、系统训练，才有可能尽早实现培养目标并攀登竞技运动高峰。

通过查阅文献资料，以及与有关教练员交流得知，速度轮滑和速度滑冰由于具备相同竞技属性和项目特点，因此对青少年后备人才培养的选材标准和要求基本一致。

选材标准方面，运动员技战术水平和伤病情况成为选材的两个重要指标，其次是体能、运动成绩[1]。其中体能主要包括身体形态指标（主要包括身高、体重、小腿长加足高/下肢长、踝围和跟腱长等指标。踝围和跟腱长是反映下肢灵活性和爆发力的指标，身材较高的运动员在弯道滑行时有生物力学的优势[2]）、身体机能指标（主要包括血乳酸、血清肌酸激酶、血液酸碱度、尿素氮、血红蛋白、血

---

① 夏娇阳，张晓明. 速滑运动员后备人才培养研究 [J]. 体育文化导刊，2009（8）：75-76.
② 南相华. 速度滑冰理论与方法 [M]. 哈尔滨：黑龙江教育出版社，2012.

酮、尿蛋白等指标）和运动素质（主要包括速度、力量、耐力、协调、灵敏和柔韧）三个方面。

具体要求体现：身体形态方面，要求运动员身材适中，结实有力，上下身比例适中，臀肌向上收；身体机能方面，要求运动员能够承受长时间、高强度的刺激，对三个供能系统的要求较高；身体素质方面，要求运动员具备较快的速度、较强的力量和爆发力，同时协调、灵敏、平衡、柔韧素质全面发展；技术方面，要求运动员技术规范、合理且全面，并形成个性化的滑跑风格；战术方面，要求运动员具备较高的战术素养，能够在比赛中灵活多变，应变能力强；同时要求运动员身体健康，没有（严重）伤病[①]。

（二）全程性训练设计思路

多年训练规划是保证运动员进行长期系统科学训练的重要前提和必要措施。通过访谈和查阅文献得知，速度轮滑和速度滑冰运动员的全程性多年训练计划的设计思路基本一致，均分为五个阶段（其中，除启蒙训练阶段外，速度轮滑运动员训练年龄相对要早3年），见表4-9。

第一阶段为启蒙训练阶段，年龄大致在5～8岁，主要任务以培养儿童对运动项目的兴趣和锻炼身体为主。

第二阶段为初级基础训练阶段，年龄大致在8～15岁，主要任务以发展运动员基本运动素质，学习并提高运动员专项基本技术为主。

第三阶段为专项提高训练阶段，年龄大致在15～21岁，主要任务以提高运动员专项体能和技术训练为主。

第四阶段为全面与主攻项目强化阶段，年龄大致在22～26岁，主要任务以突出运动员个性化特征，创造优异运动成绩为主，使个人竞技达到巅峰。

第五阶段为竞技综合能力挖掘和保持训练阶段，年段大致在26～30岁甚至更长，主要任务以努力保持专项竞技水平，进一步挖掘机能潜力和完善适合自身特点的滑行技术风格和技术创新为主，走以负荷、应激与恢复，周期性与节奏性，竞技状态形成与调控为主导思想的微调路子[②]。

---

① 张晓玲，冯明强，张丽群. 青少年速度滑冰运动员的选材 [J]. 冰雪运动，2010，32（4）：1-4；50.

② 孙显墀，孙一，蒙猛. 速度轮滑运动技术与训练 [M]. 北京：人民体育出版社，2015.

表 4-9 速度轮滑与速度滑冰全程性多年训练过程的阶段划分

	训练阶段	主要任务	年限（年）
1	启蒙训练阶段	培养兴趣	2～4
2	初级基础训练阶段	发展基本运动能力	4～8
3	专项提高训练阶段	提高专项竞技能力	4～6
4	全面与主攻项目强化阶段	创造最佳优异成绩	3～4
5	竞技综合能力挖潜和保持阶段	保持专项竞技水平	≥ 4

注：此表依据《中国青少年速度滑冰训练教学大纲》和《速度轮滑运动技术与训练》两本著作中关于运动员多年训练计划阶段划分整合绘制。

（三）年度训练周期划分

依据访谈和跟队观察获知，从宏观角度来讲，速度轮滑和速度滑冰两个项目年度训练均由准备期、竞赛期和恢复期构成，都属于年度单周期训练模式。速度轮滑年度训练竞赛期主要安排在 6—9 月，速度滑冰竞赛期主要集中在 12 月至次年 2 月，年度训练主要为竞赛期运动员参赛服务。对于速度滑冰而言，年度训练一般由冰、陆双周期构成，与速度轮滑相比，通常增加一个夏训期，通过在陆上训练进行体能储备和技能改进。在夏训期，无论是体能训练还是技术训练，速度轮滑都是主要的训练手段。不论是速度轮滑的冬训还是速度滑冰的夏训（准备期），体能训练均是重中之重，都是为竞赛期体能储备打下基础，并通过体能训练防、治伤病；在准备期后期以及竞赛期前期，技术训练和体能训练并重，为主要竞赛活动提供最佳的技术、体能的准备，因此两个项目在年度训练周期安排、主要训练内容选择等方面保持了高度一致性。另外，两个项目的训练安排都以主要竞赛为核心而设计。

（四）训练内容和负荷安排

通过上述关于竞技能力特征分析得知，速度轮滑和速度滑冰两个项目的技术、体能和战术特征具有较高的相似性，因此关于体能、技术和战术训练内容两个项目基本一致。

两个项目的技术训练均包括起滑技术、直道技术、弯道技术（包括进、出弯道技术）、冲刺技术；体能训练均以速度、力量、耐力为核心，根据运动员不同训练阶段有针对性地调整负荷量和强度，同时辅以协调、柔韧和灵敏素质训练；

战术训练均包括个人战术和集体战术训练，尤其是速度滑冰增设集体出发项目后，轮、冰两个项目在战术训练内容、方法和手段方面均趋于一致。

速度轮滑和速度滑冰运动员竞技能力不断提高都是通过训练过程不断施加训练负荷刺激来实现的。由于运动员的身体生长发育程度不同、训练阶段不同和竞技水平不同，因此对运动员施加的负荷安排不同。对轮、冰两个项目属性、竞赛特征等基本一致的项目来讲，首先，对一般身体训练、专项素质训练和专项训练的负荷施加均以大、中、小有节奏的交替安排。其次，依照速度轮滑和速度滑冰全程性多年训练过程规划和主要训练任务，轮、冰两个项目运动员在不同阶段，教练员施加的负荷特点基本相同，启蒙训练阶段不强调训练负荷；初级基础训练阶段的负荷安排呈现出循序渐进、留有余地的特点；专项提高训练阶段的负荷安排呈现出逐年增加、逼近极限的特点；全面与主攻项目强化阶段的负荷安排呈现出在高水平区间起伏的特点；竞技综合能力挖掘和保持训练阶段负荷安排呈现出保持强度、明显减量的特点。

（五）训练方法和手段

结合上述研究了解到，速度轮滑和速度滑冰在技术、体能和战术方面具有较高的相似性，因此可以判断出两者的训练方法和手段也应高度相似。训练方法和手段的合理性、科学性，是运动训练获取成功的关键。在实践中，教练员和运动员必须合理地、有针对性地选择训练方法和手段，并科学、恰当地运用。通过查阅大量文献资料、实地观察以及与教练员和运动员的交流得知，速度轮滑和速度滑冰无论是在训练方法还是训练手段方面都相一致。训练方法上，两个项目在陆上和冰上均由持续训练法、重复训练法、间歇训练法、变换训练法（变速法）、法特莱克训练法、组合训练法、循环训练法、游戏和比赛训练法、陆地模拟训练法，以及包括逐级负荷训练法、减距加速训练法（负分段训练法）、阶梯式重复训练法、全程训练法在内的专项特殊训练法等[1][2]。

训练手段上，两个项目在陆上和冰上均分为一般训练手段和专项训练手段。一般训练手段包括各种距离的跑、跳练习，抗阻练习，自行车练习（功率自行车），游泳练习；专项训练手段包括各种屈膝走练习、滑行板练习、轮滑练习、各种牵

[1] 南相华. 速度滑冰理论与方法 [M]. 哈尔滨：黑龙江教育出版社，2012.
[2] 孙显墀，孙一，蒙猛. 速度轮滑运动技术与训练 [M]. 北京：人民体育出版社，2015.

拉抗阻练习（直道、弯道皮筋牵引练习）、各种模仿动作练习（原地侧蹬练习、快速侧蹬练习、原地后引练习等），见表4-10。

表4-10　速度轮滑和速度滑冰力量训练方法和手段示例

专项关系	一般力量训练	专项力量训练	
训练方法	负重训练法	陆地训练法	专项训练法
训练手段	各种杠铃、哑铃，以及徒手力量训练等	各种卧蹬、橡皮筋牵拉、等动训练器等	最大用力蹬地（冰）滑跑、负重滑跑等

例如，在力量训练方面，速度轮滑和速度滑冰的方法手段均一致，表明两者在训练方法和手段方面具备良好的正迁移作用，为"轮转冰"在技术、体能、战术等训练在方法和手段的选择上提供了通路，运动员在转项过程中和转项后对训练方法和手段的适应性更强，有利于优化训练环境和氛围。

从训练特征这一层面来讲，速度轮滑和速度滑冰无论是在选材标准，还是全程性训练思路设计，以及年度训练周期划分、训练内容和负荷安排、训练方法和手段等诸多方面均存在相同的特征和规律，为"轮转冰"训练的安排打下基础和创造条件。因此，"轮转冰"训练只需在特定阶段、转换时期、转项后的训练内容、重点等方面进行科学合理的安排与设计，为"轮转冰"训练模式提供了现实可能。

四、制胜因素

所谓制胜因素是指在竞技运动项目的竞争中，对运动员获取比赛优胜具有决定性影响的因素[①]。把握项目制胜因素，并加以科学训练，对运动员竞技能力提升有直接作用。因此，项目制胜因素往往是从影响该项目的竞技能力的视角去探寻。在速度轮滑和速度滑冰运动中，体能对竞技能力和运动成绩起着决定性作用。依据赵鲁南对竞速类运动项目制胜因素指标集成分析来看，速度滑冰短距离项目（500米、1 000米）的制胜因素指标为磷酸原供能能力强、下肢肌肉发达且爆发力强、专项技术规范、蹬冰效率高；中距离项目（1 500米）的制胜因素指标为具备较强的糖酵解和有氧供能结合的能力、速度耐力强、下肢力量发达、动作规

---

① 赵鲁南. 竞速运动制胜因素的分群与集成研究 [J]. 天津体育学院学报，2017，32（1）：39-44.

范、体能分配合理；长距离项目（3 000 米以上）的制胜因素指标为具备良好的有氧供能能力、速度耐力和力量耐力突出，具备良好的"冰感"。通过前述对速度轮滑和速度滑冰体能特征的分析，表明速度轮滑和速度滑冰在短、中、长距离项目上的制胜因素几乎一致，因此在训练理念、方式方法、训练安排等方面有利于正迁移。

大量研究表明，我国速度滑冰运动员无论是短距离项目还是长距离项目，普遍存在后程降速明显、有氧耐力水平偏低的情况（专项速度耐力和有氧能力是速度轮滑和速度滑冰中长距离的核心制胜因素），且新增集体出发项目对战术运用的要求较高，由此可见，速度轮滑转项发展速度滑冰从制胜因素视角出发，有氧能力是速度轮滑和速度滑冰长距离项目的制胜因素；有氧能力、混氧能力和战术运用能力是速度轮滑和速度滑冰集体出发项目的制胜因素。因此，速度轮滑运动员具备的竞技能力不但有利于正迁移，而且还会为速度滑冰训练和比赛提供借鉴和支撑。同时，从制胜因素这个视角，为今后"轮转冰"训练朝着长距离和集体出发项目发展指明了方向，有利于"轮转冰"训练和比赛取得突破并创造佳绩。

从负荷特征的角度来讲，两个项目负荷内容均包括体能、技术、战术、恢复训练等方面，且技术、战术等训练在训练内容、方法、手段等方面均具有高度相似和相通的特点。另外，两个项目的恢复手段也大致相同，目的是消除疲劳、调理伤病，使运动员在生理、心理和机能等各方面都得到充分的恢复。

上述内容分别从竞赛规则和竞赛特征、竞技能力特征、训练特征以及制胜因素4个方面对比、分析了速度轮滑和速度滑冰在项目特征上的异同。分析显示，虽然由于竞赛场地、所需器材等因素造成了两个项目在技术细节和专项能力上有差异，但不可否认，从技能层面来讲，两个项目在技术结构、发力顺序、动作节奏等方面基本一致，为技术训练方法、手段等安排带来了良性迁移（图4-4）；从体能视角出发，两者不仅在力量、速度和耐力等运动素质要求等方面相一致，且速度轮滑对力量和耐力的专项要求更强于速度滑冰，因此两者在体能方面不仅可以完美地实现训练上的正迁移，而且"轮转冰"训练后可以进一步弥补我国速度滑冰运动员力量和有氧耐力较差的薄弱环节，在很大程度上改善体能状况，从而保证了技术的稳定性和有效性，进而提升运动员整体的竞技能力；另外，两者在竞赛规则、训练特征以及战术特征等方面也存在诸多相似之处，尤其是制胜因素一致,这为速度轮滑运动员转项发展速度滑冰从内在规律层面提供了可行性,并创造了训练和竞赛的便利条件。

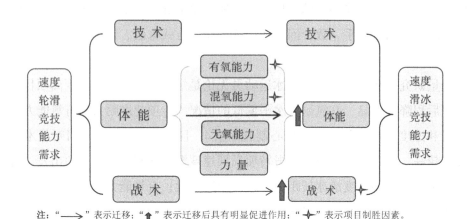

注:"——→"表示迁移;"↑"表示迁移后具有明显促进作用;"✦"表示项目制胜因素。

图 4-4 "轮转冰"竞技能力迁移图

总体来讲,通过项目特征分析,可以从本质上来支撑"轮转冰"训练的可行性,这不仅给我国轮滑运动员拓展了专项发展的新方向,也推动了我国更多的省市接触冰雪项目、认识冰雪项目、喜欢冰雪项目,从"跨界选材,转项训练"的角度来打破过去速度滑冰后备人才匮乏、选材面窄等诸多不利壁垒。

第二节 "轮转冰"训练模式的基本理论分析

一、"轮转冰"训练模式的内涵解析

(一)"轮转冰"训练模式的基本概念

江苏省"轮转冰"速滑队是国家实施"跨界选材,转项训练"的引领者与向导,初衷是要打造成一支"冰轮两栖"队伍,为扩大速度滑冰后备人才队伍建设,推动南方省市冰雪运动发展。然而结合当初江苏省速滑队"轮转冰"训练担负我国速度滑冰项目在北京冬奥会实现"全面参赛"重要任务的历史背景,尤其我国南方省市社会经济发展程度不一,并不是每个省、市或地区都可以建造并维护专业的速度滑冰场馆设施。虽然"冰轮两栖"训练模式在国外相当流行且十分成熟，但是我国当前社会发展现实难以实现南方省市速度轮滑运动员既滑轮又滑冰的训练要求，因此要在南方省市实现完全"冰轮两栖"训练，仅从场馆设施建设这一方面就很难实现。在过去备战北京冬奥会的关键阶段，"轮转冰"计划除扩大速度滑冰后备人才队伍外，更应为速度滑冰整体竞技实力和水平的提升发挥自身的价值，同时在推动南方省市冰雪运动发展的远景下，"冰轮两栖"这一理想的模式可以作为"轮转冰"训练过程的一部分，作为速度轮滑运动员转项成为速度滑冰运动员训练的必要阶段。

基于上述研究，本着训练模式作为一个具有系统性、可仿效性和相对稳定性的原则，笔者尝试界定"轮转冰"训练模式，它是指以实现速度滑冰后备人才培养和提升速度滑冰整体竞技实力为目标，以速度轮滑运动员为主体，通过科学设计训练阶段和训练内容，最终使速度轮滑运动员转项成为在速度滑冰专项上具备较强竞技实力（较高竞技水平）的速度滑冰运动员的训练过程的标准样式。从运动训练实践出发，依据理论指导，应形成"基础训练阶段：速度轮滑训练—转项发展阶段：冰轮两栖训练（"轮转冰"训练的核心阶段）—专项提高阶段：速度滑冰训练"三阶段的训练模式[①]（如图4-5所示）。

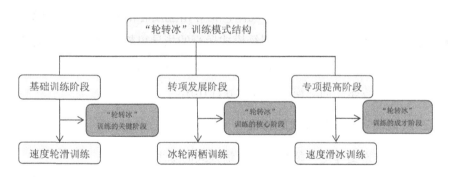

图4-5 "轮转冰"训练模式结构图

（二）"轮转冰"训练模式运行的指导思想

所谓指导，就是指示、引导。所谓思想，是指客观存在反映在人的意识中经

① 刘江山，邵崇禧，张庆文，等. 聚焦"轮转冰"速滑队伍：历史机遇、现实困境与应对策略[J]. 上海体育学院学报，2019，43（1）：113-118；126.

过思维活动而产生的结果；想法、观念①。人们常说"思想决定行动，思路决定出路"。可见，思想本身就是指导行动的。指导思想就是一种指导、引领方向的思想，具有战略性、纲领性和引领性的作用。虽然指导思想的概念广泛运用于各个领域，但对指导思想的概念至今尚未形成共性界定，都是依据各个领域工作实际情况进行的总结与提炼，在竞技体育领域亦是如此。《中国运动训练理论与实践研究》提出，指导思想是通过训练实践对运动项目特点、运动队和运动员现实状态以及拟达到的预期目标而产生的一种理论认识。这种理论认识通过语言文字定格，形成指导思想，指明训练的方向和行动，以实现训练的目标②。《中国足球年鉴》中指出，指导思想是开展某项工作的总原则、总要求和总方略③。孙民治教授认为，"训练指导思想就是对如何通过训练来有效地提高某项目运动水平和比赛成绩的指引性认识"④。

"轮转冰"训练模式是一项长期、科学的系统性工程，需要有一套科学的思想体系对该训练模式进行指导，缺乏指导思想将会使得今后的"轮转冰"训练过程缺少统一的认识。本研究根据指导思想的内涵，结合"轮转冰"训练的特点，提出"轮转冰"训练模式运行的指导思想是，立足速度轮滑运动，以拓宽"轮转冰"训练可行性的有效通道为出发点，紧扣培养速度滑冰后备人才这一中心，重视揭示轮、冰两个项目训练特征和基本规律，指导由速度轮滑转项进入速度滑冰科学训练过程的理性认识。"轮转冰"训练模式运行的指导思想引领着"轮转冰"训练，应贯穿于"轮转冰"训练过程的始终，它决定着"轮转冰"训练模式的结构、目标、任务等，对"轮转冰"训练模式起着指导性作用。

（三）"轮转冰"训练模式的特征

1. 多学科理论支撑是"轮转冰"训练模式的基本特征

"轮转冰"训练是由速度轮滑转项速度滑冰训练过程的标准样式，其核心是由两个不同项目训练组织工作的科学转换与有机融合而构成。该模式已在国外取

---

① 中国社会科学院语言研究所词典编辑室编. 现代汉语大词典 [M]. 上海：商务印书馆，1999.

② 中国运动训练学专业委员会编. 中国运动训练理论与实践研究 [M]. 北京：高等教育出版社，1996.

③ 《中国足球年鉴》编委会. 中国足球年鉴·2002 [M]. 武汉：武汉出版社，2002.

④ 孙民治. 现代篮球运动科学化探索 [M]. 北京：北京体育大学出版社，2009.

得成功并被广泛推行，从理论与实践的辩证关系来讲，要做到这一点，就必须具备强大的理论依据作为支撑。"轮转冰"训练的实施，其本质是"近项迁移"[①]。近似项目的项目特征和制胜因素为同一项群内部实现竞技体育跨项训练提供了必要的理论基础。速度轮滑和速度滑冰在技术动作属性、动作结构、技术链条等方面相似，这为转项训练提供了现实可能，也为转项后获取成功奠定了坚实的基础。"轮转冰"训练对速度轮滑运动员竞技能力有较高的要求，转项训练属于对成熟运动员的选材和天赋再利用[②]，即速度轮滑运动员在原有竞赛项目上所获得的竞技能力水平受到格外重视。因此，迁移理论、项群训练理论、周期训练理论、双子模型理论等是"轮转冰"训练的理论基础，这些理论涉及心理学（迁移理论）、教育学（迁移理论）、经济学（木桶理论）、训练学（积木理论）等学科，并从多学科的知识、方法层面为技术转换可行性、训练参赛安排、优劣势互补、运动训练实践的组织和实施等方面提供了"轮转冰"训练具体运行的理论依据，更有利于从业者从本质上把握"轮转冰"训练的发展特征和规律，为"轮转冰"训练的实施提供理论基础和现实可能。

  2. 跨项选材与转项训练是"轮转冰"训练模式的核心特征

  "轮转冰"训练是将速度轮滑运动员培养成优秀速度滑冰运动员的过程。众所周知，运动员成才均需经过选材和育才，因此"轮转冰"训练也不例外。挑选什么标准的速度轮滑运动员，以及如何对速度轮滑运动员进行速度滑冰训练，是摆在当前的核心问题。当前我国"轮转冰"训练依旧处于摸索阶段，"冰轮两栖"等可供参考的"轮转冰"训练经验相对缺乏，已有的"跨项选材，转项训练"的案例也很少涉及"跨季"，且以速度轮滑运动员为主体进行速度滑冰训练，在训练和竞赛，场地、器材、技术、环境等方面的差异使得这其中训练实践的困难远比理论上描述的更大，不确定因素更多。如果说"跨界、跨项、跨季选材"是扩大速度滑冰后备人才的基础，那么"转项训练"就是实现 2022 年北京冬奥会"全项参赛"目标的重要举措。从申奥之初大约有三分之一的冬奥会小项在我国此前

① 孙民康，龚丽景. 冬季项目跨项选材的理论研究与实践探索 [J]. 体育科学，2019, 39（11）：88-97.

② COLLINS R , COLLINS D, MACNAMA R A A, et al. Change of plans: an evaluation of the effectiveness and underlying mechanisms of successful Talent transfer[J].Journal of Sports Sciences, 2014, 32(17): 1621-1630.

从未开展过，还有三分之一远远落后于世界先进水平，到北京冬奥会实现“全项参赛”，且通过跨界跨项选材培养的运动员多达 35 名的伟大壮举，进一步体现以“轮转冰”训练为引领的“跨界跨项选材、转项训练”，在推动我国冰雪运动跨越式发展，补缺项、强弱项，形成“冰上雪上全面开花”的中国冰雪运动新格局中所发挥的关键作用。因此，“轮转冰”训练的关键问题是如何跨项选材和转项训练，这也是“轮转冰”训练的核心特征。

3. 把握转项训练时机是“轮转冰”训练模式的关键特征

我国实施“轮转冰”训练除了经验欠缺，还有一个至关重要的问题亟待解决，即转项训练的时机。跨项选材的时间节点对今后转项训练的成功至关重要[1]。对于“轮转冰”训练来讲，一名速度轮滑运动员什么时候可以进行“冰轮两栖”这一核心训练阶段？在“冰轮两栖”训练阶段，又是通过什么标准判断其可以转项成为速度滑冰运动员？如同竞技体育训练各项身体素质发展的敏感期一样，如果在适当、合理的时机去做正确的事情，辅以科学有效的训练方法，定能取得事半功倍的效果。然而现实条件是，当前我国“轮转冰”训练处于起步摸索阶段，既缺乏技术转换的训练经验，又对转项训练时机的判断毫无经验可循，需要教练员和运动员共同努力，从运动员自身竞技水平、训练经历以及对技术的掌握程度等方面出发，通过在国外训练阶段与欧美“冰轮两栖”“轮转冰”教练员、运动员的交流沟通，去发现、摸索和学习，依据运动员个性化特征，总结、归纳转项训练的判断标准和依据。因此，在新时代科技助力是引领竞技体育高质量发展主要驱动力的背景下，借助科技手段提升训练数据采集、传输、分析、反馈能力[2]，结合“轮转冰”项目特征，为运动员身体机能、技术转换进行科学评估，便于及时调整训练方案，准确把握转项时机，在提升转项成才概率的同时大幅度提升转项后的竞技水平。

4. 坚持以速度轮滑竞技能力为主导是“轮转冰”训练的核心指导思想

冰、轮两个项目之间技术的差异是阻碍运动员转项后在速度滑冰领域取得重大突破的关键，而且并不是短时期内可以完全适应并解决的课题。当前速度滑冰

① 杨群茹. 跨项选材理论溯源与关键问题解析 [J]. 成都体育学院学报，2019，45（6）：95-102.
② 谢军，周志雄. 奥运备战视域下科技助力竞技体育发展的研究 [J]. 体育科学，2020，40（7）：25-30.

运动成绩在奥运会、世锦赛等国际高水平赛事中不断提高，表明国际上速度滑冰整体竞技实力不断提升。研究表明，几乎 50 % 的速度滑冰竞技水平的突破可以通过技术改进的方式来实现，剩下的 50 % 则是通过提升运动员竞技能力来实现[①]。众所周知，速度轮滑运动员无论是力量、速度还是耐力等竞技能力都要优于速度滑冰运动员，结合已有专家研究提出，"跨项选材指从其他运动项目中选拔已经达到一定训练水平且具有新项目所需的先天能力和 / 或后天经验的运动员跨入新运动项目"[②] 和 "以运动成绩为需求，国外跨项选材倾向于在转出项具有优秀竞技能力的成熟运动员中选拔，通过集中优势资源重点培养，从而缩短成才周期，以便转项后快速取得优异运动成绩"[③] 的观点，因此"轮转冰"训练应充分重视速度轮滑竞技能力对速度滑冰竞技能力的代偿作用，在坚持以轮滑竞技能力为主导的核心训练指导思想下，遵循运动员对冰刀、场地适应能力和方式不同的现实特点，转项后以技术的适应为核心，改进为辅助，打造运动员个性化的滑行技术风格，如此既能够继续发挥运动员原有速度轮滑竞技能力的优势，又能够形成合理的专项技术，保证"轮转冰"训练的科学性，促进速度滑冰竞技实力不断突破。

（四）"轮转冰"训练模式的重要作用

"轮转冰"训练目前在我国属于探索阶段，缺乏科学合理、行之有效的训练模式和可供借鉴的经验。我国进行"轮转冰"试点，一方面是基于速度轮滑和速度滑冰两个项目特征的本质属性相近，另一方面是基于欧美冰雪强国具备较多成功案例，其最终目的一是促进速度滑冰后备人才培养，二是以此来助推冰雪运动"南展西扩东进"。尤其在北京成功举办 2022 年冬奥会的历史契机，为尽快提高我国速度滑冰整体竞技实力和运动成绩，力争使速度滑冰项目在冬奥会上取得更大的突破，都需要建立符合"轮转冰"规律的训练理论体系和训练实践模式。从这个视角出发，"轮转冰"训练模式的理论素材来源于两个不同项目和训练实践的领域，即速度轮滑和速度滑冰。因此，"轮转冰"训练模式的基础应为速度轮

① KONING J J. World records: how much athlete? how much technology? [J].Int J Sports Physiol Perform, 2010, 5(2) : 262–267.

② 黎涌明，陈小平，冯连世. 运动员跨项选材的国际经验和科学探索 [J]. 体育科学，2018，38（8）：3–13.

③ 杨群茹. 跨项选材理论溯源与关键问题解析 [J]. 成都体育学院学报，2019，45（6）：95–102.

滑训练，其核心应为速度轮滑运动员，故实施主体应为速度轮滑教练员和运动员。速度轮滑教练员尤其应强化速度滑冰训练理论和实践等知识的学习、培训和提升，以满足接下来“冰轮两栖”训练和后期转项速度滑冰训练的实际需求。专业速度滑冰教练员在“轮转冰”训练模式的训练体系中应作为辅助教练，在“轮转冰”训练的各个阶段对运动员在速度滑冰技术理解、训练等方面进行指导，使速度轮滑运动员更好地适应、理解速度滑冰技术，进而可以在速度滑冰训练和竞赛中更好地发挥和运用速度滑轮训练带来的优势，进而取得更大的突破和更高的成就。

基于此不难发现，“轮转冰”训练模式是对传统速度滑冰训练拓展性地发展，它丰富了过去速度滑冰选材、训练和竞赛的形式，同时也使传统速度滑冰训练实践过程更加多元化。“轮转冰”训练模式中既有较为成熟且科学的速度轮滑训练理论、方法等内容，又涉及了速度滑冰训练领域，其目的是充分发挥速度轮滑运动员的优势，将其培养成优秀的速度滑冰运动员并为速度滑冰后备人才培养拓宽渠道。因此，该训练模式的提出和建立使过去传统、单一的速度滑冰训练和人才培养模式无论是从理论建设还是从训练实践出发都将更加科学、完善。

换个角度审视，“轮转冰”训练模式又有其独特的“个性要素”。一方面，“轮转冰”训练模式要求中国冬季运动管理中心滑冰协会和中国轮滑协会关于竞赛设置，以及对运动员参赛安排作出科学、合理的设计和选择，已达到“以赛促转，以赛促训”的目的；另一方面，“轮转冰”训练模式为国家大力倡导的“跨界跨季跨项选材，转项训练”理念在训练模式的理论与实践指导上提供了可借鉴的经验。

因此，“轮转冰”训练模式在改革和创新速度滑冰竞技后备人才培养的途径（渠道）、助推冰雪运动“南展西扩东进”战略的实施、探索国外“轮转冰”成功案例在我国的复制、为更新传统速度滑冰训练模式提供新思路（新课题和新做法）、全面提升速度滑冰竞技运动水平、响应“跨界选材，转项训练”政策的号召等诸多方面发挥了重要作用，为我国冰雪竞技体育多元、快速和可持续发展发挥了巨大的助推作用。

二、“轮转冰”训练模式构建的基本原则

“轮转冰”训练模式涉及速度轮滑和速度滑冰两个项目训练转换的过程，必

须要坚持实践活动应遵循的基本要求，才能保证其发展方向的正确①。该训练模式必须遵守速度轮滑和速度滑冰项目训练、发展的实际要求，结合该训练模式应具备普适性、针对性的特点，因此"轮转冰"训练模式的构建应遵循以下几个方面的原则。

（一）可行性原则

在推行一个新的项目之前，首先必须考虑该项目的可行性，竞技体育领域也应如此。"轮转冰"训练模式涉及了跨季、跨界、跨项，这一全新的训练理念和训练模式，除了需要考虑训练本身是否可行，还应考虑是否有利于推广。可行性原则是用来衡量一个决策是否可行，假如该决策无论是从项目的外部环境还是项目本质等方面都是不可能实现的，那么显然该决策是不可行的，也就失去了价值和意义。"轮转冰"训练模式显然首先要遵循可行性原则。从理论层面来讲，前面已对"轮转冰"的理论支撑作了阐述，表明该试点计划具备较强的可行性；从实践层面，国外众多优秀速度滑冰运动员都是通过"轮转冰"这一途径逐渐走向成功，且两个项目训练方法、手段相似，为训练实践提供了诸多便利；从社会环境层面，国家通过各种渠道和途径大力倡导"北冰南展西扩东进""跨项、跨季、跨界选材"等，这为"轮转冰"创造了良好的舆论氛围，赢得了社会各界的广大支持，获得了很高的社会关注度，同时辅以各种政策和经费支持，为"轮转冰"训练模式的推出、实施乃至可持续发展等全方位提供了可行性。

（二）科学性原则

运动训练是一个有目的、有计划、有组织并具有可控性的特殊过程。是由教练员和运动员通过训练这一途径构成的复杂的训练系统。系统训练最重要的是必须遵守科学性原则，只有依据科学性原则进行运动训练，才能使得训练方法、训练手段、训练步骤等更加完善、合理，运动员才能更有效地掌握运动技术，提升竞技能力，达到创造优异成绩的目的。区别于传统单一的竞技体育训练，"跨项选材、转项训练"是"轮转冰"训练模式的核心特征。"轮转冰"训练内容的设计和安排更应具有科学性和系统性，教练员应在深刻理解速度轮滑和速度滑冰两

① 陈丛刊，王永安，陈宁，等. 论构建"体教结合"模式的基本原则 [J]. 北京体育大学学报，2014，37（7）：31-37.

个项目本质属性和制胜因素的基础上，综合考虑训练的具体内容和运动员的实际情况，训练方法和手段也应遵循运动员个性化特征，根据运动员在技术、体能以及战术等方面的差异性，制定不同的训练要求。只有在速度轮滑、"冰轮两栖"和速度滑冰三个不同训练阶段的技术、体能训练时遵循科学性原则，才有利于这三个阶段的高度衔接，才能实现丰富速度滑冰竞技人才后备队伍以及提升速度滑冰整体竞技实力的理想目标。

（三）系统性原则

优秀运动员的培养本身就是一项长期系统的工程。"轮转冰"训练模式更是为培养速度滑冰后备人才服务以及在速度滑冰领域取得重要突破而设计的训练模式。"轮转冰"训练经历速度轮滑、"冰轮两栖"、速度滑冰三个阶段的训练过程，需要通过系统、科学地设计每一阶段的训练内容和负荷安排，以使运动员机体产生一系列适应性变化，实现竞技能力状态由速度轮滑逐渐过渡到速度滑冰，实现正向迁移。与此同时，运动员竞技能力发展全过程又具有阶段性特点，"轮转冰"训练模式的全过程应根据每个阶段的训练性质和目标，有针对性地选择合理的训练内容、采用合理的训练方法，且各训练阶段之间的衔接要科学、自然，最终实现既定目标。因此，"轮转冰"训练模式必须遵循系统性原则，实施"轮转冰"训练全过程既要注重各训练阶段的特点，又要保证各训练阶段之间的连续性，从而保证"轮转冰"训练全过程运动员竞技能力状态的系统性、持续性。

（四）理论与实践相结合原则

理论应该是源于实践、高于实践，同时又要指导实践。"轮转冰"训练模式是一个特殊的系统过程，只有发现和提炼出该过程中的规律，采用科学的训练方法和手段组织训练，"轮转冰"才能迈向成功并可持续发展。在"轮转冰"训练模式具体实施过程中，应注重理论对训练实践的指导，把速度轮滑、速度滑冰等专项训练理论的技术（结构）、战术、训练方法和手段、竞赛规则等基本知识（差异），在宏观理论（迁移、项群、分期、双子模型理论）的指导下，有计划、有目的、有步骤地在训练实践中体现，使这些内容在理论与实践两个层面高度结合。虽然从理论上讲速度轮滑和速度滑冰项目特征相似度很高，但是具体到这两个不同项目，在具体训练过程中涉及不同技术发力点和不同技术的切换，以及适应不同的场地和器材,这对训练提出了更高的要求,因此只有深入并透彻地理解不同项目的理论知识,并在训练实践中高度转化到具体的技术动作时,才能真正地提升运动员的竞技实力和水平,进而转项成功。运用科学的理论去指导、推动"轮转冰"训练实践,同时,通过"轮转冰"训练模式的三个阶段的训练实践去丰富、充实和发展"轮转冰"训练理论,是"轮转冰"训练模式走向成熟进而取得重大突破并向更高水平发展的关键。

(五)速度轮滑竞技能力优先的原则

"轮转冰"训练模式实施主体是速度轮滑运动员和教练员。实施"轮转冰"训练,主要是依据速度轮滑在理论和实践上具备转项的可行性,在"轮转冰"训练模式的实施过程中,必须要注重和发挥速度轮滑运动员在竞技能力上积累的优势。因此,速度轮滑竞技能力优先原则是指在"轮转冰"转项训练过程中,训练目标和内容的设计应以速度轮滑运动员所表现出的竞技能力优势为核心,进而提升转项后运动员速度滑冰的整体竞技实力。需要强调的是,"轮转冰"训练主要是通过速度轮滑竞技能力优势来弥补速度滑冰竞技能力的不足,因此无论是弥补速度滑冰竞技能力的短板,还是发挥速度轮滑竞技能力的长板,竞技能力的再提升是核心要素。一方面,速度轮滑运动员在有氧能力、战术能力等方面要强于速度滑冰运动员;另一方面,与速度滑冰运动员相比,速度轮滑运动员转项后在专项技术和冰感两个方面明显较弱,这就决定了"轮转冰"速滑运动员很难在技术方面占据优势,只有优先发展速度轮滑运动员的优势竞技能力,才可以提升转项速度滑冰后在中长距离和集体出发项目的竞技能力。因此在设计"轮转冰"训练内容时,应以优先发挥速度轮滑运动员优势竞技能力为基础,然后进一步强化速度滑冰的技术。千万不能本末倒置,认为转项后要以打磨速度滑冰技术为核心,从而忽视过去速度轮滑训练所积累的有氧能力和战术运用能力,这很容易造成原有竞技能力优势丢失、技术水平提升缓慢而导致转项训练失败。

三、"轮转冰"转项训练时机的选择与把握

(一)对"轮转冰"转项训练时机重要性的认识

研究表明,转项训练是我国奥运会参赛运动员成才过程中的重要途径之一,

转项成功的项目多为同项群间体能主导类项目①。众所周知，速度轮滑和速度滑冰同属体能主导类周期性竞速类项群，"冰轮两栖"和"轮转冰"训练模式在国际速度滑冰领域日渐成熟，众多欧美运动员已取得巨大成功。受此影响，在北京冬奥会历史机遇的背景下，国家体育总局大力推行"跨界跨项选材，转项训练"这一国际潮流的新理念来提升冬季竞技体育的整体实力，目前半数以上的冬奥项目已实施"跨项跨界"选材，且很多项目、诸多省市运动队已实施多轮"跨界跨项"计划。另外，像英国和澳大利亚等竞技体育强国也于早期提出了跨界跨项选材计划，目的在于强调人才流动性和培养多元化，为运动员培养提供了新的思路②。"轮转冰"计划作为该理念的探路者和向导，对"跨界跨项选材，转项训练"的成功起到至关重要的作用。既然"轮转冰"训练在国际上已取得成功，且国内"轮转冰"也取得较大突破并在国际速度滑冰集体出发项目上拥有一定竞争力，那么除了训练方法和手段，一个十分关键的问题摆在当前，即在什么时机进行"轮转冰"的转项训练才能快速有效地提高运动员在速度滑冰项目上的竞赛表现和运动水平？转项训练时机应得到高度重视，时机的把握在某种程度上决定了转项后运动员速度滑冰竞技水平的高度。

郭丹在速度滑冰集体出发项目上取得了巨大成功，很多学者和教练员十分关注其训练方法和训练经验，以及"冰、轮"和"轮、冰"训练周期之间转换的调整、适应等。这些方面固然重要，但不可否认，从运动员成长的角度来看，郭丹在25岁开始转项训练，一路走来都处于摸索阶段。交流中，郭丹自己也时常会说，假如自己再年轻几岁，或能在更年轻的时候转项速度滑冰训练，其成就远不止目前所得，她强调必须要重视转项训练的时机。上述内容强调，把握转项训练时机是"轮转冰"训练模式的关键特征，因此应根据科学性原理，尊重运动员个性化特点，遵循速度滑冰和速度轮滑项目特征和发展规律，从运动员的年龄、速度轮滑的运动成绩以及运动员对速度滑冰技术的理解和适应程度（对运动员"轮转冰"可塑性的判断）等多视角出发去考虑转项训练的时机，以便更加科学、有效地促进"轮转冰"速滑运动员成材率的提升，保障"轮转冰"训练模式科学、可持续发展。

① 李士建. 我国夏季奥运会优秀运动员成才过程的项群特征研究 [J]. 中国体育科技，2014，50（6）：12-18.

② 李海鹏，陈小平，何卫. 我国冬季项目实现"全面参赛"的策略研究——基于对2018年平昌冬奥会的调查 [J]. 中国体育科技，2018，54（5）：3-12.

（二）对"轮转冰"转项训练时机选择的依据

速度滑冰优秀运动员一般要经过 12 年左右的系统训练才能达到竞技运动水平的巅峰，即速度滑冰运动员成才周期约为 12 年[①]。"跨项选材，转项训练"主要是指通过在同属项群不同项目间，选拔训练经历和运动成绩较好的运动员，经过系统训练来补齐技战术方面的短板，使运动员在转项另一个项目后的短时间内快速达到高水平[②]。既然是训练，就应遵循运动训练中有关项目特点、竞技能力需求、项目成才规律等方面的一般规律。通过已有研究以及当前国家体育总局跨界跨项选材测试工作的开展情况来看，国内外的跨界跨项选材工作通常对参选运动员的年龄、训练经历和比赛成绩提出一定的要求。通过与贺鑫、郭丹以及薛荣等专家的交流得知，"轮转冰"转项训练的时机十分关键，但由于起步较晚且缺乏相关训练经验，目前国内关于转项训练的时机仍处于摸索阶段。是根据速度轮滑运动员的年龄来作为转项的依据，还是根据在速度轮滑领域取得的成绩来作为转项的衡量标准，目前都没有统一的意见。但是通过与国际教练员、运动员的交流，以及运动员自身训练的体会来看，基本可以确定的是"轮转冰"转项训练的时机不能固化，应依据运动员的个性化特点，多视角去衡量和判断，除年龄和运动成绩以外，速度轮滑运动员对速度滑冰环境（技术、器材、装备等）的适应程度，也应作为"轮转冰"转项训练时机选择的重要依据（如图 4-6 所示）。

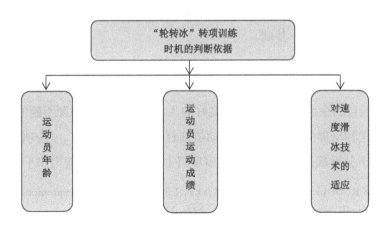

图 4-6 "轮转冰"转项训练时机的判断依据图

---

① 蒙猛. 中国青少年速度滑冰训练教学大纲 [M]. 北京：北京体育大学出版社，2017.

② 张欣. 我国排球"跨季跨项"选材中关键问题的研究 [J]. 武汉体育学院学报，2018，52（4）：22-86.

1. 运动员年龄

目前，进入江苏省速滑队的全国各地速度轮滑运动员都是各个项目的佼佼者，速度轮滑竞技水平较高，发展潜力较大。但由于两个项目在技术上有一定差异，要打破过去已有技术动作动力定型从而熟练掌握并合理运用新的技术动作，需要长时间的科学训练，才能在运动成绩和竞技水平上取得较大的突破与提升，因此需要对运动员转项训练的年龄作出一定的限定。有研究表明，国外竞技体育水平较高的国家在对运动员"跨界跨项选材"的年龄要求一般在 16～25 岁[①]；国内运动员转项训练的时间，男子约在 14～20 岁，女子约在 12～18 岁，且竞技水平越高，转项成材率越高[②]。由此可见，运动员转项训练的年龄十分关键，需要科学、合理地去判断。"轮转冰"转项训练区别于上述研究，主要还涉及"跨季"的因素，同时速度滑冰运动员成材周期较长，如果转项训练过早，则可能速度轮滑项目优势基础不牢；然而转项训练过晚，则可能对新技术适应难度增加，都会对今后速度滑冰竞技水平的提高产生重大影响。通过访谈了解到，在考虑到青少年运动员身体素质由于性别而导致增长差异的因素，目前我国"轮转冰"运动员转项训练时机从年龄层面考虑，男子一般在 16 岁，女子一般在 15 岁，在这之前应完全以速度轮滑训练为主，保证运动员在速度轮滑项目上竞技能力不断提升。在转项训练之前的冬训调整阶段，经常对运动员进行不做技术要求的速度滑冰自由滑行的放松练习，培养运动员对速度滑冰环境的适应能力，为今后转项训练的技术学习、适应和调整的有效性打下基础。

2. 运动员速度轮滑成绩

运动员专项竞技能力既可以通过专项训练获得，也可以在其他专项训练中实现[③]。冬季项目的全面发展必须依靠良好的人才培养环境和源源不断的人才输送。作为人才输送和培养的重要环节，运动员选材显得尤为重要[④]。"跨项选材，转项训练"过程十分重视运动员在过去从事项目上所积累的竞技能力水平，这样在进

① VAEYENS R, GÜLLICH A, WARR C R, et al. Talent identification and promotion programmes of Olympic athletes[J]. Journal of Sports Sciences, 2009, 27(13): 1367−1380.

② 王大卫. 对运动员转项成才现象的初步研究 [J]. 体育科学，1993（4）：44-48；94.

③ 李士建. 我国夏季奥运会优秀运动员成才过程的项群特征研究 [J]. 中国体育科技，2014，50（6）：12-18.

④ 李海鹏，陈小平，何卫. 我国冬季项目实现"全面参赛"的策略研究——基于对 2018 年平昌冬奥的调查 [J]. 中国体育科技，2018，54（5）：3-12.

行生物学特征和竞技能力需求特征相似的转项训练时，运动员原有竞技能力的优势才能更好地迁移并发挥作用，从而提升运动员转项的成材率。

转项训练同时也是一个跨项选材的过程。有研究表明，我国参加奥运会的运动员有21.1%是通过转项训练取得成功的，转项主要发生在业余训练阶段的后期，特别是从业余训练进入地方专业队训练过程中，该过程中的转项比例高达97.2%[1]。根据竞技能力需要原则，同一项群内部（尤其指体能主导类和技能主导类项目）由于竞技能力特征高度相似，通过转项训练可以最直接、简单、有效、快速地提升运动员的竞技实力，这已成为当前竞技体育高水平发展的有效途径之一。由此可见，转项成才在国内外已经得到了训练实践的验证。因此，运动员过去在速度轮滑项目中所取得的运动成绩或展示的竞技水平，应作为"轮转冰"转项训练时机的重要判断依据，在国外将其称之为"成熟运动员的选材和天赋再利用"[2]。借助两者在项目特征和竞技能力需求上的高度相似，速度轮滑竞技水平越高，对转项速度滑冰训练后无论是在训练经验借鉴，还是竞技能力迁移再提高均十分有利，以此来实现弥补短板、精准发力，从而在相对较短的时间内促进我国速度滑冰竞技水平的快速提升。

3. 运动员对速度滑冰技术的理解和适应程度

"轮转冰"转项训练过程中，运动等级和运动成绩仅代表运动员在原有速度轮滑项目上的竞技能力水平，而"轮转冰"转项训练的目的是扩大速度滑冰后备人才梯队建设，提升速度滑冰整体竞技水平。具备同等体能和战术能力的前提下，运动员对速度滑冰技术的理解、环境的适应（滑冰鞋、滑冰场地）程度决定了转项训练成功的高度，因此在运动员原有速度轮滑运动成绩基础上，关于运动员转项训练可塑性的判断十分关键。另外，当运动员从事速度轮滑专项训练时间过长（成年之后开始转项），由于技术动力定型的原因反而不容易适应速度滑冰技术和环境，不利于转项训练成功。虽然速度轮滑和速度滑冰在技术动作属性、动作结

① 李士建. 我国夏季奥运会优秀运动员成才过程的项群特征研究 [J]. 中国体育科技，2014，50（6）：12−18.

② COLLINS R, COLLINS D, MACNAMARA A, et al. Change of plans: an evaluation of the effectiveness and underlying mechanisms of successful talent transfer[J]. Journal of sports sciences, 2014, (32)17: 1621−1630.

构、技术链条、发力顺利、动作节奏以及借助重心获力等方面十分相似[①], 运动员转项训练后从摩擦力较大的水泥地面转到摩擦力较小的冰面, 依靠运动员已获的平衡能力、技术动作可以完成冰面滑行[②]。但从实际训练过程来看, 两个项目在滑行重心高低、蹬地 / 冰的膝和踝关节角度, 以及躯干与水平面角度等方面的细微差异, 为运动员对技术的理解、适应、转换等方面带来了巨大的困难和挑战, 这恰是转项后在速度滑冰领域取得重大突破的核心和关键, 并不是短时期内可以完全适应并解决的课题, 需要通过对技术、器材、场地不断地适应和磨合才能得到提升。因此, 在 "轮转冰" 训练过程中, 教练员要在基础训练阶段注重运动员速度滑冰体验训练, 一方面有利于培养运动员的冰感并逐步适应两种技术间的转换, 另一方面可以由此判断运动员速度滑冰的技术潜能, 确定转项训练成才概率和转项后竞技水平高度的不断提升。

（三）对 "轮转冰" 转项训练时机成功把握的启示

自 2016 年 6 月实施 "轮转冰" 计划以来, 江苏省速滑队取得了较为优异的成绩。郭丹目前是 "轮转冰" 训练的领军人, 在国内、国际赛场均取得了非凡的成绩。除郭丹转项成功外, 年轻队员李思杉和李乐铭在 "轮转冰" 转项训练后的表现也十分突出。在 2016—2017 赛季的国际比赛中, 李思杉取得惊人成绩, 以 3 个冠军且总积分排名第一的成绩获得速度滑冰青年世界杯总决赛女子集体出发的总冠军。另一名青年队员李乐铭, 多次在国内速度滑冰比赛中获得冠军, 其中在 2018 年中国速度滑冰青少年锦标赛中（大庆站）一人获得 1 000 米第三名、1 500 米第一名、3 000 米第一名, 以及全能第一名, 共三金一铜的优异成绩, 且每个项目均创造个人最好成绩, 体现出比赛距离越长领先优势越明显的特点, 这进一步展现了其原有竞技能力的代偿作用。

通过与贺鑫、李思杉、李乐铭的访谈交流了解到, 李思杉在国内外速度轮滑赛场上已展现出较高的竞争力, 不仅获得青年速度轮滑世锦赛第三名, 在国内比赛中更属于绝对强者, 这为其转项（转项时 18 岁）速度滑冰在体能和战术等竞

---

① 王丰秋, 顾鑫. 速度轮滑与速度滑冰教学的互补性研究 [J]. 冰雪运动, 2014, 36（1）: 78-81.

② 李雪梅, 李佳军. 速度轮滑转项速度滑冰的国内外现况研究 [J]. 北京体育大学学报, 2016, 39（9）: 132-138.

技能力迁移方面打下了坚实的基础。在转项近一年的时间内连续获得国内速度滑冰青年锦标赛和青年世界杯等大赛的冠军，受到国内外同行的高度关注和评价。李思杉转项的成功在于其速度轮滑阶段在有氧耐力、变速能力、力量、战术运用等方面打下的基础。在访谈中贺鑫、李思杉都认为，如果可以早两年启动转项训练，那么对速度滑冰技术的适应以及冰感的培养会更加有利。李乐铭和李思杉不同，他在转项时15岁，并在不同年龄段（少年乙组、甲组以及青年组）的速度轮滑比赛中包揽了多个项目的冠军。目前李乐铭处于"冰轮两栖"训练阶段，不但在速度轮滑国内外比赛中继续表现亮眼，还在速度滑冰青少年比赛中不断取得突破，已成为当前国内青少年速度滑冰长距离项目的顶尖选手。李乐铭转项训练的成功，不仅在于其速度轮滑的竞技实力，还在于其较为年轻就接触速度滑冰，对冰感的培养、技术的适应等更加有利。目前江苏省速滑队还有一批青少年运动员在转项速度滑冰后取得了较为出色的成绩，在青少年不同组别的中长距离项目中保持较强的竞争力。相信通过系统的科学训练，将来在速度滑冰领域会取得更为优异的成绩。

结合上述对"轮转冰"转项训练时机判断的分析，通过对江苏省速滑队转项成功年轻运动员的案例分析，"轮转冰"转项训练时机的判断首先是在速度轮滑上要具备国内顶尖水平，应充分重视速度轮滑竞技能力对速度滑冰竞技能力的代偿作用（尤其是体能和战术方面），这是转项训练时机判断的核心；在速度轮滑达到较高竞技水平的基础上越早接触速度滑冰项目对培养运动员冰感和适应不同技术的转换越有利，即在此基础上运动员滑冰技术越完善，冰感越精细，在比赛中越能更精确地调整肌肉收缩力度、角度，使滑行、蹬冰等动作完全符合冰面特性[1]，则更有利于在速度滑冰领域不断取得突破；相对年轻是转项训练成材率提升的基础，同时在"冰轮两栖"训练阶段，对于一些展示出对速度滑冰环境适应能力强的运动员可以提前转项速度滑冰进行专项训练，以便更快地提升速度滑冰竞技水平，速度滑冰技术潜能（冰感、技术的理解和适应）则决定了转项后运动员竞技水平的上限，这是贯穿"轮转冰"训练模式过程中的重点。

① 李雪梅，李佳军. 速度轮滑转项速度滑冰的国内外现况研究 [J]. 北京体育大学学报，2016，39（9）：133-141.

第三节 "轮转冰"训练模式的影响因素

目前,"轮转冰"训练作为试点在江苏省速滑队刚刚开始,三个阶段的训练模式也处于尝试阶段,如何确保该训练模式科学、有效地运行,从而保证"轮转冰"训练过程的系统性、合理性,并产生良好的训练效果,需要我们分析并判断影响"轮转冰"训练模式实施的因素。

一、影响因素指标初选

(一)指标初选的基本程序

本研究在大量阅读、研究文献的基础上,尽可能收集目前已有的与竞技体育项目训练模式、训练水平有关的评价指标和影响因素,通过咨询江苏省"轮转冰"教练员、运动员,采访速度轮滑、速度滑冰裁判员以及运动训练学界的专家,并在导师的指导下,通过分析研究,吸收共性内容,初步拟定"轮转冰"训练模式的影响因素指标。

本研究初步拟定的"轮转冰"训练模式影响因素三级指标,其中 A1—A3 为一级指标,B1—B9 为二级指标,C1—C46 为三级指标(见表 4-11)。

表 4-11 "轮转冰"训练模式影响因素指标的初选

一级指标	二级指标	三级指标
人力资源因素 A1 (B1—B3)	教练员因素 B1 (C1—C8)	教练团队建设 C1
		执教理念 C2
		对速度轮滑和速度滑冰两个项目的认知水平 C3
		训练理论水平 C4
		自身竞技水平 C5
		知名两栖外教的聘请 C6
		敬业精神 C7
		教练员待遇 C8

续表

一级指标	二级指标	三级指标
人力资源因素 A1 （B1—B3）	运动员因素 B2 （C9—C14）	意志品质 C9
		年龄 C10
		速度轮滑的竞技水平 C11
		对冰刀的适应程度 C12
		对速度滑冰技术的理解 C13
		升学和退役保障 C14
	管理人员因素 B3 （C15—C18）	服务意识 C15
		工作态度 C16
		工作效率 C17
		政策执行力度 C18
运动训练因素 A2 （B4—B6）	运动训练环境 B4 （C19—C23）	后备人才梯队建设 C19
		场馆设施标准化程度 C20
		国外训练、参赛的频率 C21
		速度轮滑转项速度滑冰的比重 C22
		器材装备完善程度 C23
	训练科学化程度 B5 （C24—C30）	转项训练条件的判断 C24
		训练目标和多年训练计划的合理性 C25
		训练周期安排的合理化程度 C26
		训练方法和手段使用 C27
		训练内容针对性 C28
		训练过程的控制 C29
		训练效果的评价 C30
	比赛机制 B6 （C31—C34）	赛制创新 C31
		参赛安排 C32
		竞赛办法 C33
		竞赛管理 C34
综合保障因素 A3 （B7—B9）	管理体制 B7 （C35—C38）	管理体系设置 C35
		政策支撑 C36
		激励措施 C37
		资金投入 C38
	科研保障 B8 （C39—C43）	科研重视程度 C39
		科研团队建设 C40
		研究水平 C41
		科研成果转化率 C42
		器材装备的研发 C43
	医疗保障 B9 （C44—46）	医疗团队建设程度 C44
		医疗康复条件 C45

（二）专家的选择与确定

专家选择：一是从事"轮转冰"训练的教练员（4人，其中郭丹既属于教练员又属于运动员）、运动员（1人）和管理人员（2人）；二是从事速度轮滑和速度滑冰竞赛工作的资深裁判员（取得国家级裁判员资格10年以上的，共3人）；三是从事运动训练研究的博士生导师（共7人，其中一位专家研究方向为冰雪运动，一位专家指导过2位速度滑冰研究方向的博士生）。本文集成多位专家的意见，可在最大程度上化主观为客观。

本文所选专家需要根据自己的理论基础或实践经验对指标的重要性进行打分，指标重要性等级依照Linkert5级评分法，分为"非常重要""重要""一般""较不重要""很不重要"5个等级，分别对应数值5、4、3、2、1。同时每一个指标均附有修改意见栏和补充意见栏，专家可根据自己理解提出增加、删除或修改的意见（见表4-12）。

表4-12　咨询专家基本信息一览表

姓名	职务、职称	工作单位	备注
薛蓉	副主任	苏州市体育局	苏州市体育专业运动队管理中心副主任
吴平忠	科长（领队）	苏州市体育局	江苏省速滑队领队
贺鑫	高级教练员	苏州市体育局	江苏省速滑队总教练、国家速度轮滑队主教练、国际轮滑联合会速滑委员会委员
郭丹	国际健将	江苏省速滑队（苏州大学）	"轮转冰"跨界跨项速度滑冰国家集训队主教练（兼队员）、世界轮滑大满贯冠军、"轮转冰"领军人
杨劲	高级教练员	新疆维吾尔自治区体育局（原苏州市体育局）	原江苏省速滑队教练员（负责滑冰训练）
朱志强	校长、教授	哈尔滨体育学院	运动训练学博士研究生导师，主要研究冬季奥林匹克运动
蒙猛	院长、教授	哈尔滨体育学院	速度滑冰、速度轮滑国际级裁判员
张博光	助理教授	台湾中华大学	台湾地区速度轮滑教练员、速度轮滑国际级裁判、2018雅加达亚运会速度轮滑裁判长
南相华	教授	哈尔滨师范大学	原速度滑冰专业运动员，速度滑冰国际级裁判员

姓名	职务、职称	工作单位	备注
金星阳	高级教练员	呼伦贝尔市体育运动学校	原速度滑冰国家队集训运动员
吴瑛	教授	上海体育学院	博士生导师
张庆文	教授	上海体育学院	博士生导师
王德新	教授	上海体育学院	博士生导师
韩冬	教授	上海体育学院	博士生导师
王兴	教授	上海体育学院	博士生导师
邰崇禧	教授	苏州大学体育学院	博士生导师
李思杉	国际健将	江苏省速滑队	"轮转冰"杰出代表、世界青年速度滑冰世界杯总冠军

（三）专家积极性系数

通常来讲，专家的积极系数以问卷的回收率来表示，如果被调查的专家对咨询的问题积极性不高或表示不愿意配合，则问卷的回收率相对较低，也就失去了咨询的意义。当问卷回收率超过 90 %，即专家积极系数 ≥ 90 %，表示在此次专家问卷调查过程中专家对该研究具有很高的关心程度，可对咨询结果进行处理。计算方法为实际接受专家调查的专家人数占全部专家的比重，即 $C_{aj} = \dfrac{M_j}{M} \times 100\%$，其中，$C_{aj}$ 表示专家积极性系数、M_j 表示实际接受专家调查的人数、M 则表示全部专家数。

表 4-13　问卷发放与回收情况

	发放数量	问卷回收情况				专家提出意见情况	
		收回数量	回收率（%）	有效分数	有效率	专家人数	百分比
第一轮	17	17	100	17	100	8	47.06
第二轮	17	17	100	17	100	2	11.76

通过对问卷的整理结果统计得知（见表 4-13），本次进行的两轮专家调查问卷回收率均为 100 %，且有效率同为 100 %。其中第一轮，有 8 位专家提出新增、删除或修改的建议，占专家人数的 47.06 %，笔者根据研究需要有针对性地进行了增补或修改，同时根据均值和变异系数进行了删除；第二轮有 2 位专家提出意

见，占专家人数 11.76 %，表明当前各个领域的专家、学者对"轮转冰"这一试点表现出了很大兴趣，并积极投入和关心本研究内容，体现了良好的积极性。

（四）专家协调程度

专家意见的协调程度反映专家意见的收敛程度，也是一项反映专家咨询结果可靠性程度的重要指标。通常用变异系数 V 及协调系数 W 来反映。

变异系数（又称"离散系数"或"标准差系数"），表示专家对指标评价意见的集中程度，其数值越大表明数据的离散程度越大。一般变异系数大于等于 0.25，则认为该指标的专家协调程度不够[①]，则建议删除该指标。计算方法为标准差与平均数的百分比，即 $CV = \dfrac{S}{\overline{X}} \times 100\%$，其中 CV 表示变异系数，S 表示标准差（标准差表示专家对指标重要程度评价的离散程度特征，其数值越大表明该组数据的离散程度越大），$\overline{X}$ 表示平均数（均值表示专家对指标意见的集中程度，其数值越高表明专家意见越集中，表示该指标越重要）。

变异系数只反映专家对某一指标的协调程度，而协调系数则反映专家对一组指标或全部指标的协调程度，协调系数在 0～1 之间取值，越接近 1，说明专家对该条目的协调程度越高，反之，则意味着专家意见协调程度较差，对该条目重要程度的判断存在较大分歧[②]。

（五）指标筛选依据

本文从 17 位专家对指标评分的均值和变异系数两个方面的数据对"轮转冰"训练模式影响因素指标的重要性进行评价。均值表示专家对指标意见的集中程度，其数值越高表明专家意见越集中，表示该指标越重要；标准差表示专家对指标重要程度评价的离散程度特征，其数值越大表明该组数据的离散程度越大。通常情况下，运用德尔菲法进行指标筛选时，对有关专家的一致意见，很少有资料进行明确定义。有专家研究认为，依据重要程度（"非常重要""重要"）的选择率大

---

① 周登嵩，余道明 . 首都体育现代化指标体系的研究 [J]. 北京体育大学学报，2007（5）：581-585.

② 刘秀娜 . 我国护理学博士研究生教育培养目标的探索性研究 [D]. 重庆：第三军医大学，2012.

于 80％的条目将予以保留 [①]。结合上述描述，本研究选择影响因素指标重要程度选择率大于 80％，且变异系数小于 0.25 的指标予以保留。

二、第一轮专家咨询结果

第一轮"轮转冰"训练模式影响因素评价指标专家问卷得分情况见表 4-14。

表 4-14　第一轮专家问卷得分表

指标	样本总量 / 重要程度选择率（％）	均值（分）	标准差	变异系数
A1	17/94.12	4.764 7	0.562 30	0.118 013
A2	17/100	4.882 4	0.332 11	0.068 022
A3	17/94.12	4.588 2	0.618 35	0.134 768
B1	17/100	4.941 2	0.242 54	0.049 085
B2	17/100	4.882 4	0.332 11	0.068 022
B3	17/100	4.294 1	0.469 67	0.109 375
B4	17/94.12	4.411 8	0.618 35	0.140 159
B5	17/100	4.823 5	0.392 95	0.081 466
B6	17/82.35	4.058 8	0.658 65	0.162 277
B7	17/94.12	4.352 9	0.606 34	0.139 294
B8	17/94.12	4.529 4	0.624 26	0.137 825
B9	17/94.12	4.647 1	0.606 34	0.130 478
C1	17/100	4.647 1	0.492 59	0.106 001
C2	17/100	4.882 4	0.332 11	0.068 022
C3	17/100	4.823 5	0.392 95	0.081 466
C4	17/94.12	4.411 8	0.618 35	0.140 159
C5	17/82.35	4.176 5	0.727 61	0.174 216
C6	17/82.35	4.058 8	0.658 65	0.162 277
C7	17/100	4.823 5	0.392 95	0.081 466
C8	17/70.59	3.764 7	1.147 25	0.304 739
C9	17/100	4.882 4	0.332 11	0.068 022
C10	17/94.12	4.294 1	0.587 87	0.136 901
C11	17/100	4.647 1	0.492 59	0.106 001
C12	17/100	4.588 2	0.507 30	0.110 565
C13	17/100	4.588 2	0.507 30	0.110 565
C14	17/76.47	3.470 6	1.280 51	0.368 959
C15	17/94.12	4.588 2	0.618 35	0.134 768

[①] 刘萍萍，王凯珍. 我国羽毛球后备人才培养的影响因素、问题及对策 [J]. 首都体育学院学报，2017，29（1）：58-62.

续表

指标	样本总量／重要程度选择率（%）	均值（分）	标准差	变异系数
C16	17/70.59	3.823 5	1.074 44	0.281 010
C17	17/94.12	4.588 2	0.618 35	0.134 768
C18	17/94.12	4.588 2	0.618 35	0.134 768
C19	17/100	4.823 5	0.392 95	0.081 466
C20	17/94.12	4.470 6	0.624 26	0.139 638
C21	17/41.18	3.294 1	1.263 16	0.383 461
C22	17/82.35	4.235 3	0.752 45	0.177 662
C23	17/94.12	4.470 6	0.624 26	0.139 638
C24	17/100	4.588 2	0.507 30	0.110 565
C25	17/94.12	4.647 1	0.606 34	0.130 478
C26	17/41.18	3.411 8	1.325 65	0.388 553
C27	17/100	4.882 4	0.332 11	0.068 022
C28	17/100	4.823 5	0.392 95	0.081 466
C29	17/94.12	4.529 4	0.624 26	0.137 825
C30	17/100	4.529 4	0.514 50	0.113 59
C31	17/88.24	4.294 1	0.685 99	0.159 752
C32	17/58.82	3.647 1	1.114 74	0.305 651
C33	17/82.35	4.058 8	0.658 65	0.162 277
C34	17/82.35	4.117 6	0.696 63	0.169 183
C35	17/100	4.411 8	0.507 30	0.114 988
C36	17/88.24	4.470 6	0.717 43	0.160 478
C37	17/88.24	4.470 6	0.717 43	0.160 478
C38	17/94.12	4.588 2	0.618 35	0.134 768
C39	17/52.94	3.411 8	1.121 32	0.328 659
C40	17/94.12	4.470 6	0.624 26	0.139 638
C41	17/88.24	4.294 1	0.685 99	0.159 752
C42	17/82.35	4.352 9	0.785 91	0.180 546
C43	17/82.35	4.294 1	0.771 74	0.179 721
C44	17/100	4.529 4	0.514 50	0.113 59
C45	17/100	4.588 2	0.507 30	0.110 565
C46	17/88.24	4.411 8	0.712 29	0.161 452

根据以上修改原则，通过对第一轮专家问卷调查结果进行整理和分析，一、二级指标得分较为理想，说明专家对指标的设计较为认可，最终将全部保留。

共有 7 个三级指标的变异系数超过 25 %，且重要程度选择率均小于 80 %，它们分别是“C8 教练员待遇”“C14 升学和退役保障”“C16 工作态度”“C21 国外训练、参赛的频率""C26 训练周期安排的合理化程度""C32 参赛安排""C39 科研重视程度",因此给予删除。通过对相关专家的咨询以及给予的意见得知,教练员待遇和运动员退役保障对训练有很重要的影响,但是对训练模式的影响关系不大,且这两者应属于"C36 政策支持"范畴;工作态度与"C15 服务意识"在表达上相近;国外参赛数量对"轮转冰"训练模式没有直接关系;训练周期安排合理程度和科研重视程度均属于"C21 训练目标和多年训练计划的合理性"以及"C40 科研团队建设"的范畴。另外,根据部分专家的建议,结合文献资料,并根据研究需要,在 B3、B4 二级指标下分别增加 2 个三级指标,即"专业化水平"和"轮转冰"训练的普及程度;同时修改了 6 个指标的表述,修改、增加、删除的指标见表 4-15。

表 4-15 第一轮专家问卷调整的指标

序号	修改前	修改后	增加的指标	删除的指标
1	A2 运动训练因素	A2 训练竞赛因素	B3—C13 专业化水平	C8 教练员待遇
2	B4 运动训练科学化程度	B4 训练科学化程度	B4—C18 "轮转冰"训练的普及程度	C14 升学和退役保障
3	B6 比赛机制	B6 竞赛改革		C16 工作态度
4	B7 管理体制	B7 管理保障		C21 国外训练、参赛的频率
5	C35 管理体系设置	C31 管理体系		C26 训练周期安排的合理化程度
6	C44 医疗团队建设程度	C39 医疗团队建设		C32 参赛安排
7				C39 科研重视程度

根据专家意见对第一轮问卷调整后,形成 3 个一级指标、9 个二级指标以及 41 个三级指标的第二轮专家问卷调查表。

三、第二轮专家咨询结果

第二轮统计结果发现,仅有两位专家对个别三级指标表述提出修改建议,并认为修改后能更好地表达对"轮转冰"训练模式的影响,建议将"C29 竞赛办法"改成"竞赛方案",以及建议将"C41 营养补给条件"改成"营养补给水平"。由此可以说明专家意见基本一致(有两位专家对指标提出了更恰当的表述),趋势稳定(见表 4-16)。

表4-16 第二轮专家问卷得分表

指标	样本总量 / 重要程度选择率（%）	均值（分）	标准差	变异系数
A1	17/100	4.764 7	0.437 24	0.091 765 856
A2	17/100	4.882 4	0.332 11	0.068 021 625
A3	17/94.12	4.705 9	0.469 67	0.099 804 496
B1	17/100	4.941 2	0.242 54	0.049 084 591
B2	17/100	4.882 4	0.332 11	0.068 021 625
B3	17/100	4.529 4	0.624 26	0.137 824 58
B4	17/100	4.529 4	0.62426	0.137 824 58
B5	17/100	4.823 5	0.392 95	0.081 465 788
B6	17/100	4.294 1	0.469 67	0.109 374 791
B7	17/100	4.529 4	0.514 50	0.113 589 972
B8	17/100	4.529 4	0.514 50	0.113 589 972
B9	17/100	4.470 6	0.514 50	0.115 084 577
C1	17/100	4.823 5	0.392 95	0.081 465 788
C2	17/100	5.000 0	0.000 00	0
C3	17/100	4.823 5	0.392 95	0.081 465 788
C4	17/100	4.823 5	0.392 95	0.081 465 788
C5	17/100	4.470 6	0.624 26	0.139 638 061
C6	17/94.12	4.294 1	0.587 87	0.136 900 658
C7	17/100	4.470 6	0.514 50	0.115 084 577
C8	17/100	4.352 9	0.492 59	0.113 163 069
C9	17/100	4.470 6	0.514 50	0.115 084 577
C10	17/100	4.823 5	0.392 95	0.081 465 788
C11	17/100	4.823 5	0.392 95	0.081 465 788
C12	17/100	4.941 2	0.242 54	0.0490 845 91
C13	17/100	5.000 0	0.000 00	0
C14	17/100	4.470 6	0.514 50	0.115 084 577
C15	17/100	4.470 6	0.514 50	0.115 084 577
C16	17/100	4.470 6	0.514 50	0.115 084 577
C17	17/100	4.882 4	0.332 11	0.068 021 625
C18	17/100	4.647 1	0.492 59	0.106 000 85
C19	17/100	4.764 7	0.437 24	0.091 765 856
C20	17/100	4.764 7	0.437 24	0.091 765 856
C21	17/100	4.588 2	0.507 30	0.110 565 31

续表

指标	样本总量／重要程度选择率（%）	均值（分）	标准差	变异系数
C22	17/100	4.764 7	0.437 24	0.091 765 856
C23	17/100	4.823 5	0.392 95	0.081 465 788
C24	17/100	4.941 2	0.242 54	0.049 084 591
C25	17/100	4.941 2	0.242 54	0.049 084 591
C26	17/100	4.823 5	0.392 95	0.081 465 788
C27	17/94.12	4.647 1	0.606 34	0.130 478 026
C28	17/100	4.588 2	0.507 30	0.110 565 31
C29	17/100	4.352 9	0.492 59	0.113 163 069
C30	17/100	4.235 3	0.437 24	0.103 236 589
C31	17/100	4.470 6	0.514 50	0.115 084 577
C32	17/100	4.705 9	0.469 67	0.099 804 496
C33	17/100	4.705 9	0.469 67	0.099 804 496
C34	17/100	4.705 9	0.469 67	0.099 804 496
C35	17/100	4.823 5	0.392 95	0.081 465 788
C36	17/100	4.705 9	0.469 67	0.099 804 496
C37	17/100	4.352 9	0.492 59	0.113 163 069
C38	17/100	4.764 7	0.437 24	0.091 765 856
C39	17/100	4.705 9	0.469 67	0.099 804 496
C40	17/100	4.470 6	0.514 50	0.115 084 577
C41	17/94.12	4.529 4	0.624 26	0.137 824 58

从表 4-17 可以看出，所有一级、二级、三级指标"重要选择程度"均大于 80%，且变异系数均小于 0.25，其中最大的变异系数仅为 0.1378，说明"轮转冰"训练模式影响因素的指标具有很好的集中度。同时专家评价一致性系数为 0.198，且 P 值为 0，小于 0.01，表明专家对第二轮的指标较为认可，可以反映当前影响"轮转冰"训练模式的因素，因此本研究不再进行第三轮专家咨询。

表 4-17 专家意见一致性检验

轮 次	专家人数	一致性系数（Kendall's W）	卡方值（Chi-Square）	P
第二轮	17	0.198	174.866	0.000

最终确定了3个一级指标、9个二级指标和41个三级指标的"轮转冰"训练模式影响因素指标（见表4-18）。

表4-18 "轮转冰"训练模式影响因素指标

一级指标	二级指标	三级指标
人力资源因素 A1 （B1—B3）	教练员因素 B1 （C1—C7）	教练团队建设 C1
		执教理念 C2
		对速度轮滑和速度滑冰两个项目的认知水平 C3
		训练理论水平 C4
		自身竞技水平 C5
		知名两栖外教的聘请 C6
		敬业精神 C7
	运动员因素 B2 （C8—C12）	意志品质 C8
		年龄 C9
		速度轮滑的竞技水平 C10
		对冰刀的适应程度 C11
		对速度滑冰技术的理解 C12
	管理人员因素 B3 （C13—C16）	专业化水平 C13
		服务意识 C14
		工作效率 C15
		政策执行力度 C16
训练竞赛因素 A2 （B4—B6）	运动训练环境 B4 （C17—C21）	后备人才梯队建设 C17
		"轮转冰"训练的普及程度 C18
		场馆设施标准化程度 C19
		速度轮滑转项速度滑冰的比重 C20
		器材装备完善程度 C21
	训练科学化程度 B5 （C22—C27）	转项训练条件的判断 C22
		训练目标和多年训练计划的合理性 C23
		训练方法和手段使用 C24
		训练内容针对性 C25
		训练过程的控制 C26
		训练效果的评价 C27
	竞赛改革 B6 （C28—C30）	赛制创新 C28
		竞赛方案 C29
		竞赛管理 C30

续表

一级指标	二级指标	三级指标
综合保障因素 A3 （B7—B9）	管理保障 B7 （C31—C34）	管理体系 C31
		政策支撑 C32
		激励措施 C33
		资金投入 C34
	科研保障 B8 （C35—C38）	科研团队建设 C35
		研究水平 C36
		科研成果转化率 C37
		器材装备的研发 C38
	医疗保障 B9 （C39—41）	医疗团队建设 C39
		医疗康复条件 C40
		营养补给水平 C41

第四节　影响因素指标的释义

一、一级指标解释说明

调查结果显示，影响"轮转冰"训练模式的一级指标因素中，专家普遍认为"训练竞赛"最重要，选择率和满分率分别为 100 % 和 88.24 %，其次是"人力资源因素"和"综合保障因素"，选择率均为 100 %（见表 4-19）。

表 4-19　"轮转冰"训练模式影响因素一级指标重要程度排序

排序	影响因素	≥4分的选择率（%）	满分率（%）
1	训练竞赛因素 A2	100	88.24
2	人力资源因素 A1	100	76.47
3	综合保障因素 A3	100	70.59

（一）训练竞赛因素

"轮转冰"训练模式服务对象是速度轮滑运动员，目标是将其培养成优秀的速度滑冰运动员或"冰轮两栖"运动员，为速度滑冰选材和后备人才培养提供科学的支持。竞技体育以提升运动员竞技能力、取得优异成绩、夺取比赛优胜为目的，因此训练和竞赛是核心。因此"轮转冰"训练模式最重要的影响因素应是"训练竞赛因素"，从本文研究内容出发，该因素包括了运动训练环境、训练科学化程度和竞赛改革三个部分，处理好这三个方面的问题，有助于"轮转冰"训练模式的成功和进一步优化，进而更好地服务江苏省速滑队伍。

（二）人力资源因素

人力资源是指发展经济和社会事业所需要的具有必要劳动能力的人口。其中必要劳动能力是指智力与体力有机结合。当前"轮转冰"计划仍处于试点阶段，"轮转冰"训练模式也处于试行的初期，该训练模式能否科学、坚定地贯彻与实施，需要集教练员、运动员以及管理人员的智慧于一体，共同面对、一起发力。然而当前"轮转冰"训练缺乏可供借鉴的经验，这个经验既包括教练员的执教经验，又包括运动员训练体会，还包括对"两栖"队伍的管理的经验，因此"人力资源因素"在某种程度上对"轮转冰"计划和"轮转冰"训练模式能否取得成功起到决定性作用。

（三）综合保障因素

综合保障因素是保障和支持"轮转冰"训练模式正常组织、实施工作的重要组成部分，既保障该训练的组织管理工作，又提供科研的支持，同时还做好医疗服务，为训练模式的科学化提供强有力的支撑。竞技体育的重点是训练，难点也是训练。在"轮转冰"计划的发展以及训练模式的组织与实施过程中，训练既是主体与核心，也是目前"轮转冰"的薄弱环节。特别是当前"轮转冰"处于试点阶段，有成功经验的教练员、运动员、管理人员极度缺乏，这对处于探索阶段的"轮转冰"训练模式提出了巨大的挑战。我国实施"轮转冰"计划以解决对速度滑冰竞技体育后备人才的迫切需求与"轮转冰"专业从业者极度缺乏的矛盾，促进"轮转冰"训练模式的普及和推广、优化和完善。因此做好"轮转冰"训练模式的综合保障工作对"轮转冰"训练模式的成功以及"轮转冰"计划全面落实有着重要的促进作用。

二、二级和三级指标解释说明

调查结果显示，影响"轮转冰"训练模式的二级指标因素中，专家普遍认为"教练员因素""运动员因素"和"训练科学化程度"是影响"轮转冰"训练模式最重要的三个因素，重要选择率均为 100 %，且满分率均达到 80 % 以上（见表4-20）。

表 4-20 "轮转冰"训练模式影响因素二级指标重要程度排序

排序	影响因素	≥4 分的选择率（%）	满分率（%）
1	教练员因素 B1	100	94.12
2	运动员因素 B2	100	88.24
3	训练科学化程度 B5	100	82.35
4	管理人员因素 B3	100	58.82
4	运动训练环境 B4	100	58.82
4	管理保障 7	100	52.94
4	科研保障 8	100	52.94
8	医疗保障 B9	100	47.06
9	竞赛改革 B6	100	29.41

（一）教练员因素

教练员是从事竞技运动训练工作、培养运动员并指导他们参加运动竞赛取得优异成绩的专业人员，是运动训练过程的设计者、组织者，也是运动员的教育者和指导者[1]。"轮转冰"训练模式是运动员由速度轮滑转项发展速度滑冰以及进行"冰轮两栖"训练过程的新型训练模式，因此这就需要教练员打破过去传统训练思维，更新训练理念，开启对速度滑冰训练的新视角，弥补我国速度滑冰运动员在体能方面的不足。由于目前我国严重缺乏"轮转冰"（或"冰轮两栖"训练）的训练经验，因此引进国外知名两栖训练专家、更新教练员执教理念、组建专业的教练员团队、强化教练员对速度轮滑和速度滑冰两个项目的认识和理解、提高

---

[1] 杨国庆，陶欣，许秋红. 江苏"精英教练员工程"建设与实施研究 [J]. 体育与科学，2016，37（6）：1-6；20.

教练员的敬业精神等对"轮转冰"训练模式合理化、科学化、效率化至关重要。同时鼓励过去竞技水平高（尤其是速度轮滑）的退役运动员参与"轮转冰"训练工作，原因在于教练员竞技水平达不到一定层次就无法对训练有更深的体会和认识，不利于运动员竞技水平提升。因此，教练员因素是目前"轮转冰"训练模式的核心要素，也是"轮转冰"训练能否取得成功和突破的关键。

（二）运动员因素

教练员和运动员是运动训练的核心，构成了竞技体育人才资源的核心要素，是运动训练的主体。"轮转冰"发展方向有速度轮滑运动员转项发展速度滑冰的长距离和集体出发项目，且需要适应不同的技术和场地器材，需要运动员具备较高的意志品质。速度轮滑运动员年龄、竞技水平、对速度滑冰技术的理解，以及对冰刀的适应程度都是判断能否转项训练的重要依据，这些依据决定了运动员能否转项成功以及转项后竞技水平上限的高度。因此运动员因素不但是影响"轮转冰"训练模式的主要因素，还是"轮转冰"训练模式的训练成果的具体体现。

（三）训练科学化程度

当前运动训练追求的是训练质量和效率，并不是训练量多少，因此训练的科学化程度决定了运动训练水平的高低，也体现出教练员对训练理论知识体系的掌握程度，以及对训练安排、结构和过程的控制能力。对从影响"轮转冰"训练模式的因素视角来看，转项训练时机的判断、多年训练计划安排的合理性、训练方法和手段、训练内容针对性、训练过程控制以及训练效果的评价等内容，都将直观地反映运动员进行"轮转冰"训练的科学化程度，决定了"轮转冰"训练模式可持续发展的能力。

（四）管理人员因素

运动管理人员的高水平的业务能力，往往在优秀运动员培养系统中发挥至关重要的作用。管理人员的组织能力、对教练员和运动员的服务意识、工作效率，以及对上级组织部门政策的执行力度等反映出该队伍管理人员的业务水平和能力。尤其对当前"轮转冰"试点项目，更需要管理人员具备速度轮滑和速度滑冰专业知识，以便更全面、直接地了解教练员和运动员的现实需求，以及队伍发展急需解决的问题等诸多专业问题，可以更有针对性和更有效率地为速滑队伍服务。

（五）运动训练环境

运动训练环境是指运动员（队）周边群体的整体训练水平，包括整个队伍的竞技水平、场地器材设施的配备水平等。"轮转冰"是为扩大速度滑冰选材以及实现北京冬奥会"全面参赛"宏伟目标实行的科学发展的计划。对于江苏省速滑队来讲，要想实现训练模式成功不仅需要加强后备人才队伍梯队建设，也需要提高"轮转冰"训练的普及程度，更需要大量转项成功的运动员来给予其他运动员信心和支持，同时还需要具备完善的训练场馆、器材、装备来保障训练的可持续性。因此，打造优良的运动训练环境，不仅是"轮转冰"训练模式取得成功的重要环节，更是"轮转冰"计划可持续发展的重要保障。

（六）管理保障

一支高水平、富有竞争力的运动员队伍的可持续发展离不开科学的规划与完善的管理工作。尤其对于当前速度轮滑运动由国家体育总局社会体育管理中心中国轮滑协会管理，速度滑冰则由国家体育总局冬季运动管理中心中国滑冰协会管理，作为试点，江苏省速滑队则由社会体育和竞技体育两个不同的部门共同管理，由于两个部门发展思路、规划等不同，管理方式、制度等方面的不同，对江苏省速滑队的发展不利，难以形成合力，这就造成了关于"轮转冰"训练模式在专职管理体系组建、队伍发展政策制定、训练竞赛资金的投入和奖励等方面不明晰，难以真正从更高层面为训练模式和队伍发展提供更为可信、可靠的保障，不利于"轮转冰"训练模式可持续发展。

（七）科研保障

科技是第一生产力。对于竞技体育来讲，科技是保持和提升竞技体育竞争力的核心要素①。尤其对"轮转冰"这一新型项目，以及速度轮滑和速度滑冰均需要借助器材来完成比赛的项目，科技支撑在一定程度上为该项目竞技水平的提升以

---

① 郭林.我国西北地区竞技体育人力资源状况及对策——以陕西省竞技体育为例 [J].北京体育大学学报，2009，32（7）：32-34；38.

及运动成绩的突破起到至关重要的作用。研究水平的提升、科研成果的转化、器材装备的研发，甚至还有器材的调理和养护等方面均是"轮转冰"训练在科研层面上急需支持和解决的内容。

（八）医疗保障

在竞技体育竞争日趋激烈的环境下，运动医疗保障已成为复合型教练员团队组建不可或缺的一部分，更是竞技体育训练科学化的重要保障。当前我国职业教练员、运动员以及管理人员均已意识到医疗的重要作用。由于种种原因，当前江苏省速滑队伍教练员团队组建不完善，医疗保障不到位，严重影响"轮转冰"训练的质量和科学化程度，难以保障"轮转冰"训练模式进一步优化。因此应加快构建以医疗团队建设、提高医疗康复条件和营养补给水平为核心的医疗保障体系，保障"轮转冰"训练过程科学有效，进而提升"轮转冰"训练模式的成效，从而可以更全面地为速度滑冰后备人才培养和整体竞技水平提升提供服务。

（九）竞赛改革

"轮转冰"训练模式是针对我国"跨界跨项选材，转项训练"而构建的一个相对科学合理的"轮转冰"训练过程的标准样式。尤其对处于"冰轮两栖"训练阶段的运动员来说，由于训练任务和训练安排，运动员既要参加速度轮滑比赛又要参加速度滑冰比赛，且两个项目由于季节不同在时间安排上也有差异，给运动员训练调整、适应、参赛等诸多方面带来困难。运动员经历的艰苦训练只能通过竞赛的形式展现给社会并得到认可，这也是检验训练成果的最佳方式。针对"轮转冰"训练的特殊性，以及从今后将会普及的现实可能出发，中国轮滑协会和中国滑冰协会应积极沟通，从赛制创新、竞赛方案、竞赛管理等视角出发对速度轮滑和速度滑冰竞赛进行适当、合理的改革，以便让更多的速度轮滑、速度滑冰、"轮转冰"运动员有更合理的参赛机会，从而可以真正实现"以赛促练"，促进速度滑冰、速度轮滑以及"冰轮两栖"训练模式不断优化，训练水平不断提高，训练成果不断突破，进而从整体上推动我国速度滑冰竞技水平快速进入滑冰强国行列，并在各个项目上都持有强劲的竞争力。

综上所述，"轮转冰"训练模式的服务对象是速度轮滑运动员，目标是将其培养成优秀的速度滑冰运动员，为速度滑冰选材和后备人才培养提供科学的支持。

当前，"轮转冰"训练模式仅是初级阶段，整个过程会遇到各种各样的问题，影响"轮转冰"训练的实施和发展。因此，通过构建"轮转冰"训练模式影响因素指标体系，从人力资源、训练竞赛和综合保障三个层面出发，在实施"轮转冰"训练模式的过程中处理好这三个层面所涵盖的诸多因素，有利于各级体育行政专管部门和训练单位更好地开展训练工作，从而保障"轮转冰"训练模式的不断优化和可持续发展，进而更好地服务江苏省速滑队伍。

第五节 "轮转冰"训练模式的理论框架

众所周知，高水平竞技运动员的培养是一项复杂的系统工程。理论研究与训练实践都已证明，多年科学、系统的训练是培养高水平运动员的必经之路。长期系统的运动训练过程离不开理论的指导，尤其作为新兴事物，"轮转冰"训练模式更加离不开理论的指导，以保障这一新兴训练模式走向高质量、可持续发展之路。构建全新的训练理论，并非是凭空臆造，必须依据现有理论基础和运动实践经验，并依靠大量不断更新的研究成果。"轮转冰"训练模式是"轮转冰"计划的必然产物，只有在科学的理论指导下，"轮转冰"训练模式才能逐步走上正轨，"轮转冰"计划才能得以全面实现。同时，"轮转冰"计划的成功，是对"轮转冰"训练模式的肯定，也是对"轮转冰"训练模式理论体系指导结果的体现。因此，构建"轮转冰"训练模式的理论框架既是"轮转冰"训练实践的客观要求，也是速度滑冰训练理论发展的必然结果。

一、"轮转冰"训练理论研究的基本内容

自 20 世纪 70 年代末我国竞技体育重返国际体坛后，为促进竞技体育快速发展，一些学者和教练员引进了诸多新兴学科理论来补充、完善运动训练学理论体系，经过运动训练实践的检验，逐步形成了可以满足当代竞技体育科学化的运动训练的学科体系[1]（如图 4-7 所示）。

---

① 徐本力. 专项理论到运动训练科学——兼论运动训练科学理论的形成与发展趋势 [J]. 北京体育大学学报，2004（6）：721-726；729.

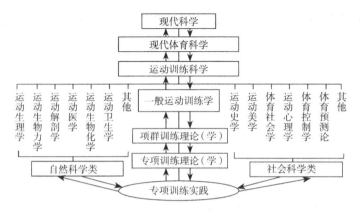

图 4-7 运动训练科学的学科体系

运动训练学一般训练理论从宏观视角研究各个项目的共性特征,项群训练理论从具有高度相关运动项目出发探索该组运动项目的共性特征,而专项训练理论则是直接服务于某一运动项目并研究该专项训练活动规律和行为[①]。不论是哪一个层面的理论研究,其核心都是围绕"为何练、练什么、练多少和怎么练"这 4 个方面的内容。依据运动训练理论划分的三个层次来看,有关"轮转冰"训练模式的理论属于专项训练理论层面,是专门研究"轮转冰"训练活动规律及组织操作行为的训练理论,是对"轮转冰"训练规律的高度概括,直接对"轮转冰"训练过程的组织与实施进行指导与把控,具有"轮转冰"训练的鲜明特点。依据运动训练理论研究内容,具体从"轮转冰"训练模式发展过程来看,"轮转冰"训练理论主要研究内容见图 4-8。

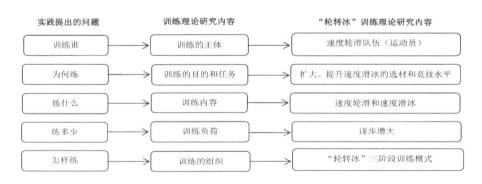

图 4-8 "轮转冰"训练理论研究内容

---

① 田麦久,刘大庆.运动训练学 [M].北京:人民体育出版社,2012.

区别于传统专项训练，"轮转冰"训练涉及竞赛装备不同、竞赛方式不同、竞赛场地不同、比赛季节不同的速度轮滑和速度滑冰两个项目。因此，从"轮转冰"训练理论研究内容上来看，确立以速度轮滑运动员为主体，通过三个阶段训练模式科学安排速度轮滑和速度滑冰训练内容，是"轮转冰"训练理论的核心思想。当前"轮转冰"计划仍处于摸索阶段，为保证训练过程科学合理，训练成果明显，需要研究人员和广大"轮转冰"从业者深入贯彻核心思想，牢牢抓紧训练的实质和核心问题，坚持"理论指导实践，实践反哺理论"的理念，不断深化"轮转冰"训练理论体系。

二、"轮转冰"训练模式理论框架构建

"轮转冰"作为我国实现北京冬奥会"全面参赛"宏伟目标的关键，为"跨界跨项跨季选材，转项训练"进而推动冬季竞技体育高质量发展起到至关重要作用。在速度滑冰赛场上当"轮转冰"运动员获得优异成绩时，人们会产生许多关于转项训练的问题，诸如：什么是"轮转冰"？"跨界、跨项、跨季"训练有什么依据？如何去设计、安排训练？今后发展的方向是什么？其他冬季项目是否也可以去尝试？针对这些问题，构建系统、科学的"轮转冰"训练模式理论就成为摆在我们面前的重要课题，成为"轮转冰"训练理论研究者和教练员的重要使命。构建"轮转冰"训练模式理论不仅可以厘清训练思路、指导训练实践，而且可以为"跨界、跨项、跨季选材，转项训练"理论提供支撑，从而科学、系统地回答人们对于以"轮转冰"训练为热点的"跨界、跨项、跨季选材，转项训练"诸多问题，并得到社会各界的广泛认可和支持，促进"轮转冰"训练可持续发展。

依据"轮转冰"训练的理论基础和研究内容，本研究建立了"轮转冰"训练理论框架，包括"轮转冰"训练模式的内涵、构建原则、转项时机判断、训练内容以及影响因素五个方面，这五个方面密切围绕"轮转冰"训练过程中的实际问题，依照速度轮滑和速度滑冰的项目规律和竞技能力特征，以扩大速度滑冰后备人才为目标，组织"轮转冰"训练模式的理论框架（见图4-9）。

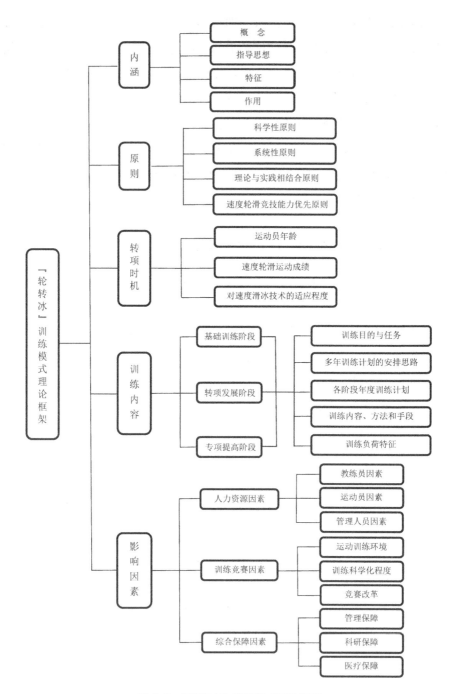

图 4-9 "轮转冰"训练模式理论框架

第六节 本章小结

速度轮滑和速度滑冰同属体能主导类周期性竞速类项群，都是运动员穿戴特殊装备，在特定场地，按照竞赛规则采用特殊的滑跑姿势和正确的技术动作，在规定距离内，以最快的速度滑跑完一定距离的周期性竞速类运动项目。

首先，通过竞赛规则和竞赛特征、竞技能力特征、训练特征和制胜因素四个方面对速度轮滑和速度滑冰的项目特征进行对比分析，结果发现两个项目在竞赛规则和办法（集体出发项目）、项目属性、竞赛时间安排、技术结构、基本姿势、做功肌群、力量特征、速度要求、能量供应、战术特征（个人项目）、选材标准和要求、全程性多年训练计划的设计思路、年度训练周期划分、训练内容和负荷安排、训练方法和手段，以及制胜因素等方面基本一致，有利于竞技能力正向迁移；在项目设置、竞赛规则（所有项目）、场地器材要求、竞赛类型、技术动作（重心高度，躯干与水平面角度，髋、膝、踝的角度，滑行节奏）、竞赛项目战术特点等方面有较大差异，需要在"轮转冰"训练实践中予以克服。

其次，通过文献梳理、专家访谈，结合速度轮滑和速度滑冰项目特征，从训练实践出发对"轮转冰"训练模式内涵进行解析，提出了"基础训练阶段：速度轮滑训练 → 转项发展阶段：冰轮两栖训练 → 专项提高阶段：速度滑冰训练"，这一"轮转冰"三阶段的训练模式；然后确立了立足速度轮滑运动，依据速度轮滑和速度滑冰项目特征，以培养速度滑冰后备人才为目标，由速度轮滑转项进入速度滑冰训练过程的"轮转冰"训练模式的指导思想；认为该训练模式体现出多学科理论支撑是"轮转冰"训练模式的基础，跨项选材与转项训练是"轮转冰"训练模式的核心，转项训练时机把握是"轮转冰"训练模式的关键的三大特征；遵循科学性、系统性、理论与实践相结合、速度轮滑竞技能力优先等基本原则，从运动员年龄、运动成绩以及对速度滑冰技术理解和适应程度三个视角出发论述了"轮转冰"转项训练时机判断的依据。

再次，为保障"轮转冰"训练模式的不断优化和可持续发展，进而更好地服务江苏省速滑队伍，采用德尔菲法，通过17位专家评定，最终确定了包括3个一级指标、9个二级指标和41个三级指标的"轮转冰"训练模式的影响因素。

最后，以"轮转冰"训练理论研究内容为基础，构建了以"轮转冰"训练模式内涵、原则、转项时机判断、训练内容和影响因素 5 个部分为主要内容的"轮转冰"训练理论框架。

本文从运动训练实践出发，科学构建"轮转冰"训练理论，是"轮转冰"训练实践上升到理论高度的表现，是对"轮转冰"训练实践经验的初步总结与内涵升华。随着"轮转冰"计划的推行以及"跨项选材，转项训练"实践不断取得突破性进展，"轮转冰"训练模式的理论内涵将不断得到演进、拓展与丰富，"轮转冰"训练的科学化水平将会越来越高，"转项成材"率不断提升，我国速度滑冰后备人才培养路径多元化也将进一步发展。

第五章 "轮转冰"训练模式的运行分析

第一节 "轮转冰"各阶段的主要任务

实地调研了解到，江苏省速滑队接收全国各地拥有速度轮滑发展潜力的运动员，通过跟队试训、测试等方式决定是否留队入编，接收的运动员年龄大约在10～15岁，然后经过系统的培养，使其成为国内顶尖的速度轮滑运动员。队伍自2015年下半年尝试转项后，于2016年国家体育总局正式任命江苏省速度轮滑队成为江苏省速滑队以后，由于培养目标有所改变，其训练任务和重点也进行了有针对性的调整。目前注册在队的35名运动员依据年龄和竞技水平，在"轮转冰"训练模式理论体系的指导下有条不紊的训练。

"轮转冰"训练三阶段模式即"轮转冰"速滑运动员全程性多年训练过程，表现出一定的系统性、阶段性、复杂性和连续性等特征。依据运动员生长发育、竞技能力成长等阶段性客观规律，该训练模式是由三个不同阶段构成的，每个阶段体现出不同任务属性和阶段特征（见表5-1）。教练员在运动员全程性多年训练过程中始终贯彻以培养速度滑冰后备人才的长远目标为出发点，以速度轮滑竞技能力为核心，科学安排训练内容，保证训练质量，提高运动员转项成才概率。

表5-1 "轮转冰"训练模式各阶段基本任务

	训练阶段	主要任务	年限（年）
1	基础训练阶段	规范并提升技术，全面发展身体素质，提升专项竞技水平	3～5
2	转项发展阶段	进一步提升速度轮滑专项竞技水平，增强对速度滑冰专项技术学习、调整和适应，为转项速度滑冰实现针对性的过渡	2～4
3	专项提高阶段	增强速度滑冰技术训练，整体竞技水平不断提高，形成个性化滑跑风格	3～5

注：训练年限是经过与江苏省速滑队教练员、成功运动员以及长期从事"冰轮两栖"竞赛的裁判员交流、讨论而设定的。

一、基础训练阶段：主要任务

运动员全程性多年训练的基础训练阶段，主要任务是发展多种竞技能力，为专项提高和最佳竞技阶段打下坚实的基础[①]。基础训练阶段是"轮转冰"训练的起点，是为转项训练阶段以及转项成功奠定基础的重要阶段，该阶段训练水平的高低不仅决定了运动员今后在速度轮滑和速度滑冰赛场上能达到的竞技水平的高度，而且还决定了运动员职业生涯持续时间。然而基础训练阶段区别于传统运动训练，江苏省速滑队新进队的年轻运动员本身就具备较高潜力和运动水平，不论是训练目标、任务还是要求等都不能照本宣科。因此，"轮转冰"速滑运动员基础训练阶段的训练目的和任务是规范并不断提升速度轮滑技术水平，依照青少年生长发育规律，全面提升运动员身体素质和竞技实力，使其具备较强的专项能力，使运动员在该阶段对应组别的运动项目中具备夺冠实力。

二、转项发展阶段：主要任务

本研究涉及的"冰轮两栖"是指运动员既从事速度轮滑训练和竞赛，又从事速度滑冰训练和竞赛的运动训练过程。上述研究内容已指出"冰轮两栖"训练阶段是"轮转冰"训练模式的核心阶段，是速度轮滑运动员转项发展成为速度滑冰运动员的过渡阶段。速度轮滑运动员由于速度滑冰技术能力较差，需要经过一定阶段进行速度滑冰技术学习、适应和调整的过程，同时该阶段也是速度轮滑竞技能力继续提升的主要阶段。另外，由于比赛季节原因，在速度滑冰训练和比赛后，还要形成"由冰转轮"的过程，也需要对速度轮滑技术、场地、器材进行调整和适应。运动员在速度轮滑专项竞技能力不断提升的关键时期，又要从事速度滑冰训练，如果训练不得当将会在两个项目上一无所获，即速度滑冰转项失败且速度轮滑竞技水平下降。因此，转项发展阶段的"冰轮两栖"训练是整个"轮转冰"训练过程的核心阶段。所以该阶段任务艰巨，首先要根据青少年生长发育规律和身体素质提升敏感期，有针对性地提高运动员力量素质，进一步提升运动员有氧耐力水平，从而进一步提升速度轮滑整体竞技实力和水平；其次，要不断地学习、运用速度轮滑战术理论知识，积累比赛时战术运用的经验，为转项速度滑冰集体

---

① 田麦久. 运动训练学 [M]. 北京：人民体育出版社，2000.

出发项目储备更多的优势；最后，要逐步适应速度滑冰器材和场地，适应和学习速度滑冰技术，在冰期有针对性地调整速度轮滑滑行技术，适应速度滑冰训练和比赛，并力争取得较高的成绩，增强转项成功的信心。

三、专项提高阶段：主要任务

进入专项提高阶段，意味着运动员在速度滑冰领域具备国内较强的竞争力，甚至已经拥有顶尖的实力。上述内容指出，速度滑冰是需要穿戴装备在摩擦力很小的冰面上滑行，要求运动员具备很高的技术水平，在运动员具备相同身体素质的基础上，技术水平越高，在长距离或集体出发项目上滑行越省力，最后达到的成就则越高。因此，该阶段应在不过多改变原有速度轮滑技术的基础上强化运动员技术细节，打造具有"个性化"滑行风格的滑冰技术，不断完善和提升速度滑冰技术水平；同时，与一直从事速度滑冰的运动员相比，由于训练年限较短，"轮转冰"速滑运动员冰感较差，技术水平的提升是相对概念，因此该阶段还应继续保持高质量的速度轮滑训练，以弥补运动员在速度滑冰专项技术上的短板和劣势，不断提升运动员速度滑冰竞技水平。

第二节　"轮转冰"各阶段多年训练计划的安排思路

创造最优运动成绩，力争有机会在冬奥会赛场上展现自己是速度轮滑运动员进行"轮转冰"训练的终极目标，因此"轮转冰"训练模式全过程的训练思路应围绕如何以速度轮滑竞技能力促进速度滑冰竞技水平提升来展开，每个阶段均围绕着这个思路有针对性地安排训练任务，进而达到最终目的。

一、基础训练阶段：多年训练计划的安排思路

在与相关人员交流中了解到，速度轮滑运动员体能是获得高水平竞技实力的基础，科学合理的技术是决定竞技水平高度的核心。在基础训练阶段，技术训练是此阶段的训练重点，同时辅以各项身体素质训练，以全面提升运动员的综合竞技实力。需要指出这种训练安排的比重只是相对概念，技术水平的高低需要在高

强度的训练和对抗实践中去检验。通过实地考察发现，在进行技术课训练时，训练后半段教练员会安排运动员进行强度较高的对抗比赛，一是检验运动员技术运用的合理性；二是检验比赛后期技术的稳定性（判断运动员体能状态），同时也是体能训练的一部分；三是检验运动员技战术的运用和选择，是一个综合训练。只是在基础训练阶段的前期，对技术细节的要求会更高，训练强度较低以此来改进、完善技术，然后在基础阶段后期慢慢提升训练强度和训练量，在增强体能训练的同时来检验运动员技术的稳定性和合理性，以便下一阶段有针对性地训练并纠正。

体能训练时，基础训练阶段以综合、全面地提升身体素质为主，尤其运动员普遍年纪较轻，教练员应根据少年身体素质的生理学特征，耐力方面以有氧能力提升为主，力量方面以动力性的快速力量为主，此阶段整体负荷量不宜过大。同时，战术训练始终贯穿到体能和技术训练过程中，培养战术意识，提升战术选择和运用的能力。

另外，根据郭丹与贺鑫从事"轮转冰"训练的经验了解到，速度轮滑运动员越早接触速度滑冰练习对今后转项成功越有利。因此，从2017年底开始，江苏省速滑队有针对性地选择更多的年轻队员跟随"冰轮两栖"和转项成为速度滑冰的运动员去东北地区训练。由于此时处于速度轮滑冬训期，该阶段年轻运动员仍旧以体能训练为主，但是每节训练课准备活动部分和结束的放松部分都会安排运动员进行速度滑冰练习，不过与转项和"冰轮两栖"训练的运动员不同，教练员不会对这些年轻运动员有速度滑冰技术的要求，利用运动员兴趣广泛的特点，仅是让运动员自己去适应和体会速度滑冰的感觉，感受速度滑冰带来的快乐和兴奋感。同时他们还强调，进入速度轮滑的冬训阶段时，会让每个速度轮滑运动员经常在苏州速度滑冰训练馆进行速度滑冰放松和调整训练，甚至可以以速度滑冰训练（增加技术要求）进行速度轮滑有氧耐力训练，以此来培养运动员的冰感，也为以后运动员进行"冰轮两栖"训练时对不同技术的适应和调整做好铺垫，进而减少技术转换的过渡期，从而提高训练质量以促进转项成材率不断提升。

因此，基础训练阶段的训练思路是进行速度轮滑训练，重点提升运动员速度轮滑竞技实力和水平，依据"轮转冰"训练目标，冬训阶段让运动员多接触速度滑冰练习，但不做技术方面的要求，主要培养运动员适应滑冰环境和技术的能力，为下一阶段的训练打下坚实的竞技能力基础和培养冰感。

二、转项发展阶段：多年训练计划的安排思路

"冰轮两栖"训练是"轮转冰"训练的过渡阶段，在"轮转冰"全程训练过程中起到承上启下的作用，是"轮转冰"训练成功与否的核心和关键阶段。因此，此阶段的训练安排要根据两个项目训练和竞赛的特点，尤其要按照速度滑冰后备人才培养和提升速度滑冰整体竞技水平的培养目标来设计训练的整体思路。

通过访谈得知，目前江苏省速滑队处于"冰轮两栖"训练的运动员，速度轮滑训练比重约占 60 %，速度滑冰训练比重约占 40 %。原因在于，"轮转冰"是借助速度轮滑运动员的体能优势，以轮滑竞技能力弥补滑冰竞技能力的不足，随着运动员生长发育，此阶段应继续提升运动员的有氧能力，同时逐步发展运动员的力量素质。众所周知，速度轮滑需要运动员具备更加全面的身体素质，这是支撑转项的基础，因此不可盲目地认为运动员速度轮滑水平已经达到国内最佳，就可以将重心放在速度滑冰上，而是应循序渐进地继续提升运动员整体竞技实力和水平，为今后在速度滑冰领域创造优异成绩打下坚实的基础。

基于此，该阶段的训练安排应以年度双周期安排训练计划和内容，每年 3 月—9 月为速度轮滑训练期，该阶段继续以提升速度轮滑竞技能力为主，尽可能多地参加国内外比赛以提升竞技能力转化为比赛能力的水平，提升战术素养；10 月—第二年 3 月为速度滑冰训练期，该阶段重点以速度滑冰技术训练为主，同时有针对性地提升速度滑冰专项体能，并在"冰轮两栖"训练前期（"冰轮两栖"训练阶段前 1～2 年）通过有选择性地参赛来提升速度滑冰的比赛能力，并检验速度滑冰技术的适应和调整能力，在该阶段后期通过多次参赛来提升速度轮滑和速度滑冰技术转换的频率，以提高对不同技术的适应能力。通过几年的训练和项目间转换，对两个项目在技术上的特点和差异会有更深的理解，因此适应能力会越来越强，"冰、轮"训练周期之间的转换适应期会越来越短。需要指出的是，在此阶段进行技术训练时，郭丹和贺鑫一直强调，速度滑冰技术的学习并不是要放弃速度轮滑技术（这个观点是他们自身体会，以及常年在国外训练观察并和国外优秀"冰轮两栖"运动员和教练员沟通的结果），轮滑的技术不要全部否定和

改变，要根据自己对滑冰技术的理解，以及对冰鞋、场地等适应和调整能力，进行专项技术的细微调整。因为本身每个高水平运动员（速度轮滑和速度滑冰）在技术上就具有个体差异性，对项目的理解程度也不同，所以在对速度滑冰技术训练时要在速度轮滑技术的基础上针对运动员个体情况有针对性地去学习和调整。

因此，"冰轮两栖"训练阶段的思路是提高速度轮滑训练的比重，重点提升运动员的体能水平（以有氧耐力和力量为主）；运动员按照年度双周期的模式训练，在速度滑冰训练时期以基本技术为主，但是技术的调整和改变应在不过多破坏速度滑轮技术的基础上进行有针对性的调整和适应，并通过夏季和冬季增加参赛频率来提升运动员技术转换的适应和应变能力。

三、专项提高阶段：多年训练计划的安排思路

专项提高阶段，意味着运动员已经转项成功，已成为一名竞争力较强的速度滑冰运动员，这一阶段其主要目的是尽可能在速度滑冰领域创造更优异的运动成绩。这一阶段也是"轮转冰"目标的实现阶段，即为速度滑冰培养后备人才的阶段。因此该阶段的重心应围绕速度滑冰技术完善来展开，以期在速度滑冰领域取得不断的突破。

"轮转冰"训练模式中速度滑冰训练阶段，与传统速度滑冰有很大不同，区别在于运动员是从速度轮滑项目转项过来的，是借助速度轮滑的体能和战术优势来弥补速度滑冰在有氧耐力和集体出发项目战术、变速能力的不足，因此该阶段的速度轮滑训练依旧应占较大的比例。虽然速度滑冰在夏训阶段，一直作为辅助训练手段，但是训练的针对性较差，训练质量不高，因此训练效果也不是很理想。通过与贺鑫和郭丹的交流了解到，"轮转冰"的速度滑冰训练，速度轮滑训练比重应接近40％，可以考虑整个夏训阶段应按照速度轮滑的模式去训练和参赛，以此来继续保持或提高体能、战术运用能力，如果舍去速度轮滑训练则会导致有氧能力、乳酸供能和力量等素质下降，进而导致速度滑冰整体竞技实力和水平大幅度下降（国外优秀"轮转冰"运动员和郭丹对此观点保持一致）。

需要强调的是，这一阶段在夏训速度轮滑期间，应采用已适应的速度滑冰技术去进行速度轮滑的训练和比赛。一方面由于速度滑冰技术要求蹬地角度更小，在速度轮滑训练时可以进一步提升运动员的力量和耐力水平，另一方面在进入滑

冰周期时技术适应性会更强，技术动作调整较小，更有利于快速进入速度滑冰训练和竞赛的状态。

因此，速度滑冰阶段的训练安排应区别于传统速度滑冰训练安排思路，即重点以速度滑冰训练和比赛为主，但是速度轮滑训练不应该忽视，通过速度轮滑训练继续提升竞技能力水平，采用速度滑冰的技术去进行速度轮滑训练，以此来提升速度滑冰体能和战术能力，并尽快地适应速度滑冰训练节奏，形成独特的技术风格，创造更优的竞赛成绩。这一阶段的训练安排思路在国外十分流行，利用速度轮滑对运动员竞技能力要求比速度滑冰明显要高的这一特性，建议今后传统速度滑冰训练也应采取这种在夏训期重视速度轮滑训练的思路，为减少技术调整和适应，建议采用速度滑冰的技术（以速度滑冰技术为主，根据不同器材和场地在技术上做微调）去训练和竞赛，以解决我国速度滑冰体能劣势的不足。

第三节 "轮转冰"各阶段年度训练周期划分、主要任务与负荷特征

年度训练计划是运动员全程性多年训练计划的重要组成部分，是以年度作为运动员训练过程基本单位制定的运动员全年训练的关键性指导文件，也是全程性多年训练过程中对相应年度训练所规定的方向和总体安排，同时年度训练计划又对不同阶段、周、日和课训练计划进行着总体上的控制[①]。年度周期训练计划的制订与划分是根据重大赛事对运动员竞技状态（竞技状态的提高、保持和下降，分别对应准备期、比赛期和恢复期）进行调控来实现的。目前常用的年度周期划分为：年度单周期、年度双周期和年度多周期。

一、基础训练阶段：年度训练周期划分、主要任务与负荷特征

（一）周期划分

速度轮滑项目受天气因素影响较大，一般赛事从4月开始至11月结束，其

---

① 体育院校成人教育协作组《运动训练学》教材编写组.运动训练学[M].北京：人民体育出版社，1999.

中重要的国内外重要赛事安排在 7 月—9 月，因此依据速度轮滑季节性以及速度轮滑赛事安排的特点，我国速度轮滑年度训练计划一般采用年度单周期。基础训练阶段属于为"冰轮两栖"和速度滑冰打基础的阶段，且运动员年龄相对较小，因此依据运动训练学适合年度单周期安排项目的特点（即受气候条件限制，每年只能在集中的几个月内比赛；同时在运动员成长阶段，依据基础体能和基本技术训练的需要），"轮转冰"训练模式基础训练阶段应采用年度单周期安排。

在该阶段年度单周期训练过程中，每年 4 月—9 月为竞赛期（其中 4 月—6 月为竞赛前期），10 月—11 月为恢复期，12 月至第二年 3 月为准备期，时间跨度分别为 6 个月、2 个月和 4 个月（如图 5-1 所示）。该年度单周期训练模式，全年仅设一个比赛阶段，运动员只为一次或一组重要赛事做准备，全年仅呈现一次竞技状态高峰，非常适合当前"轮转冰"训练模式的基础训练阶段，运动员主要以规范技术动作、全面提升运动员各项身体素质和竞技实力为主。

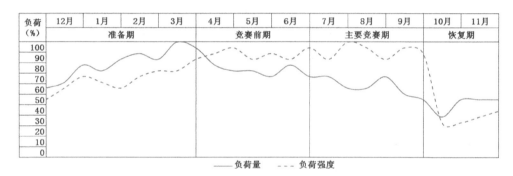

图 5-1 "轮转冰"基础训练阶段年度周期划分及负荷特征

（二）主要任务

由表 5-2 可知，目前江苏省速滑队基础训练阶段年度训练大周期的准备期主要任务是全面发展身体素质和有氧能力，进一步提升技术水平。竞赛期主要任务分为两部分，第一部分是竞赛前期，主要任务是进一步强化专项身体素质，检验技术运用的合理性和时效性，适应比赛强度；第二部分主要任务是保持训练强度，调整竞技状态参加重要性赛事。恢复期主要任务是恢复体能，同时有针对性地进行速度滑冰放松滑行练习，在消除疲劳的同时培养运动员的冰感。

表 5-2　基础训练阶段年度训练周期表

周期	准备期	竞赛期		恢复期
		竞赛前期	主要竞赛期	
训练天数	120 天左右	90 天左右	90 天左右	60 天左右
强度变化	小—中	中—大	大	小
任务	全面发展身体素质和有氧能力，进一步提升技术水平	强化专项身体素质，适应比赛强度	调整竞技状态参加重要性赛事	消除疲劳，速度滑冰适应性练习

（三）负荷特征

运动训练活动是通过施加训练负荷来提高和发展运动员的竞技能力，使他们的最佳竞技状态得以实现[1]。训练负荷是速度轮滑和速度滑冰项目训练的核心要素之一，对运动员竞技能力的发展和优异成绩的取得具有十分重要的作用[2]。教练、专家和科研人员都应高度重视运动员训练负荷的安排，依据运动员个人竞技水平和竞赛安排不断科学、合理地调整训练负荷结构，以期促进运动员竞技能力的不断提升并达到个人最佳竞技状态来参加比赛，从而取得较为理想的运动成绩。

"轮转冰"基础训练阶段任务要求运动员具备较强的竞技水平，因此该阶段负荷特征与传统运动训练专项提高阶段相似，准备期（12月—第二年3月）训练负荷（量、强度）均以中等开始，接下来训练量和强度同步提升，然后量和强度稍微有所下降再同步增强直至达到大运动量中高强度，准备期负荷特征整体体现出量和强度呈现波浪式逐步提升；进入竞赛前期（4月—6月），负荷量呈现出波浪式下降但总体稳定在中高水平，负荷强度以大强度为主也呈现出波浪形发展状态；进入主要竞赛期（7月—9月），负荷量逐渐下降，但负荷强度依据主要竞赛时间呈现最大负荷强度，主要竞赛阶段整体负荷呈现波浪形特征；进入恢复期，训练量和强度呈现明显同步下降至中低水平的状态，但在恢复后期又呈现出量和强度缓慢上升的趋势，但整体负荷仍旧处于较低的状态。

总体来讲，基础训练阶段，运动员负荷呈现波浪式提高和下降的特征，由

[1] 田麦久，刘大庆.运动训练学[M].北京：人民体育出版社，2012.
[2] 程瑞辉，于洪军，陈光磊，等.速度滑冰运动员训练负荷研究——对我国速滑运动员备战2006年都灵冬奥会10个月训练的分析[J].武汉体育学院学报，2007（10）：77-80.

于该阶段运动员主要以参加国内速度轮滑锦标赛为主（一般在 7 月中旬至 8 月中旬），运动员的最佳竞技状态出现在此时间段，因此训练强度最高。

二、转项发展阶段：年度训练周期划分、主要任务与负荷特征

（一）周期划分

与速度轮滑运动相同，速度滑冰运动受天气条件的影响也较为严重，更依赖冬季寒冷的气候条件。同时转项发展阶段运动员进行"冰轮两栖"训练，分别参加速度轮滑和速度滑冰两类竞赛，因此该训练阶段应采用年度双周期安排。即第一个训练大周期安排在每年 3 月—10 月，为速度轮滑训练大周期，其中 3 月—4 月为准备期，5 月—9 月为竞赛期，10 月份为恢复期；第二个大周期安排在每年 10 月—第二年 3 月，为速度滑冰训练大周期，其中 10 月—11 月为准备期，12 月—第二年 2 月为竞赛期，3 月份为恢复期。该训练阶段全年有两个比赛阶段，运动员分别为速度轮滑和速度滑冰两类比赛的重要赛事做准备，全年呈现两个恢复期以保证运动员消除疲劳的同时也为下一个阶段不同技术的转换提供相应的适应转换期，同时全年要使运动员实现两次竞技状态高峰，非常适合"冰轮两栖"训练模式的特征（见图 5-2）。需要指出的是，在"冰轮两栖"训练阶段后期，根据运动员竞技水平、对速度滑冰技术理解，以及速度滑冰竞赛安排（速度滑冰大赛年）等诸多因素，可以适当增加速度滑冰训练大周期而缩短速度轮滑训练大周期，实现训练重心和任务倾向于速度滑冰以实现向专项提高阶段快速转换。

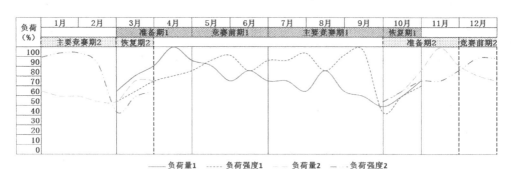

注："1"代表速度轮滑；"2"代表速度滑冰。

图 5-2 "轮转冰"转项发展阶段年度周期划分及负荷特征

（二）主要任务

由表 5-3 可知，目前江苏省速滑队转项发展阶段年度训练大周期的准备期 1 的任务是发展运动员有氧、混氧能力，提升运动员力量水平，强化专项身体素质训练。竞赛期 1（竞赛前期）的任务是促进专项能力转化，逐步提升运动员竞技状态；竞赛期 1（主要比赛阶段），调整运动员最佳竞技状态，力争获得最佳成绩；恢复期 1 的主要任务是消除身体疲劳，学习、适应速度滑冰技术；准备期 2 主要任务是学习、适应速度滑冰技术，发展运动员有氧耐力素质和专项身体素质；竞赛期 2（竞赛前期）主要任务是进一步强化速度滑冰有氧耐力，适应速度滑冰比赛节奏和技术运用；竞赛期 2（主要比赛阶段）的任务是调整运动员竞技状态，提升运动员速度滑冰专项技术水平以及比赛时技术的控制和调整能力，力争获得较为满意的成绩；恢复期 2 的主要任务是消除身体疲劳，根据竞赛期反映的技术方面的不足，有针对性地去改进。

表 5-3　转项发展阶段年度训练周期安排

周期	速度轮滑				速度滑冰			
	准备期 1	竞赛期 1		恢复期 1	准备期 2	竞赛期 2		恢复期 2
		竞赛前期	主要竞赛期			竞赛前期	主要竞赛期	
训练天数	60 天左右	60 天左右	90 天左右	30 天左右	60 天左右	30 天左右	60 天左右	30 天左右
强度变化	中	中—大	大	小	小—中	中—大	大	小 - 中
任务	发展有氧和混氧能力，强化专项身体素质	促进专项能力转化，逐步提升运动员竞技状态	调整最佳竞技状态，力争获得最佳成绩	消除身体疲劳，学习、适应速度滑冰技术	学习、适应速度滑冰技术，发展有氧耐力	强化有氧耐力，适应速度滑冰比赛节奏	提升专项技术水平和赛中技术运用、控制能力，力争获得好成绩	消除身体疲劳，提升技术水平

注：转项发展阶段年度双周期训练模式中，速度轮滑和速度滑冰的准备期、恢复期部分重合，既是前一个训练大周期的结束，又是下一个训练大周期的准备。

（三）负荷特征

"冰轮两栖"训练阶段，运动员年度训练采用双周期训练安排，因此全年出现两个竞赛期，由于两个项目的准备期和恢复期部分重合，这两个时期在训练量和强度上与基础训练阶段相比，有所提升。由图 5-2 可以发现，该阶段年度训练双周期中，准备期 1 训练负荷呈现量和强度同步逐步上升，进入竞赛前期负荷量呈现波浪式下降，负荷强度呈现波浪式提高的特征；主要竞赛期，该阶段主要以速度轮滑世锦赛为主（包括国内选拔赛），整体负荷强度稳定在较高水平，9 月份运动员达到最佳竞技状态（国内选拔赛一般在 7 月下旬，该时间段运动员竞技状态接近最佳），训练量呈现波浪式下降特征；然后进入恢复期也属于速度滑冰训练大周期的准备期。速度滑冰训练大周期，负荷特征总体与速度轮滑训练大周期相似，略显不同的是竞赛期运动员不需要达到极限负荷强度且大强度持续期较短，原因在于该阶段由于运动员速度滑冰竞技水平还没达到最佳且主要以参加国内青少年速度滑冰联赛为主。在"冰轮两栖"训练后期随着运动员速度滑冰技术较为稳定，运动员在速度滑冰主要竞赛期的负荷强度逐步达到最大。

总体来讲，"冰轮两栖"训练阶段负荷特征，在准备期和恢复期呈现同步增加或下降，竞赛期负荷量和强度呈现波浪式下降和上升的特征。该训练阶段主要以世界大赛为主，最佳竞技状态出现在速度轮滑主要竞赛期。

三、专项提高阶段：年度训练周期划分、主要任务与负荷结构

（一）周期划分

依据上述"轮转冰"训练模式各阶段的主要任务和多年训练安排思路，"轮转冰"训练模式的专项提高阶段与转项发展阶段相同，也采用年度双周期安排。与"冰轮两栖"训练不同的是，该阶段重心是提升速度滑冰竞技能力和运动成绩，因此该阶段每年 8 月下旬至第二年 4 月为第一个训练大周期，其中 8 月—10 月为准备期（2 个月），10 月至第二年 3 月为比赛期（5 个月），3 月—4 月（1.5 个月）为恢复期；每年 4 月—9 月为第二个训练大周期，其中 4 月—5 月为准备期（1.5 个月），5 月—8 月为比赛期（历时 3.5 个月），9 月为恢复期（历时 1 个月），如图 5-3 所示。

"轮转冰"训练模式专项提高阶段与转项训练阶段相似，只不过该阶段运动员转项成为速度滑冰运动员，因此速度滑冰训练周期的时间更长，训练目的性和针对性更强。同时，与过去传统速度滑冰的夏训阶段不同，该阶段结合速度轮滑

对速度滑冰体能、力量、战术补偿的作用，速度轮滑训练的针对性和重要性显著提升（充分利用速度轮滑体能训练来弥补速度滑冰体能不足，且该阶段采用相对成型的滑冰技术训练），并选择性地参赛，改变了传统速度滑冰夏训阶段枯燥的体能、单调的技术训练现状，有利于训练质量的提升和运动员竞技水平的突破，为下一阶段冰上训练和竞赛提供更优质地保障。

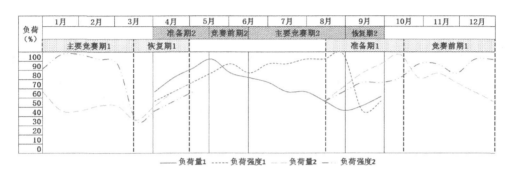

注："1"代表速度滑冰；"2"代表速度轮滑。

图5-3 "轮转冰"专项提高阶段年度周期划分及负荷特征

（二）主要任务

由表5-4可知，目前江苏省速滑队专项提高阶段年度训练大周期的准备期1的主要任务是强化运动员有氧能力、混氧能力、速度耐力和力量耐力等专项体能，稳定速度滑冰技术，强化战术运用。竞赛前期1主要强化速度耐力、无氧能力等以促进专项能力转化，适应比赛节奏，提升赛中技术运用能力（提升蹬冰和滑行效果），检验战术运用和调整能力。主要竞赛期1主要任务是调整运动员最佳竞技状态，创造最优成绩。恢复期1重要任务是消除身体疲劳，针对比赛期反映的问题进一步提升蹬冰效果、改进滑行节奏等技术问题。准备期2主要任务是针对速度滑冰训练周期在技术和体能上的不足有针对性地进一步强化，全面提升专项体能水平。竞赛期2的主要任务是进一步强化专项体能，以"以赛促练"的方式代表江苏省速滑队选择性地参加相对重要的速度轮滑赛事，以检验速度滑冰专项体能储备和战术运用情况。

表5-4　专项提高阶段年度训练周期安排

周期	滑冰轮滑				速度轮滑			
	准备期1	竞赛期1		恢复期1	准备期2	竞赛期2		恢复期2
		竞赛前期	主要竞赛期			竞赛前期	主要竞赛期	
训练天数	60天左右	75天左右	75天左右	45天左右	45天左右	30天左右	75天左右	30天左右
强度变化	中	中—大	大	小	小—中	中—大	大	小-中
任务	发展有氧和混氧能力，强化专项身体素质	促进专项能力转化，逐步提升运动员竞技状态	调整最佳竞技状态，力争获得最佳成绩	消除身体疲劳，学习、适应速度滑冰技术	学习、适应速度滑冰技术，发展有氧耐力	强化有氧耐力，适应速度滑冰比赛节奏	提升专项技术水平和赛中技术运用、控制能力，力争获得好成绩	消除身体疲劳，提升技术水平

注：专项训练年度双周期训练模式中，速度轮滑和速度滑冰的准备期、恢复期部分重合，既是前一个训练大周期的结果，又是下一个训练大周期的开始。

（三）负荷特征

专项提高阶段与转项发展阶段相同，运动员年度训练均采用双周期训练安排，因此全年也出现两个竞赛期，但是该阶段的重心以速度滑冰为主，速度轮滑训练作为速度滑冰夏训阶段用来检验运动员体能储备质量。由图5-4可以发现，准备期1和竞赛前期1同"冰轮两栖"训练阶段相似，准备期1训练负荷呈现量和强度同步逐步上升，进入竞赛前期负荷量和强度在整体上呈现"中—高"变化的基础上，负荷量呈现波浪式下降，负荷强度呈现波浪式提高的特征，究其原因主要是这个阶段的竞赛前期主要以强化专项体能并适应竞赛节奏为主；进入主要竞赛期，依据世界大赛一般安排在1月中旬至2月中旬的特点，运动员在此时间段负荷强度达到个人极限强度，运动员出现最佳竞技状态；进入恢复期即速度轮滑训练大周期的准备期，运动员训练量和强度呈现同步提高的特征，负荷安排变化主要以"小—中"为主；进入速度轮滑竞赛前期，根据训练任务训练负荷特征呈现出波浪形态势，负荷量和强度总体以"中—大"为主；速度轮滑主要竞赛期，以国内速度轮滑锦标赛为重点，有选择性地少量参加如公开赛等赛事，主要竞赛期呈现负荷强度高、负荷量逐渐下降的特征，负荷强度以"大"为主。

需要指出的是，专项提高阶段运动员已转项成为速度滑冰运动员，但由于我国传统速度滑冰训练特征会使运动员整体体能水平较弱且夏训质量不高，因此转项成为速度滑冰运动员后，在专项提高阶段可以适当参加速度轮滑竞赛，来针对性地提升速度滑冰专项体能水平，为接下来速度滑冰重要赛季打好体能基础。

第四节 "轮转冰"各阶段训练内容和方法手段的设计

速度轮滑和速度滑冰从一定程度上来讲是运动员对体能极限不断探索和挑战的过程[①]。虽然速度轮滑和速度滑冰在技术链和动作模式上相似，存在迁移的可行性，但是由于项目不同技术上差别相对较大，在转项后凭借技术上的学习和调整来提升运动员成绩不太现实也比较困难，转项成功的优势是借助于体能和战术（对速度滑冰技术的适应和理解程度较高）。"轮转冰"速滑运动员转项成才目标的实现是通过提升运动员体能、技术和战术等内容得以实现的，并表现出在不同阶段，不同训练内容重要程度有所区别的特征。"轮转冰"训练模式的各个阶段，教练针对不同训练内容选择科学、有效的训练方法和手段，并呈现出相应的负荷特点。因此，"轮转冰"训练模式各阶段的训练内容都包括专项体能训练、技术训练、战术训练这3个主要部分，在不同阶段这3部分内容的重要程度有所区别。

一、各阶段训练内容

"轮转冰"成功的基础是体能和战术，这也是能否转项的关键因素；同时速度滑冰技术是转项后运动员成绩能否达到巅峰的决定因素，因此本研究在进行不同阶段技术、体能、战术主要训练内容设计时，技术训练主要内容以速度滑冰技术为主（原因在于"轮转冰"的目标是扩大速度滑冰选材和后备人才培养），体能和战术训练主要内容以速度轮滑相关训练内容为主（基于速度轮滑在有氧能力、变速能力、战术素养方面对速度滑冰长距离项目和集体出发项目的代偿作用）。

"轮转冰"是运动员在速度轮滑领域取得较为优异的运动成绩后开始转项速度滑冰，其本身具备较高水平的技术、体能和战术等竞技能力，通过与专家、教练、成功运动员的访谈来确定各阶段技术、体能和战术的训练内容。并通过10

---

① 陈月亮 . 我国优秀短距离速滑运动员体能训练的理论与实践 [D]. 上海：上海体育学院，2007.

位具有"轮转冰"管理、训练经验的专家根据不同阶段训练任务和特点对训练内容进行重要性排序（见表 5-51）。

表 5-5 调查专家一览表

姓名	职务／职称	单位	备注
薛蓉	副主任	苏州市体育局	苏州市体育专业运动队管理中心副主任
吴平忠	科长（领队）	苏州市体育局	江苏省速滑队领队
贺鑫	高级教练员	苏州市体育局	江苏省速滑队总教练、国家速度轮滑队主教练、国际轮滑联合会速滑委员会委员
郭丹	国际健将	江苏省速滑队（苏州大学）	"轮转冰"跨界跨项速度滑冰国家集训队主教练（兼队员）、世界轮滑大满贯冠军、"轮转冰"领军人
杨劲	高级教练员	新疆维吾尔自治区体育局（原苏州市体育局）	原江苏省速滑队教练（负责滑冰训练）
金星阳	高级教练员	呼伦贝尔市体育运动学校	原速度滑冰国家队集训运动员
蒙猛	院长、教授	哈尔滨体育学院	速度滑冰、速度轮滑国际级裁判员
南相华	教授	哈尔滨师范大学	原速度滑冰专业运动员、速度滑冰国际级裁判员
张博光	助理教授	台湾中华大学	台湾地区速度轮滑教练、速度轮滑国际级裁判、2018 年雅加达亚运会速度轮滑裁判长
李思杉	健将	江苏省速滑队	"轮转冰"杰出代表、世界青年速度滑冰世界杯总冠军

（1）各阶段技术训练内容

运动训练过程中技术训练是为了学习、提高、掌握和运用专项技术动作，从而在运动竞赛中将已获得的运动能力最大限度地发挥[1]。上述内容论述了在运动员转项之前，其已经在速度轮滑领域具备非常高的竞技水平，运动员速度轮滑技术动作相对比较规范和完善，形成了动力定型。在此前提下，运动员进行速度滑冰训练，不应完全打破运动员已有的技术规范重新学习速度滑冰技术动作，而应在其原有技术的基础上根据自己对速度滑冰的理解、对冰鞋和冰场的适应程度，对

---

[1] 莫迎锐. 我国青少年三级跳远运动员多年训练结构研究 [D]. 北京：北京体育大学，2013.

技术稍作调整，以适应速度滑冰训练和竞赛对技术的要求。

"轮转冰"速滑运动员技术调整、适应需要一个过程，不同运动员对速度滑冰技术的理解和适应程度不同，在转项后技术训练的侧重点也不同。一旦运动员找到适合自己的滑行技术，在体能保障的基础上，运动员在比赛中体能消耗明显降低，保持高速滑行的能力越强，越容易取得比赛优胜。目前，江苏省速滑队教练、运动员一再强调转项过程中关于技术训练是最大的难点，虽然过去几年转项运动员不停地尝试对技术的学习、调整和改变，但不少运动员没有取得较好的效果。原有速度轮滑的技术哪些是应该保留的，又有哪些是需要在速度滑冰中去改变的，很长时间以来给"轮转冰"速滑运动员带来了很大的困惑。通过近些年贺鑫、郭丹等不断地进行"轮转冰"训练和竞赛，以及与国外优秀运动员交流，最终达成一个共识，即速度滑冰和速度轮滑之间的技术差异其实就是在与器材的磨合上，并不是局限于两者技术本身，只要对两个项目特征有了深刻的理解，随着转换的频繁，会形成适合自己的个性化滑行风格。

基于此，为尽快解决运动员"轮转冰"技术上的难题，找出"轮转冰"过程在滑冰技术训练上的重点，本研究依据贺鑫、郭丹等人认为的主要技术训练内容，将各训练阶段技术训练内容依据重要程度进行评判，指标重要性等级依照Linkert5级评分法，分为"非常重要""重要""一般""较不重要""很不重要"5个等级，分别对应数值5、4、3、2、1，请10位专家根据自己理解和训练经验进行评判（体能训练内容亦是如此），见表5-6。

表5-6 江苏省速滑运动员不同训练阶段速度滑冰技术训练内容的重要程度

序号	主要技术训练内容	重要程度得分（平均）	
		转项发展阶段	专项提高阶段
1	滑跑姿势	3.2	3.0
2	蹬冰幅度	4.1	4.7
3	单步蹬冰次数	3.7	3.8
4	蹬冰方向和角度	4.6	4.3
5	蹬冰节奏	4.7	5
6	蹬冰力量	4.4	4.8
7	蹬冰轨迹	4.2	3.8
8	蹬冰时机	4.2	4.6
9	重心位置	4.7	4.9
10	上体姿势	3.6	3.4

续表

序号	主要技术训练内容	重要程度得分（平均）	
		转项发展阶段	专项提高阶段
11	收腿线路	4.3	4.4
12	摆腿着冰	4.0	4.2
13	落刀角度和位置	4.6	4.6
14	摆臂方向	3.3	3.2

注：由于基础训练阶段，速度滑冰练习不做技术要求，仅是运动员接触速度滑冰，培养运动员冰感和技术适应能力，因此此表中不包含基础训练阶段。

1. 转项发展阶段技术训练主要内容

转项发展阶段即"冰轮两栖"训练阶段，是"轮转冰"训练模式的核心阶段，该阶段训练质量直接决定了运动员能否转项成功。该阶段是速度滑冰技术学习、调整、适应和动作初步成型的阶段，正确理解、掌握并适应速度滑冰技术是运动员转项成功的关键。

通过郭丹和李思杉近几年的训练经验，以及专家对此阶段技术训练的理解，目前江苏省速滑运动员进入"冰轮两栖"训练阶段后，在速度轮滑技术的基础上，主要针对蹬冰的方向和角度、蹬冰轨迹、蹬冰时机、蹬冰力量、身体重心的位置、落刀角度和位置等细节技术进行调整和适应，逐步形成良好的滑行节奏，以适应速度滑冰训练和比赛的要求，从而更有助于更深入地理解速度滑冰技术与速度轮滑技术的区别，便于今后运动员依据自身特点，结合对器材和场地的适应、磨合情况，更好地运用"轮转冰"技术（在速度轮滑技术主体上，通过调整、适应而形成的速度滑冰技术）。因此该阶段以体会、调整、改善技术细节为重点。

2. 专项提高阶段技术训练主要内容

运动员的竞技能力是由多方面构成的，而每一个运动员的能力构成和能力差别是普遍存在的现实。在运动员成才的每一个训练周期和阶段，都应针对运动员的个体情况和特征，依据运动员竞技能力构成要素，把训练的重点放在充分挖掘运动员的个体体能优势和充分引导运动员个性的发展上[1]。"轮转冰"速滑运动员在速度轮滑项目上已经具备较强的体能和技术水平，在专项提高阶段对技术训练的要求是提升专项技术水平和赛中技术运用、控制能力，因此应依据运动员个性化原则，形成具有自身特点的速度滑冰技术。贺鑫和郭丹指出，在转项成为速度

[1] 张庆文. "三从一大"理论与实践研究 [D]. 上海：上海体育学院，2007.

滑冰运动员后的训练阶段，不要轻易丢弃过去速度轮滑的技术，而应在"冰轮两栖"训练的基础上，形成具有自身轮滑特征且适应速度滑冰训练和比赛的特有技术。究其原因，其一，速度轮滑技术动作已经形成动力定型，完全按照速度滑冰技术去重新学习和改进不太现实；其二，运动员的"冰感"需要长期培养，并非经过几年的训练就可以在速度滑冰技术和"冰感"方面与长期从事速度滑冰的优秀运动员相媲美；其三，依据运动员个性化原则，且速度轮滑技术与速度滑冰有共通性的原理，同时"轮转冰"发展方向以长距离项目和集体出发项目为主，对技术的要求相对短距离项目较低，故在此基础作调整和适应，形成个性化的技术风格和特点，将对速度滑冰竞技水平的提升和运动员成绩的突破起到关键作用。

目前江苏省速滑队在进入专项提高阶段技术训练时，在转项发展阶段技术训练的基础上，更加强调技术的流畅性好、滑行技术稳定性高、滑行技术实效性强（省力）。同时与速度轮滑不同的是，速度滑冰还有借助自身体重增加蹬冰力量获得向前动力的特点，因此在该阶段进行技术训练时，教练员应依据运动员身体素质敏感期和生长发育的实际情况，随着运动员年龄的增长而带来体重增加和力量的提升，要求在提高滑行时效性的前提下，更加自然地借助自身体重的优势获得更大的蹬冰力量并产生更佳的蹬冰效果。因此，在专项提高阶段，教练员对运动员的蹬冰幅度、蹬冰力量、重心位置以及滑行节奏的要求更高，同时依据运动员自身的理解和对冰面的感觉，注意控制蹬冰时机、落刀角度和位置，以及收腿线路，形成自己的技术特点，提高速度滑冰的流畅性、经济性和时效性，进而从实质上提升运动员的竞技能力和水平，从而取得更优异的运动成绩。

（二）各阶段体能训练内容

体能是运动员竞技能力构成要素中最重要的环节，是运动员技战术水平提升和运用，以及创造优异运动成绩必备的身体竞技能力。体能训练最核心的作用是激发并提高运动员的机体潜能，不断促使运动员竞技能力取得突破，是影响竞技体育运动员成绩最核心的要素之一。

速度轮滑和速度滑冰这种体能主导类周期竞速项目，对运动员体能的要求非常高。研究认为，我国速度轮滑和速度滑冰项目之所以落后于欧美国家，主要是运动员的体能出现问题。由此可见，体能训练对"轮转冰"的重要程度。基于此，通过与贺鑫、郭丹针对"轮转冰"体能训练（以速度、力量和耐力三方面为主）

的主要内容进行交流，并通过相关专家对"轮转冰"体能训练的主要内容进行评判，具体结果如表5-7所示。

表5-7 江苏省速滑运动员不同训练阶段体能训练内容的重要程度

序号	主要体能训练内容	重要程度得分（平均）				
		基础训练阶段	转项发展阶段		专项提高阶段	
		速度轮滑	速度轮滑	速度滑冰	速度轮滑	速度滑冰
1	最大力量	3.2	4.7	5	4.7	5
2	爆发力	4.8	4.2	3.3	3.9	3.2
3	快速力量	4.7	4.4	3.4	3.7	3.6
4	力量耐力	4.3	4.9	4.4	4.7	5
5	最大速度	5	5	3.2	3.6	4.3
6	速度耐力	4.6	5	4.5	5	5
7	变速能力	5	5	3.5	5	5
8	有氧能力	5	5	5	5	5
9	无氧能力	3.3	4.7	2.6	4.3	4.1
10	混氧能力	4.7	5	4.2	5	5

1. 基础训练阶段

基础训练阶段的主要任务是全面提升运动员的综合竞技实力，为运动员下一步竞技能力的提升打好基础，并力争创造优异成绩。因此在依据青少年身体素质发育敏感期的基础上，结合速度轮滑项目特点，从江苏省速滑队实际出发，该阶段在体能训练方面，力量素质以爆发力、快速力量和力量耐力为主；速度素质以最大速度、变速能力和速度耐力为主；耐力素质以有氧能力和混氧能力为主（见表5-7）。

通过与贺鑫交流得知，运动员进队时在同组别已经具备较高竞技水平，依据运动员年龄特点，结合速度轮滑项目特征，按照体能训练对技术以及竞技能力提升的思路，以及秉承速度轮滑训练为速度滑冰体能代偿的目标，该阶段应全面提升运动员专项身体素质，为运动员竞技能力提升打下坚实的基础。

2. 转项发展阶段

转项发展阶段对江苏省速滑队运动员来说是迈向高水平训练的阶段，通过基础训练，运动员已经具备较强的竞技能力，通过转项发展阶段的训练，运动员不但竞技能力明显提高，而且要在速度滑冰领域取得一定的突破，因此该阶段的体能训练至关重要。转项发展阶段是"轮转冰"训练的核心阶段，且运动员随着年龄的增长，这一阶段也是体能快速提升的重要时期，专项力量、速度、耐力要全面提升，该阶段体能训练将为速度轮滑竞技能力提升以及转项速度滑冰项目后满足对体能的需求打下坚实基础。因此该阶段速度轮滑训练周期中体能训练的重要程度明显提升，要求力量、速度、耐力全面发展。

由表 5-7 发现，该阶段速度滑冰训练周期体能训练与速度轮滑训练周期不同，原因在于该阶段是速度滑冰技术学习、适应并调整的重要阶段，体能训练多以专项力量、有氧能力、速度耐力为主，训练强度不高，这对运动员在冰上进行技术调整和冰刀与场地磨合至关重要，因此该阶段体能训练以有氧能力为主。由于速度滑冰技术需借助自身体重获得更大蹬冰力量的特点，加上运动员生长发育期力量素质提升明显，因此该阶段速度滑冰体能训练教练员对专项力量的重视程度非常高。

另外，通过与教练员沟通了解到，在江苏省速滑队，运动员进入"冰轮两栖"训练阶段后，由于速度滑冰技术不稳定，所以对变速能力发展程度要求不高，主要是通过在冰上进行有氧耐力练习，这既是专项耐力练习又是专项技术适应和调整适应时期，一旦运动员能慢慢地掌握并适应速度滑冰技术，在参加集体出发比赛时能借助已积累的战术和夏训期变速能力的基础，运动成绩自然就会提升。

3. 专项提高阶段

专项提高阶段是"轮转冰"运动员充分展示自己最佳竞技状态的阶段，因此体能训练应围绕运动员专项竞技能力出发进行科学设计。该阶段速度滑冰体能训练主要结合速度滑冰长距离和集体出发项目特征，主要以最大力量、力量耐力、速度耐力、变速能力、有氧能力、混氧能力为主（表 5-7）。同时该阶段最大速度训练、无氧能力训练明显受到教练员重视，通过访谈得知，该阶段运动员速度滑冰技术运用逐渐合理、自如，技术风格逐步形成，加之这一时期运动员力求不断创造最佳运动成绩，尤其在长距离项目和集体出发的冲刺阶段，要求运动员具备强大的冲刺能力，因此在发展运动员最大力量、有氧能力的同时，无氧能力和最大速度训练受到较大重视，在江苏省速滑队专项提高阶段的训练比重也不断增加。

该阶段速度轮滑体能训练完全体现出全面围绕速度滑冰体能需求进行有针对

性的训练的特点,重点发展运动员的最大力量、力量耐力、速度耐力、变速能力、有氧能力、混氧能力,提升了过去传统速度滑冰夏训非冰期训练的质量(也建议传统速度滑冰项目夏训期间,采用速度轮滑作为辅助训练手段时期,借鉴速度轮滑体能训练经验,恶补体能短板),为在速度滑冰赛季运动员不断突破并创造优异成绩打下基础。

综上所述,"轮转冰"训练模式基础训练和转项发展阶段的速度轮滑训练以全面提升身体素质和专项竞技能力为核心,要求力量、速度、耐力全面发展;专项提高阶段的体能训练明显体现出为速度滑冰专项体能服务的特点;转项发展时期速度滑冰以技术训练为核心,体能训练强度不宜过大,多以有氧、力量训练为主。进入专项提高阶段,速度滑冰长距离项目和集体出发项目专项体能训练明显增强,运动员的最大力量、力量耐力、速度耐力、变速能力、有氧能力、混氧能力训练量和强度明显提升。

(三)各阶段战术训练内容

本研究在前面已经提到,当今随着竞速类项目的不断发展,运动训练的科学化水平不断提升,运动员的运动成绩也取得了突飞猛进的提高,随之而来的比赛竞争激烈程度也不断升级,在运动员体能、技能水平处于伯仲之间时,战术运用在比赛中往往起到决定性的作用。尤其对于"轮转冰"转项训练主要为集体出发项目来讲,当前江苏省速滑队的战术训练主要在速度轮滑阶段,速度滑冰赛季参赛仅需要将速度轮滑集体出发相关战术根据自己竞技水平和对手状况有选择性地采用即可。因此,速度轮滑运动员无论是对比赛场地的适应能力(人数多,不分道同场竞技),还是战术意识和战术运用能力,都有得天独厚的优势,更有利于在集体出发项目获得更好的成绩并取得更大的突破。具体关于速度轮滑战术内容在前文已分析,在此不再进行论述。

二、各阶段训练方法和手段

(一)技术训练

1.训练方法

"轮转冰"速滑运动员无论是进行速度轮滑技术训练,还是进行速度滑冰技术训练，基本上都是采用分解训练法和完整训练法。这两种方法贯穿于运动员全程性多年训练过程中，在不同阶段根据不同任务采用不同的训练方法。速度轮滑和速度滑冰技术的学习、改进等主要是在陆地进行，然后在场地上进行技术的运用，再回到陆地进行相应的调整。分解训练法主要用于运动员对速度轮滑技术细节的调整，如收腿、摆臂、蹬伸等路线和姿势，在进行速度滑冰学习时同样也是在陆地先学习速度滑冰技术，感知与速度轮滑技术的区别，采用分解训练法逐步地让运动员理解并根据速度轮滑技术去调整和适应速度滑冰。在技术掌握之后，尤其在速度滑冰训练阶段，教练员则采用完整训练法对"轮转冰"运动员的技术动作进行整合，使之流畅、连贯，且滑行速率高和幅度大，滑行效果好，针对出现的问题再采用分解训练法进行调整和纠正。

通过与教练员沟通以及实地训练观摩发现，在基础训练阶段和转项发展阶段（速度滑冰训练周期），教练员采用分解训练法的比重明显较大，其主要目的是规范运动员技术，从初期就形成正确、合理、规范的技术动作，为下一阶段竞技水平的提升打下基础。在转项发展阶段和专项提高阶段，教练员则主要采用完整训练法对运动员速度轮滑和速度滑冰的技术进行训练，提升技术的熟练性、稳定性、流畅性，同时为了巩固和提高技术，也会在适当的时机采用分解训练法。

2. 训练手段

速度轮滑和速度滑冰虽然在具体技术细节方面有较大差异，但在动作结构、发力顺序等方面一致，训练方法也相同，因此两者训练的手段也相同，只不过在采用具体训练手段时对不同技术的要求不同。

观摩发现，江苏省速滑队在技术训练方法和手段上几乎一致，通过与教练员交流了解到，这样的优势在于运动员始终在同一训练环境（教练员、队员，包括转换的训练场地等）进行训练，相同的训练手段有利于运动员对不同技术的具体体会和理解，也有利于教练员对运动员不同技术学习、改进、调整进行针对性的加强（教练员熟悉运动员的技术特点和风格），有利于运动员利用现有速度轮滑技术去调整以适应速度滑冰技术，便于达到训练时间最短、训练效果最优、竞技水平提升最快的目的。

在交流中了解到，江苏省速滑队日常技术训练手段主要依据项目特征且针对性很强。两个项目技术均由起跑、直道技术、弯道技术和冲刺技术组成，因此在技术训练过程中分别依据不同技术的要求、前一技术阶段与后一技术阶段的技术衔接要求,有针对性地选择较为科学的训练手段。例如,起跑技术训练,除了练习基本姿势外,还练习各种反应速度,以及起跑后疾跑阶段为直道滑行做准备;弯道技术训练,考虑到离心力作用,采用各种手段进行抗离心力训练,并强调左腿外刃、右腿内刃技术规格,同时为加强技术运用的流畅性和整体性,增加了不同速度进出弯道技术的训练,一是强调进出弯道技术运用的衔接和技术合理性,二是强调重心稳定且不掉速,以免影响全程滑行节奏和速度(见表5-8)。

表5-8 "轮转冰"技术训练手段(速度轮滑、速度滑冰)

技术类别	训练手段
起跑技术	橡皮筋牵引开始疾跑、双脚勾胸跳、高强度滑跳、负重起跑、疾跑技术训练(切跑、滑跑和扭滑)、各种反应速度训练等
直道技术	各种屈膝走、橡皮筋牵引、原地侧蹬、快速侧蹬、原地后引、滑行板练习、直道重心练习、左右腿单腿支撑滑行练习、左右腿单腿跳跃支撑练习、直道变刃练习等
弯道技术	橡皮筋牵引(包括基本姿势、弯道交叉步)、负重低姿练习、各种抗离心力练习、弯道转刃练习、压步滑行练习、右腿连续蹬地侧向走、左腿向右蹬地跳、不同速度进出弯道练习等
冲刺技术	弓箭步拉长肌肉练习、原地"弓箭步"换腿脚、跨栏步压腿、"箭步送刀"练习等

(二)体能训练

体能训练是"轮转冰"训练的核心,在速度滑冰技术水平相对较弱的前提下,加强体能训练对"轮转冰"运动员竞技水平和成绩的提高起到至关重要的作用,因此"轮转冰"转项训练格外注重体能训练,并采用多样化的训练方法和手段。在运动员多年训练的不同阶段关于体能训练的任务和要求不同,因此采用的方法和手段也有一定的区别。针对耐力、速度和力量三个体能的主要方面,从基础训练阶段(准备期)、转项发展阶段(竞赛期)和专项提高阶段(竞赛期)来分析当前江苏省速滑队体能训练的方法和手段,从一定程度反映教练员在训练安排上的思路。

通过表5-9发现,不同阶段运动员耐力训练方法和手段相差不大,这与两个项目同属体能主导类周期性竞速类项目密切相关。教练员针对不同阶段和时期，依据运动员生长发育和身体素质发育敏感期不同，设置的相应的训练量和强度有所差异。总体来看，不论是耐力训练、速度训练还是力量训练且不论处于哪个阶段，均采用重复训练法、间歇训练法、持续训练法等，随着运动员竞技水平不断提升以及年龄增长，体能训练的强度不断增加，专项体能训练比重不断增加，体能训练与专项能力训练结合更加紧密。

表 5-9 "轮转冰"体能训练方法与手段简表

"轮转冰"训练模式	主要体能训练方法和手段							
	有氧能力		混氧能力		速度（无氧能力）		力量	
	方法	手段	方法	手段	方法	手段	方法	手段
基础训练阶段	长时间持续训练法、长时间重复训练法、长时间发展间歇训练法、法特莱克训练法	公路自行车（功率自行车）、越野跑、长时间中低强度变速跑（冰、轮）、低强度慢速持续技术滑（冰、轮）	项目体力定型训练法、中时间重复训练法、强化性间歇训练法、短时持续训练法（中高强度）	小场地速度耐力屈走、中高强度间歇速度耐力跑或滑（冰、轮）、中高强度变速度跑或滑（冰、轮）	短时重复训练法、短时高强度间歇训练法	坡路全力速度跑、最大速度直道滑行（冰、轮）、短距离高强度变速跑或滑（冰、轮）、助力跑、自行车	循环训练法、重复训练法、强化性间歇训练法、短时持续训练法、综合训练法	各种器械组合练习、抗阻训练、橡皮筋牵拉训练、原地负重双腿交替静力性颠踏地、跨步跳、跨栏跳
转项发展阶段	长时间持续训练法、长时间发展间歇训练法	定时或定距轮滑、中等强度长时间自行车训练	高强性和强化性间歇训练法、项目体力定型训练法、短时间持续训练法（高强度）	定时或定距轮滑、根据比赛距离高强度小场地速度耐力屈走、中高强度梯形变速滑	短冲训练法、重复训练法、短时高强度间歇训练法	跪推屈腿走短冲（50～100米）、高强度200米或300米滑行、行进间计时滑	重复训练法、强化性间歇训练法、短时持续训练法、循环训练法	各种器械组合练习、负重训练（原地侧向蹲起）、抗阻训练、橡皮筋牵拉训练、等动练习器、原地跳蹲成单腿滑行支撑、高翻＋深蹲、提拉＋高翻、皮筋助力跑

续表

"轮转冰"训练模式	主要体能训练方法和手段							
	有氧能力		混氧能力		速度（无氧能力）		力量	
	方法	手段	方法	手段	方法	手段	方法	手段
专项提高阶段	长时间持续训练法、适应性比赛法、长时间发展间歇训练法	中高强度定时定距滑冰、功率自行车、长距离中间加速滑	高强性间歇训练法、短时间持续训练法（高强度）、项目体力定型训练法	定时定距短距离加速滑、快速间歇滑（如400米高强度滑+600米放松滑然后再400米高强度滑）、比赛距离高强度大场地速度耐力屈走	重复训练法、短时高强度间歇训练法	短距离冲刺滑、行进间计时滑、短距离全力滑（如200米起跑全力滑）	重复训练法、强化性间歇训练法、短时持续训练法、循环训练法、极限强度法	各种器械组合练习、橡皮筋牵拉练习、抗阻练习、等长力量练习（如静蹲跳、单腿支撑异侧腿模拟蹬滑动作等）、负重练习（负杠铃前跨屈腿成弓步蹲起）、高翻+深蹲、提拉+高翻

注：上述训练方法和手段速度轮滑和速度滑冰训练均可采用。

（三）战术训练

集体出发是速度轮滑主要竞赛形式，同时也是速度滑冰新增项目，除了要求运动员具有较强的体能和技术，比赛时战术的运用往往成为最终夺取优胜的关键。江苏省速滑队始终十分重视战术训练和运用，国内重大赛事中集体出发项目经常会看到两名江苏省速滑队运动员同时登上领奖台，除了运动员拥有强大的个人竞技实力，运动员在竞赛时战术的运用和配合也至关重要。

贺鑫和郭丹始终坚持，速度滑冰增设集体出发项目，这对速度轮滑运动员来讲无疑是最受益的；高水平的速度轮滑运动员参加速度滑冰集体出发项目，在战术运用、选择上有得天独厚的优势，这是速度轮滑运动员长期训练、竞赛的结果。通过与教练员交流和实地观摩发现，江苏省速滑队在战术训练手段上也足够丰富，训练课中对战术训练目的、某种战术的发起时机、比赛中出现哪些情况该如何调整战术等进行一一安排和布置。同时，教练员还会根据场上情况，不断提示运动员如何选择或故意增设难度（例如，一堂战术训练课中，教练员会在运动员滑行过程中突然让某个运动员开始提速，打乱赛前已布置好的战术，让运动员根据现实情况去调整）。训练结束后，针对出现的问题进行系统分析与总结，让运动员学会运用并调整战术。

目前江苏省速滑队战术训练的方法通常有模拟训练法、实战训练法（内部教学比赛、测验）、观察与分析训练法以及速度感训练法（见表5-10）。尤其对速度感训练法格外重视，该训练方法主要是通过各种强度的计时滑跑，让运动员对不同强度速度的时空感知能力得到提升，增强运动员对速度的控制能力。该训练方法让运动员在具备强大个人实力的基础上，可以根据比赛开始、中间、后程等不同阶段，或比赛过程中对手突然提速（变速）等情况做出精确的判断，根据自己的体力情况合理调配速度，随时根据竞赛项目发起、运用和调整战术，从而获得最终胜利。

表 5-10 "轮转冰"战术训练方法和手段（速度轮滑、速度滑冰集体出发）

战术训练方法	战术训练手段
模拟训练法、实战训练法（内部教学比赛、测验）、观察与分析训练法、速度感训练法等	模拟积分赛练习；模拟个人计时赛的技、战术要点练习；不规律地突然加速滑跑练习（短冲练习）；等段落或不等段落的变速滑行练习；领滑、并列滑、跟随滑练习（并超越）；抢占出发位置练习；直道、弯道加速滑行练习；相互超越滑行练习；各种等距不同强度（包括全程）计时滑行练习；各种游戏和接力滑行练习等

第五节　本章小结

目前江苏省速滑队在主教练贺鑫的带领下，依据"轮转冰"三阶段训练模式进行系统训练，已取得了较为理想的训练效果。

基础训练阶段，采用年度单周期训练安排，以速度轮滑训练为主，提升运动员速度轮滑竞技实力和水平，恢复期可进行不做技术要求的速度滑冰放松练习，整体训练负荷相对较高。转项发展阶段，按照年度双周期训练模式，重点提升运动员速度轮滑竞技实力，以速度轮滑训练和竞赛为核心；进入速度滑冰训练周期，以适应、调整速度滑冰技术和比赛节奏为主，通过增加转换频率来提升运动员对技术的适应和应变能力；整体训练负荷较基础训练阶段进一步增大，运动员最佳竞技状态出现在速度轮滑主要竞赛期。专项提高阶段，同样按照年度双周期训练模式，运动员转项成为速度滑冰运动员，重点是提升速度滑冰竞技能力和运动成绩；尤其对于技术训练方面要逐步探索出相对科学的训练理念，即速度滑冰和速度轮滑之间的技术差异其实就是在与器材的磨合上，并不是局限于两者技术本身，只要对两个项目特征有了深刻的理解，随着转换的频繁，会形成适合自己的个性化滑行风格；但是该阶段速度滑轮训练的比重不应该被忽视，注重通过速度轮滑训练周期进一步提升运动员竞技能力。专项提高阶段整体训练负荷与转项发展阶段相似，但运动员最佳竞技状态出现在速度滑冰主要竞赛期。同时由于"轮转冰"转项训练主攻集体出发和长距离项目，因此在训练方法和手段方面一致。

第六章 "轮转冰"训练模式的案例分析

江苏省速滑队实施"轮转冰"训练以来，经过全队共同努力，克服种种困难，在国内外速度滑冰竞赛中取得了一系列骄人的成绩，并涌现出郭丹、李思杉两位世界级运动员，以及李乐铭、张弛等多位国内优秀运动员，还有丁一、于飞航（女）、许政浩、汪建铠、孙逸宸等一批在国内青少年速度滑冰比赛中表现出十足竞争力的年轻队员，并顺利入选了"轮转冰"跨界跨项速度滑冰国家集训队。这从扩大速度滑冰选材和后备人才队伍建设的视角，再一次证明了"轮转冰"计划的可行性和有效性。因此，笔者分别以郭丹和李思杉为个案进行分析，希望从"轮转冰"训练理念以及"轮转冰"训练模式实践的视角进一步印证"轮转冰"训练模式的可行性和合理性。

第一节 郭丹个案访谈

作为国内"轮转冰"训练的先驱者和领军人，郭丹在不到两年的时间内就在国内外速度滑冰的赛事上获得较为理想的成绩，分别在 2018 年平昌冬奥会和 2022 年北京冬奥会上斩获集体出发第十名和第十三名的佳绩。为此，本研究以郭丹为个案，对其成长经历、转项初衷、转项体会等方面进行访谈，以期获取"轮转冰"训练最前沿、核心的知识，为"轮转冰"训练模式的构建做充分的理论铺垫。

一、郭丹成长履历

郭丹，女，1990 年出生于北京，3 岁起开始接触轮滑，7 岁进入轮滑俱乐部进行业余训练，2003 年被江苏省轮滑队选中，从此在苏州成为一位专业轮滑运动员。进入专业队以后，训练特别艰苦，条件也不完善，但是郭丹凭借对速度轮滑的喜爱以及刻苦努力的训练，仅一年的时间就在全国第 19 届速度轮滑锦标赛中获得 4 金 1 铜共 5 枚奖牌的优异成绩，这更加坚定了郭丹从事轮滑运动的信心。此后郭丹一步一个台阶地不断突破自己，不断创造属于中国速度轮滑的多项纪录。2005 年，郭丹获得了亚洲轮滑锦标赛女子 15 000 米淘汰赛的冠军，这也是中国速度轮滑史上第一个亚洲冠军，实现了中国速度轮滑亚洲冠军"零"的突破。此后，郭丹将目标瞄准了更大的舞台——速度轮滑世锦赛，这是速度轮滑比赛的最高舞台。经过不断努力训练，这一时刻很快到来。2008 年西班牙速度轮滑锦标赛，郭丹获得女子 10 000 米积分淘汰赛亚军，实现了中国速度轮滑项目世锦赛奖牌"零"的突破。这一成绩让郭丹信心满满，从此郭丹在心中有了一个更大的目标——世界冠军！通过学习国外先进训练理念和方法，郭丹竞技水平不断提升，多次获得世界速度轮滑大奖赛的冠军，并在 2012 年意大利速度轮滑世锦赛女子 1 000 米项目上获得冠军，这不仅完成了她自己的梦想，更实现了中国速度轮滑 30 年世锦赛金牌"零"的突破。随后郭丹再接再厉，在 2013 年迎来了自己运动生涯的巅峰时刻，先是在哥伦比亚举行的世界运动会中，斩获了女子速度轮滑 10 000 米和 20 000 米两项冠军，以及 15 000 米亚军，紧接着又在比利时速度轮滑世锦赛上夺得 5 银 1 铜的佳绩；次年即 2014 年，郭丹打破了女子速度轮滑 500 米世界纪录，成为世界上第一个滑进 42 秒的女子轮滑运动员，自此郭丹完美地实现了世界杯、世界运动会、世界锦标赛三大满贯的巅峰荣誉。作为我国唯一一个参加夏季亚运会、亚冬运会和冬奥会的速度轮滑运动员，曾四次入围 CCTV 体坛风云人物，两次获得最佳非奥项目运动员提名。她带领中国速度轮滑项目走出国门，迈向世界的舞台，为中国速度轮滑事业做出了巨大的贡献。

二、从事"轮转冰"训练的初衷

速度轮滑是非奥项目，全球的轮滑人为"进奥"长期以来做着很大努力，曾经三次入选奥运会备选项目但都落选。目前虽然速度轮滑已经进入青奥会，但与奥运会相比，分量和影响力远不在一个层面上。有"转项"这个念头是在 2014 年年初。当时郭丹在家观看索契冬奥会，听到解说介绍到了过去与她在国外一起进行速度轮滑训练的运动员时，心中不禁一颤，随即脑中闪现一个念头："我也可以"。索契冬奥会的那段时间是郭丹对自己职业生涯规划的重要时刻。在速度轮滑领域，郭丹的成就已经达到顶峰了，除了多次创造世界纪录，还实现了大满贯，已经没有可以让她继续绽放的更大舞台，并且从事了 10 多年的专业训练，在训练和比赛中也留下了很多伤病，也许过一两年也就该退役了。既然国外的运动员可以尝试转项并获得成功，而郭丹自己心中的"奥运梦"还没有实现，那为何不去搏一把？为此，郭丹向她老公贺鑫（郭丹速度轮滑的队友，原速度轮滑国家队成员，前全国 500 米个人计时赛纪录保持者，现为中国速度轮滑国家队主教练、国际轮滑联合会速滑委员会委员、江苏省"轮转冰"速滑队主教练）谈起了这个想法，贺鑫十分赞同，并且态度也相当坚定。为此，贺鑫选择退役，放弃了他自己的运动员生涯，全身心为郭丹接下来即将开始的"轮转冰"训练和生活保驾护航。

当郭丹与贺鑫将这个想法向上级主管部门汇报的时候，最初遭到了拒绝。他们也表示十分理解，虽然国外有很多成功的案例，但是轮滑毕竟属于非奥项目，省里经费有限，且当时郭丹的年龄也偏大（当时 24 岁）并伴有伤病，并不被看好能取得成功。但是这没能阻碍郭丹追梦的信念和行动。2014 年 12 月底，郭丹与贺鑫自费去东北进行速度滑冰训练。初上冰时，连站都站不稳，完全不会滑，他们就边看速度滑冰运动员训练、边查阅资料、边向其他教练员请教一些基本要领，慢慢地就掌握了一些窍门，就这样在东北训练了一个月，感觉自己适应很快，这算是郭丹的速度滑冰的初次体验。后来，经过一段时间的调整（由于 2014 年下半年 9 月份，郭丹在比赛中严重受伤，导致其左腿内侧副韧带撕裂，大腿后面肌群全部拉伤，直到上冰前全都在做康复），到了 2015 年 9 月份，郭丹和队友赴东北专心从事速度滑冰训练，代表江苏省备战 2016 年 1 月在新疆举办的第 13 届全国冬运会。专项训练仅一个多月，郭丹便参加 2015—2016 年全国速度滑冰联赛，结果获得 3 000 米第 10 名。当时就给她很大信心，因此这次速滑赛事郭丹并没感觉到太多的疲劳就比完了，最直观的感受就是技术上还是太生疏。接下来郭丹就更加在技术训练上投入更多精力，经过 5 个月的艰苦训练，最终在 2016 年新疆冬运会的 5 000 米比赛中获得第 6 名，且江苏队其他队员在这段时间也取得了较为不错的成绩，这才引起了领导的高度重视。

初次国内大赛就取得成功，这就更坚定了郭丹的"冬奥梦"。为了转项训练更加科学、专业，郭丹与贺鑫教练曾自费专程去国外请教专业教练员。在 2015 年北京成功申办冬奥会之时，我们国家冰雪竞技实力较弱，为了可以实现 2022 年冰雪竞技体育在"家门口"的突破，国家根据国外转项训练的案例，考虑到江苏省轮滑队在全国的实力，正好 2015 年 5 月决定试点，郭丹认为自己也算赶上了时代发展的好机会。总体来讲，"轮转冰"的发展前景会很好，毕竟在这之前国际上已经经过实践验证，且项目之间的共通性也很多，可以很好地为速度滑冰后备人才储备服务，如此一来全国很多速度轮滑运动员也就有了升学、退役之后的保障，"轮转冰"运动员可以注册在冬季运动管理中心，这可是过去在速度轮滑领域享受不到的待遇。

三、速度轮滑转项发展速度滑冰的优势

（一）技术

访谈得知，从表面上来看，速度轮滑和速度滑冰在技术、项目规律、训练方法和训练周期安排等差不多都一样，这也是确实存在的。然而对于真正从事两个项目的训练来讲，别看这细微的区别，在实际操作过程中技术方面是最难改进也是阻碍成绩进一步提高的关键因素。速度轮滑和速度滑冰最大的不同是轮子要制造摩擦才能前进，而冰刀则要减小摩擦才能前进，这会在发力方式上产生很大的区别。同时在滑行姿势、滑行节奏和比赛规则上有很大的区别。例如，从竞赛特征来看，速度滑冰项目尤其是长距离项目要求以匀速滑行为主，持续输出能量，最大程度上维持速度；而速度轮滑的比赛中有积分和淘汰点，这就要求在比赛中更多采用变速滑行，要求运动员具备很强的变速能力，以及在比赛中能瞬间超越对手的瞬间力量爆发力。

因此，"轮转冰"在技术上是最难提升和改变的。但并不是没有优势。速度轮滑场地小、滑行节奏快，速度滑冰场地大、滑行节奏慢，转项速度滑冰以后，速度轮滑运动员过去的快节奏滑行对速度滑冰十分有利。尤其是在提高速度滑冰进、出弯道的滑行速度来讲，"轮转冰"运动员比传统速度滑冰运动员更加有利，这是过去弯道技术迁移的最好体现。

（二）体能

从训练特征来看，速度滑冰项目是减少摩擦力产生速度，更多锻炼的是小肌肉群的控制能力，同时拥有很强的有氧能力；而速度轮滑运动是通过轮滑鞋与场地增加摩擦力产生速度，也就是从需要的能力上来看，有氧能力仅仅是基础，力

量爆发力同等重要，因此可以看出两个项目在训练上是相对完美的互补关系。从身体素质的角度来看，速度轮滑运动员具备的身体素质要更加全面，即力量更强、有氧能力更强、耐乳酸能力更强。轮滑运动员多数是全能运动员，从短距离到长距离的马拉松几乎都要参赛，只不过每个人的重点项目不同，多数顶尖速度轮滑运动员既获得过短距离项目世界冠军，又拿到长距离项目世界大赛冠军，并且速度轮滑比赛的轮次多对体能要求很大，每日的专项训练量可达速度滑冰的两倍。这也是"轮转冰"运动员体能的优势所在。

（三）战术

速度轮滑比的是变速能力，参赛人数众多，场上情况瞬息万变，要求运动员审时度势，根据自身的能力和在赛场上所处的位置有选择性地采取相应的战术，来达到赛前制定的比赛任务和目标。平昌冬奥会增加集体出发项目后，从2017年开始国际滑冰协会举办的众多赛事都设置了集体出发项目。该项目对运动员在身体素质、战术能力方面的要求，以及项目本身的规则方面，与速度轮滑非常接近，在比赛中同样有积分点，因此比赛就会在6 400米16圈的滑行过程中存在很多的变速和突然启动情况，在要求运动员具备很强的有氧能力的同时，变速能力和战术运用能力也非常关键，这方面正好与速度轮滑运动无缝对接。

因此，从竞技能力视角来讲，速度轮滑相较于速度滑冰最大的优势是体能和战术，这也是"轮转冰"能够取得成功的关键。

四、"轮转冰"训练的主攻方向

访谈得知，综合技术、体能和战术的优势来看，今后"轮转冰"的发展方向应该在长距离项目，发挥速度轮滑运动员有氧能力的优势，则会很快取得较为理想的成绩。通过江苏省速滑队参加的比赛就可以看出，距离越长名次和成绩越好。就笔者的理解来讲，短时间内，"轮转冰"主攻短距离的可能性不大，首先技术差别挺大；其次，速滑运动员在冰上训练了10多年，"冰感"肯定明显要强，因此速度轮滑运动员在滑行短距离项目时由于技术不稳定，同时"冰感"还较差，有种有力使不上的感觉，自然短距离项目的成绩也不会理想。

当然，江苏省速滑队也有部分运动员转项后效果不甚理想。转项效果不好的几个运动员，基本上都是专攻速度轮滑短距离项目，力量、爆发力特别好，有氧耐力较弱，因此运动员转项速度滑冰后不具备有氧能力强的优势，且速度滑冰短距离对专项技术要求更高，所以专攻短距离项目的速度轮滑运动员转项后效果不太理想。在此也建议，今后江苏省速滑队的运动员在速度轮滑专项训练阶段尽可能全面发展，同时也建议南方其他省市"轮转冰"速滑运动员，以速度轮滑中长距离的运动员转项为主体，充分发挥长距离项目运动员有氧能力的优势，提高转项的成功率。

因此，今后"轮转冰"训练发展以集体出发项目为核心，以长距离项目为重点，在此基础上兼顾中距离项目，充分发挥体能和战术的竞技能力优势，相信今后可以在集体出发和长距离项目上取得突破。

五、"轮转冰"运动员技术的提升

访谈得知，首先要认清速度轮滑和速度滑冰在技术上确实存在很大差异的现实；其次要考虑一个问题，即速度轮滑运动员不可能完全按照速度滑冰的技术去滑行，这不现实，毕竟经过10多年的专业训练，速度轮滑的肌肉记忆已经定型，短期内很难完全改变，哪些技术细节应该坚持轮滑上的，又有哪些技术要在滑冰训练中贯穿进去？通过交流得知，速度轮滑和速度滑冰两个项目之间技术差异更多的是运动员与器材的磨合时间上，但不是局限于技术本身。运动训练讲究运动员的个体差异性，其实每个人的技术水平本身就不同（包括速度轮滑和速度滑冰专业运动员），所以对技术的理解也不同，因此最快捷、有效的转换，一定建立在对两个项目的深度了解上，对两个项目的技术特点和项目供能特征理解、分析得越深，对转项越有帮助。

因此，遵循运动员个性化特征，运动员对冰刀、场地适应能力和方式不同，在专项技术训练时依据运动员现实状况，以专项技术的适应为核心、改进为辅助，打造运动员个性化的滑行技术风格，如此既能够继续发挥运动员原有速度轮滑竞技能力的优势，又能够形成合理的专项技术。速度轮滑教练员尤其应强化速度滑冰训练理论和实践知识的学习、培训和提升，以满足接下来"冰轮两栖"训练和后期转项速度滑冰训练的实际需求；专业速度滑冰教练员应加强对速度轮滑项目的认识和理解，在对"轮转冰"速滑运动员训练过程中，以便能够很好地结合运动员过去速度轮滑转项训练基础，来有针对性地、合理地、变通地去指导运动员对速度滑冰技术的理解和训练，使运动员更好地适应、理解速度滑冰技术，进而可在速度滑冰训练和竞赛中更好地发挥和运用速度滑轮训练带来的优势，从而取得更大的突破和更高的成就。

六、对"轮转冰"训练模式的建议

访谈得知，"轮转冰"三阶段训练模式非常符合当时我国备战 2022 年北京冬奥会的现实国情，通过"轮转冰"三阶段训练模式来实现速度滑冰后备人才培养的目的。只不过该训练模式中"专项提高阶段"以速度滑冰为主，速度轮滑训练比重相对较小。但是，国外运动员的训练模式几乎大同小异，都是以两栖运动员为主。夏天参加轮滑比赛，冬天参加滑冰比赛，尤其是荷兰等欧美速滑强国，几乎都是如此。随着运动员熟悉两个项目的技术特点和差异以后，通过多次转换（冬冰夏轮），转换所需的时间就会越来越短，到后期轮滑转项滑冰最需要适应的是冰感、对冰刀的控制，毕竟每个运动员的技术特点不同。

国外运动员在训练周期安排上，绝对不是舍去速度轮滑而去完全发展速度滑冰，而是有所侧重，应该明确以轮滑带动滑冰，弥补速度滑冰体能的不足。因此，今后最好是成立一支"冰轮两栖"队伍，常年在国外训练，和国外运动员保持一致的训练节奏和参赛安排（速度轮滑和速度滑冰的比赛都参加），这样一来，运动员在转换方面的适应期将会不断缩短，找出自己的规律和特征，同时教练员在这期间也能更好地学习国外先进的训练理念、积累经验，对"轮转冰"有更加全面和深刻的认识和体会，就会更加科学、合理和有针对性地安排训练计划和内容，这样"轮转冰"的发展才会更快，速度滑冰整体实力尤其是长期落后的中长距离项目的实力才能真正提升。

七、"轮转冰"训练模式的革新

随着郭丹"轮转冰"跨界跨项速度滑冰国家集训队训练不断深入，必然对"轮转冰"内涵认知有进一步的提升，后期又与郭丹关于"轮转冰"进行进一步探讨，关于训练模式交流得出观点如下：

"轮转冰"前期采用的三阶段训练模式是在备战北京冬奥会背景下，是为快速实现"全面参赛"目标而提升速度滑冰整体竞技实力的短期模式。如果从秉承"以轮促冰"和"以冰促轮"的训练内涵，从速度滑冰后备人才培养以及"轮转冰"训练科学、长远的视角出发，"轮转冰"最终应实施"速度轮滑训练—冰轮两栖训练"的两阶段模式，其中以"冰轮两栖"训练阶段为核心。在此模式训练下，需要把握两个核心问题，一是"优势"，即转项后运动员始终按照"冰轮两栖"模式进行有针对性的训练，既有利于运动员在"轮""冰"场地、器械、技术等转换方面的适应期不断缩短，便于运动员依据个性化特征探索符合自身特点的滑冰技术，又有利于教练员和运动员更加全面、深刻地认识和体会"轮"转"冰"训练，进而摸索出转项的规律和特征，"轮转冰"训练实践才能真正发挥作用；二是"安排"，即"冰轮两栖"训练安排应依据"冰""轮"备战的赛事级别来有针对性地合理规划（需要明确的是应始终以冬奥会备战为绝对核心），该阶段年度训练始终安排"冰""轮"两个训练大周期，如下一赛季为冬奥会年，训练安排则应适当增加速度滑冰训练大周期而缩短速度轮滑训练大周期，训练重心和任务倾向于速度滑冰以实现专项竞技能力有针对性的储备。如此安排训练既能始终保持速度轮滑训练在体能方面的优势，又能通过频繁换项参赛积累训练和竞赛经验，有利于竞技水平的快速提高。因此，"冰轮两栖"训练能真正地体现速度轮滑和速度滑冰"双向"互动的训练内涵，促进"轮转冰"训练高质量发展，为速度滑冰选材、后备人才队伍建设、竞技实力提升起到至关重要的推动作用。

第二节　李思杉 2016—2017 年度训练安排分析

　　"冰轮两栖"训练阶段（转项发展阶段）是"轮转冰"训练模式中的核心阶段，该阶段训练质量高低直接决定了能否转项成功，以及能否在下一阶段取得重大突破。因此，本研究以李思杉"冰轮两栖"训练阶段中 2016—2017 赛季年度训练为个案，对训练时间安排、训练任务、训练内容、训练负荷、训练方法和手段进行分析，为今后我国"轮转冰"训练模式提供借鉴和参考。

一、基本情况与多年训练阶段划分

　　李思杉，我国著名"轮转冰"速滑女子运动员。2010 年开始进入江苏省速度轮滑队接受更先进、科学的训练，在速度轮滑运动领域几乎获得过国内所有项目的奖牌。在国际赛场上的表现也格外突出，在 2015 年速度轮滑世界锦标赛场地赛女子青年组 1 000 米比赛中夺得铜牌。

转战速度滑冰赛场后，短短两年内李思杉就在速度滑冰项目取得了巨大突破。转项仅半年，李思杉就在全国速度滑冰青年锦标赛女子 3 000 米比赛中获得冠军。在国际赛场同样也取得了亮眼的成绩。在 2017—2018 赛季世界杯青年速度滑冰比赛中，李思杉先是在首站（白俄罗斯站）的比赛中接连夺得集体出发和团体追逐赛 2 枚金牌，紧接着转战第二站（意大利站）又夺得集体出发项目的冠军，并且在第三站（德国站）的总决赛集体出发比赛中再次获得金牌（集体出发项目三连冠），以三个冠军总积分排名第一的成绩获得速度滑冰世界杯总决赛女子集体出发的总冠军。不仅如此，在 2018 年中国速度轮滑马拉松世界杯第六站女子 A 组比赛中，江苏省速滑队李思杉获得亚军，表明转项发展速度滑冰后，在速度轮滑赛场上依旧有着亮眼的发挥，在速度轮滑赛场上依然保持较强的竞技能力和较高竞技水平。李思杉和郭丹在速度轮滑、速度滑冰赛场上取得成就，从实践上充分证明了 "轮转冰" 训练模式的成功。

对李思杉 "轮转冰" 训练模式阶段划分，应从进入江苏省速滑队开始。其中，2010—2014 年属于基础训练阶段，即速度轮滑训练阶段；2015—2017 年属于转项发展阶段，即 "冰轮两栖" 训练阶段；2018 年至今，进入专项提高阶段，即速度滑冰训练阶段。

二、年度训练周期安排

李思杉 "冰轮两栖" 训练阶段年度训练计划是由一个年度双周期组成，分为速度轮滑和速度滑冰两个部分，分别由准备期、竞赛前期、主要竞赛期和恢复期 4 个阶段组成，每个阶段都包括了体能、技术和战术训练 3 个部分，每个阶段的时间安排几乎一致，这与常规 "冰轮两栖" 训练阶段年度周期划分有所不同。2016 年 3 月开始进入速度轮滑训练周期，经过两个月的准备期，对速度轮滑体能和技术水平进一步提升；通过竞赛前期强化专项体能和技术，并于当年 7 月代表中国参加 2016 年速度轮滑世界锦标赛，在比赛中获得一枚宝贵的铜牌；2016 年 9 月，既是速度轮滑训练大周期的恢复期，又是速度滑冰训练大周期的准备期，在此期间通过恢复调整，消除身体疲劳，为速度滑冰赛季做准备；进入竞赛期后，李思杉以连续三站速度滑冰青年世界杯的优异成绩获得总冠军，其中在第一站还与队友配合获得短距离团体追逐的金牌；2017 年 3 月进入速度滑冰恢复期，李思杉 2016—2017 年度训练大周期结束（见表 6-1）。

表 6-1　李思杉 2016—2017 年度训练安排表

	速度轮滑				速度滑冰			
	准备期	竞赛前期	主要竞赛期	恢复期	准备期	竞赛前期	主要竞赛期	恢复期
时间跨度	2016. 3—4	2016. 5—6	2016. 6—8	2016. 9	2016. 9—10	2016. 11—12	2016.12—2017.2	2017. 3
周数	8	6	10	4	8	6	10	4

　　通过与教练员交流得知，下一步李思杉将以速度滑冰训练为重心，为实现进入速度滑冰训练的过渡与衔接，同时为参加速度滑冰世界杯比赛做准备，因此李思杉 2016—2017 年度训练周期安排类似转项发展阶段与专项提高阶段的链接区间，通过训练内容、负荷节奏的变化，以实现内容安排、目标任务等平稳过渡，为更好地适应接下来的训练任务奠定训练基础。

三、年度大周期训练内容结构特征

　　2016—2017 年度已进入李思杉"冰轮两栖"阶段的最后一年（2017 年，李思杉入选备战 2018 平昌冬奥会速度滑冰集训队），训练内容的重心已开始围绕速度滑冰阶段做准备。该年度整体训练内容的思路是围绕李思杉参加速度滑冰青年世界杯做准备。因此，在速度轮滑准备期以基础体能——有氧耐力训练为主，针对速度轮滑技术细节进行巩固，同时进行最大力量训练，为速度滑冰中长距离项目和集体出发项目打好体能基础；速度轮滑竞赛前期，进一步提升专项训练强度，进行以高强度有氧和混氧能力训练为主，最大力量、力量耐力为辅助的高强度体能训练，并在竞赛期有针对性地参加速度轮滑世界锦标赛长距离项目（5 000 米接力赛获得铜牌），为速度滑冰专项体能储备做铺垫；进入速度轮滑恢复期，即速度滑冰的准备期，主要任务是消除身体疲劳，发展速度滑冰有氧耐力，适应速度滑冰技术，在进行长距离冰上有氧耐力训练的同时提升速度滑冰技术运用的水平，提升滑行质量；在竞赛前期，通过高强度的有氧能力、混氧能力、无氧能力训练，结合大强度的力量训练，进一步提升专项体能水平，以此提升高强度体能训练下技术运用的质量，以及战术发起时机和战术选择、运用的水平，并调整竞赛状态，在主要比赛中（参加集体出发、短距离团体追逐两个长距离速度滑冰项目，也体现出在速度轮滑赛季参加 5 000 米接力的目的性）取得优异成绩；进入恢复期，继续以低强度有氧耐力放松训练来加强、巩固、调整速度滑冰技术，消除身体疲劳（见图 6-1）。

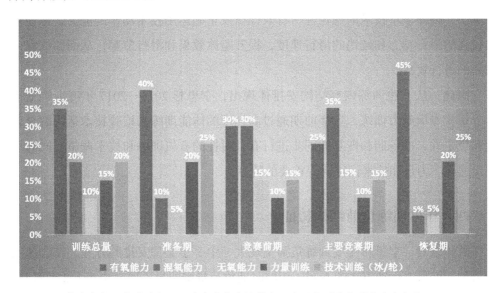

注：图中准备期、竞赛前期、主要竞赛期和恢复期，为两个训练大周期内容之和。

图 6-1 李思杉 2016—2017 年度训练内容结构特征

由此可见，李思杉这一年度训练安排，明显体现出十分重视体能训练。虽然转项速度滑冰对技术要求很高，但是教练员仍旧安排较多的体能训练，这恰好符合速度轮滑和速度滑冰项目特征，通过重视体能训练也体现出速度轮滑在体能方面对速度滑冰的代偿作用十分有效。但是关于战术训练安排较少，表面上看这与速度滑冰集体出发项目战术需求十分重要相悖，通过与教练员交流得知，战术训练早在速度轮滑时期打下基础，且在该阶段的体能训练过程中经常会穿插一些战术训练，通过变换训练内容（量和强度不变）以调整训练氛围，增加运动员积极性，达到很好的训练效果。关于速度、力量、无氧和技术训练内容安排基本一致，在贺鑫看来，速度轮滑项目有氧能力是基础（即使在竞赛期，有氧训练仍旧占据一定的比重，相比于准备期和恢复期有氧训练而言，竞赛期有氧能力以高强度的专项有氧耐力为主，大约占 25 % 左右）。运动员要想拥有较强的竞技实力，取得理想的运动成绩，则必须具备在高强度对抗下技术稳定、有效地发挥的能力，因此这就需要运动员具备强大的速度素质，速度素质与力量和无氧能力密不可分。因此，在安排训练内容时通过有氧训练发展运动员有氧能力，提高专项技术水平的同时，将运动员专项技术与速度训练相结合，强化李思杉在高强度耐力和速度训练中，格外注重技术的稳定性、有效性以及正确运用技术动作的能力，以便获得较强的滑行动力和较快的滑行速度，提升蹬冰效果和滑行节奏，从而始终保持较高的滑行效率。

因此，从上述训练内容结构安排体现出，李思杉 2016—2017 年度训练安排十分重视专项耐力训练，竞赛前期通过高强度的体能训练来检验技术运用的合理性和稳定性，准备期和恢复期同步进行有针对性的有氧训练和技术调整，同时呈现出速度、力量和技术训练同等重要的特点。

四、年度训练负荷结构特征

总体来看，李思杉年度训练负荷呈现大—中—小交替安排的方式。结合速度轮滑和速度滑冰运动方式的不同，相同时期负荷量则明显不同。由表 6-2 了解到，李思杉在速度轮滑训练周期的负荷量要远大于速度滑冰训练周期的负荷量（每节训练课滑行总量，不包括陆地准备活动等内容），仅从训练量的视角也可在一定程度上说明速度轮滑运动员拥有比速度滑冰运动员更强的竞技能力；另外，由于速度滑冰场地环境因素（气温低、耗能大），运动员不可能长时间大强度地在冰面上滑行，这也是运动员不能进行大量、高强度专项体能训练的重要因素，因此夏天进行大量高强度的速度轮滑训练对速度滑冰赛季专项体能的储备与提升起到至关重要的作用。

表 6-2 李思杉 2016-2017 年度训练负荷结构特征

周期	速度轮滑				速度滑冰			
	准备期 1	竞赛期 1		恢复期 1	准备期 2	竞赛期 2		恢复期 2
		竞赛前期	主要竞赛期			竞赛前期	主要竞赛期	
时间跨度	2016.3—4 60 天左右	2016.5—6 45 天左右	2016.6—8 75 天左右	2016.9—9 30 天左右	2016.9—10 60 天左右	2016.11—12 45 天左右	2016.12—2017.2 75 天左右	2017.3 30 天左右
训练周数	8	6	10	4	8	6	10	4
每节训练课负荷量	120～150 圈（2.4～3 万米）	100～120 圈（2～2.4 万米）	75～100 圈（1.5～2 万米）	50～75 圈（1～1.5 万米）	1.5～2 万米	1～1.5 万米	0.5～0.8 万米	0.5～08 万米
强度变化	中	中—大	大	小	小—中	中—大	大	小—中

注：恢复期 1 和准备期 2 部分重合。

进一步分析发现，李思杉在速度轮滑和速度滑冰两个训练周期中，负荷安排略显不同。竞赛前期和主要竞赛期均以"中—大"和"大"的负荷强度为主，体现出专项训练为竞赛服务的特点，速度轮滑竞赛期专项体能训练课滑行距离达到 2 万米左右，速度滑冰竞赛期专项体能训练课滑行距离在 1 万米左右，与准备期相比负荷量降低，而强度提升。但是教练员对李思杉两个训练周期在准备期和恢复期的安排则明显不同。速度轮滑准备期负荷量"大"且强度偏大（"中"），恢复期负荷量和强度明显降低；速度滑冰准备期和恢复期负荷强度均为"小—中"。通过与教练员和运动员沟通了解到，这一负荷安排与"轮转冰"训练和竞赛要求相吻合。速度轮滑的准备期与速度滑冰的恢复期部分重合，先通过负荷量和强度快速降低来消除速度滑冰赛季身体的疲劳并通过低强度的有氧练习来改进和调整速度滑冰技术，然后负荷量和强度慢慢提升进入速度轮滑的准备期；同理，速度轮滑的恢复期与速度滑冰准备期部分重合，负荷量和强度也需要通过由小到中进行过渡，然后进入速度滑冰竞赛期的高强度训练。

因此，李思杉 2016—2017 年度训练负荷安排特征，整体上呈现速度轮滑在负荷量和强度上明显大于速度滑冰的特点，每个阶段训练安排与不同项目的竞赛需要密切相关，尤其注重不同赛季转换期间根据运动员体能和技术状况进行有针对性的有机过渡，为运动员快速进入下一不同训练周期做铺垫。另外，通过李思杉该年度训练大周期的负荷安排，为传统速度滑冰夏训阶段的训练安排提供科学的指导和参考，为速度滑冰体能训练质量的提升提供借鉴。

五、年度训练不同周期体能和技术训练安排特征

竞技体育不同阶段训练内容的安排反映了不同阶段训练思路和训练任务。依据运动员对训练负荷产生的适应性现象与竞技状态形成、保持和下降相对应，一般准备期以体能训练为主，为培养运动员竞技状态以及运动员竞技能力储备打下基础；竞赛期以专项技术和体能训练为主，强度逐步提升至比赛强度，为运动员参加重要赛事调整最佳竞技状态；恢复期主要以消除身体疲劳和伤病恢复的小强度训练为主。

通过对李思杉年度训练大周期训练内容安排的统计分析了解到（图 6-2），李思杉从事"轮转冰"训练，要对两种不同技术进行不断的适应和调整，不论是速度轮滑训练周期还是速度滑冰训练周期，它们的准备期、恢复期也是另一个项目恢复期、准备期的开始，这与运动训练学全程性多年训练阶段的链接区间类似。因此，对该年度训练可以分为四个训练阶段，分别是：第一阶段，速度滑冰恢复期和速度轮滑准备期；第二阶段，速度轮滑竞赛期；第三阶段，速度轮滑恢复期和速度滑冰准备期；第四阶段，速度滑冰竞赛期。

第一阶段前期，由于速度滑冰赛季刚结束，需要利用恢复期采用低强度的有氧练习进一步调整、改进比赛期发现的技术上的不足，同时在该阶段后期通过有氧训练来转换到速度轮滑技术适应期，并通过提升有氧训练强度等体能训练来为速度轮滑专项训练和比赛奠定坚实的体能基础。因此，第一阶段，在主要发展有氧能力的同时通过多次专项技术训练课来及时改进和调整速度滑冰技术，以便产生更深的技术记忆。

第二阶段，进入速度轮滑竞赛期，此时李思杉在速度轮滑项目上已具备较强的技术水平，在此基础上体能水平决定了运动员竞技实力能否更进一步提升，因此在此阶段李思杉专项技术训练比重较小，体能训练比重较大。同时李思杉已进入"冰轮两栖"训练后期，训练任务已开始围绕速度滑冰训练做准备，速度滑冰集体出发项目需要强大的有氧和混氧能力作支撑，所以在此阶段体能训练任务重，

为速度滑冰赛季打下坚实的基础。并且该阶段李思杉参赛已开始倾向速度轮滑长距离项目（为速度滑冰长距离项目做专项体能储备），表明该阶段训练目的和任务、训练重心以及参赛等是为了速度滑冰赛季做准备，因此该阶段属于一个超长型、加强型的速度滑冰夏训阶段。

第三阶段，相较于其他3个阶段，体能训练比重下降，技术训练比重增加，究其原因，一是李思杉刚刚结束速度轮滑世锦赛，比赛强度非常大，此时应处于恢复、调整状态时期，体能训练多以量小、强度低的有氧训练为主，便于消除疲劳以及伤病恢复。然而，由于该恢复期亦是速度滑冰的准备期，李思杉接触速度滑冰时间较短，技术稳定性不足，"冰感"相对较差，此阶段通过增加速度滑冰技术训练的比重，采用陆地模拟练习来进一步适应速度滑冰技术，并通过低强度有氧速度滑冰练习来适应、调整速度滑冰技术，为接下来的竞赛期做好准备。

第四阶段，进入速度滑冰竞赛期，运动员要想取得竞赛优胜必须具备较高的体能和技术能力，因此在竞赛前期教练员通过提升体能训练的量和强度进一步强化速度滑冰专项体能，同时也可以通过强度较大的速度、耐力训练来检验李思杉速度滑冰技术运用的水平（蹬冰幅度、蹬冰节奏、滑行效果等），为接下来在速度滑冰世界杯上取得优异成绩做好准备。

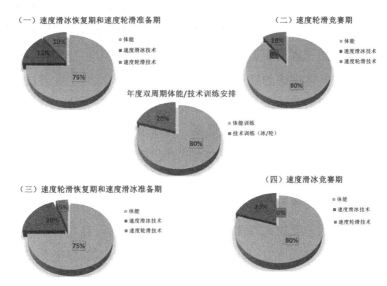

图 6-2 李思杉 2016—2017 年度训练不同周期体能训练和技术训练安排比例

总体来讲，李思杉 2016—2017 年度训练各阶段体能和技术训练安排内容合理，针对性强，且逐步实现向"轮转冰"训练模式专项提高阶段过渡，提高速度轮滑训练（传统速度滑冰夏训阶段）的质量和针对性，为在高水平的起点上实现转项后取得更高的成就、实现更理想的目标打下坚实的基础。

六、不同内容的训练方案示例

（一）技术训练方案

优秀运动员如果掌握了合理的运动技术，则有助于运动员身体能力得到充分发挥，进而提高运动员竞技成绩。李思杉已经具备较为完美的速度轮滑技术，形成了速度轮滑技术动力定型，在转项速度滑冰训练时，技术差异是需要克服的关键和难点。针对这一情况，在不过多破坏速度轮滑技术的基础上，采取哪些训练手段来学习、调整和适应速度滑冰技术更为关键。教练员依据速度轮滑技术训练手段，按照速度滑冰技术要求为李思杉分别设计速度滑冰陆地模拟和冰上练习的技术训练手段（如图 6-3 所示）。

该训练方案总体要求体现在技术训练的过程和细节上，在陆地模拟练习中，更强调身体姿势、重心控制、动作幅度和轨迹。例如，原地的单腿支撑模拟蹬冰动作练习，要求在控制身体平衡的基础上，进行单腿支撑、异侧腿侧蹬、浮腿前摆、着地支撑，注意身体重心的水平移动，体会利用体重蹬冰的感觉。同样，专项技术辅助练习（如屈膝小步走）也更加注重严格按照专项技术的要求，强调注重过程而不是注重具体训练的数量等结果。冰上技术训练时，直道技术训练通常采用不同距离和不同滑行速度，让李思杉体会正确的滑行姿势、节奏、发力方式等技术细节（例如，慢速滑行时采用低姿，蹬冰节奏慢，单腿支撑惯性滑行时间不要太长，体会蹬冰腿伸展顺序和用力方式；包括体会左右腿平刃支撑滑行的感觉、左右腿的单脚后位平衡的感觉；体会浮腿内收至支撑阶段的技术动作感觉）；弯道技术训练，要求其体会弯道身体倾斜，单腿惯性滑行时间短、节奏快，上体姿势略高且下肢蹲屈角度较大等速度滑冰的技术特点，通过弯道布袋牵引练习让运动员体会弯道滑行左脚冰刀用外刃、右脚冰刀用内刃，以快速交叉步向右侧蹬冰的感觉。通过设计进出弯道加速滑行、不同速度弯道滑行等体会完整技术动作以及高速滑行时技术的控制等，收到了良好的训练效果，李思杉的速度滑冰技术水平上升较快，形成了自己的技术风格。

技术分类	直道技术	弯道技术
陆上技术训练	上体直立三角走、屈膝小步走、滑板练习、侧蹬、滑跳、平衡球、静蹲双摆、单腿后引蹲腿、伏腿前伸单腿蹲起、单腿侧出、伏腿侧出单腿蹲起、重心移动，以及单腿支撑蹬冰模仿练习	皮筋弯道牵引、原地皮筋牵引弯道交换腿、皮筋牵引弯道跳、布袋弯道牵引、布袋牵引单腿蹬起、原地弯道牵引单腿交叉收腿
冰上技术训练	1、逐渐增加距离的短段落重复滑跑，距离（40～60米，逐渐增加到80～100米）； 2、最大速度、快频率、快节奏短距离滑跑，距离50～60米，8～10次； 3、变化滑跑节奏和速度的短距离滑跑，距离60～80米，6～8次； 4、慢速滑跑10～20圈，休息2分组，3～5组	1、冰上弯道布袋牵引练习，距离：整个弯道，10次； 2、直道进弯道加速滑行，距离40～60米；10次； 3、弯道进直道加速滑行，距离60～80米，10次； 4、低强度弯道滑行，距离80～120米，4～6次； 5、以最快速度弯道滑行练习，距离100～120米，4～6次； 6、慢速滑行10圈，休息2分钟，再快速滑行4～5圈；共两组，组间休息5分钟

图 6-3　速度滑冰技术训练方案

（二）体能训练方案

1. 力量耐力训练方案

李思杉竞技能力相对比较全面，稍显薄弱的环节就是力量耐力，尤其转项发展速度滑冰以后，要求运动员长时间保持高速滑行，需要运动员具备较强的力量耐力来保持滑行的质量和技术的稳定性。速度滑冰时的身体重心相较于速度轮滑更低，且要求保持匀速快速的长时间滑行，因此对股四头肌的力量耐力要求较高。

1、负重下蹲练习（膝关节不小于90°），负荷强度为40%，达到极限次数，4组，每组间歇90秒；

2、大腿负重外展练习（沙袋或橡皮筋），牵拉强度为30%，50次一组（左右腿各50次为一组），4组，每组间歇90秒；

3、单腿蹲起练习（沙袋置于腰部），50次一组（左、右腿各50次为一组），4组，每组间歇，90秒。

图 6-4　力量耐力训练方案案列

如图 6-4 所示，该训练方案依据速度滑冰项目特征，结合李思杉腿部力量耐力相对较弱的实际情况，依据运动训练学发展肌肉耐力的强度为 25 %～40 %，进行双腿负重下蹲、大腿负重外展以及单腿负重下蹲的力量耐力练习。这样持续训练中后期乳酸堆积，在疲劳状态下提升力量耐力和对重心稳定性的控制能力。

2. 专项速度训练方案

速度滑冰集体出发项目的决胜往往在最后时刻，这对运动员的无氧能力和专项速度提出了较高的要求。为提升李思杉专项速度水平，贺鑫教练主要实施以下两种训练方案（如图 6-5 所示）。第一种方案，是发展专项最大速度的最佳距离，也能检验高速滑行中李思杉技术掌握和运用的情况。第二种方案，贺鑫教练主要目的是先让李思杉体会使用规范的动作进行慢速滑行，在前 150 米滑冰后期逐步提速时体会学习控制技术的稳定性（速度增加、重心下降、蹬冰力量充分等），然后在弯道中间处达到最高速度，并进行 150 米冲刺。该训练方案不但可以提升李思杉专项速度和无氧能力，又可以提升技术运用的水平，还可以增强弯道加速能力（弯道对技术的控制），训练效果十分显著。

> 1、最大力量的短距离冲刺滑 100 米，4 组，间歇充分；
> 2、150 米慢速滑行并逐渐增加速度+150 米全力冲刺滑行（弯道提速并达到最高速），4 组；间歇充分。

图 6-5 速度滑冰专项速度训练方案

3. 专项耐力训练方案

（1）有氧能力训练方案

速度滑冰项目有氧耐力是基础，各项目运动员都十分注重有氧能力训练。有氧耐力训练应以有效激发运动员有氧供能系统积极工作为准，以提高有氧耐力为目的的速度变化为核心[①]，尽可能在高水平、高强度的比赛中为运动员技术的稳定发挥提供支撑。速度轮滑运动员在有氧能力方面普遍好于速度滑冰运动员。

李思杉目前主攻集体出发项目，该项目共 16 圈（如果是重大赛事还有预赛，如平昌冬奥会，预赛与决赛间隔不到两个小时），中途每 4 圈设积分点，运动员

---

① 高俊，付春艳，李雨，等. 我国速度滑冰长距离项目优秀女运动员赴加拿大训练成效 [J]. 体育学刊，2018，25（3）：129-133.

为抢占积分采取不同的战术，在 16 圈的比赛中变速滑行非常明显，需要强大的有氧能力作支撑。根据速度滑冰集体出发项目特征，贺鑫教练为李思杉安排专项有氧耐力训练，训练强度稍高于传统速度滑冰中长距离专项有氧耐力训练（速度轮滑前期训练为有氧能力打下坚实的基础），如图 6-6 所示。训练方案与项目特征紧密结合，既体现了长距离项目对运动员高强度持续有氧耐力的需求，又体现了集体出发项目长距离间歇的特征。

1、40 圈滑行，负荷强度，心率每分钟在 150～170 次，休息 2 分钟，共两组；

2、70 圈滑行，中间没有休息，其中用 5 000 米比赛滑行的速度不少于 15 圈；

3、20 圈滑行，负荷强度，心率每分钟在 150～170 次，其中每两圈进行 300 米或 100 米高强度滑行，共 3 组，休息以心率达到每分钟 120 次为止；

4、60 圈滑行，5 圈放松滑，5 圈弯道加速滑，8 圈（每圈选择一个直道加速滑），12 圈（4 圈放松滑、4 圈快进化、4 圈放松滑），14 圈（后半程逐渐加速滑）和 16 圈（每个第 4 圈加退滑）。

注：每次练习可选择一个方案，其中方案 1、2 属于专项有氧耐力、持续性耐力训练法；3、4 属于持续耐力变速滑，结合集体出发项目特点。

图 6-6 速度滑冰有氧耐力训练方案案例

（2）混氧能力训练方案

速度滑冰长距离项目是典型的体能主导类周期性竞速耐力性项目，有氧供能不仅是运动员取得比赛优胜的基础，更是获得优异成绩的核心要素。然而在速度滑冰长距离项目中尤其是集体出发项目，会存在着短时间或经常性的突然加速、降速这种无氧和有氧交替混合供能的现象（尤其在长距离冲刺阶段，以及集体出发项目为了抢积分发起战术和终点冲刺）。因此，构建以有氧能力为主，以无氧和混氧训练为辅的训练内容，尤其对于提高速度滑冰长距离和集体出发项目运动员供能水平和能量代谢能力十分有效[1]，还有利于"轮转冰"运动员竞技能力对速度滑冰能力的有效代偿。基于此，贺鑫教练将速度轮滑常用训练方法（国外速度滑冰常用）——项目体力定型法[2]，有效应用于速度滑冰项目，通过大场地速度耐

---

① 付春艳. 我国优秀速度滑冰长距离项目女运动员赴加拿大训练成效研究 [D]. 哈尔滨：哈尔滨师范大学，2017.

② 孙显墀，孙一，蒙猛. 速度轮滑运动与速度滑冰运动技术与训练 [M]. 北京：人民体育出版社，2015.

力屈走的方式，为李思杉设计速度滑冰混氧能力训练方案，进一步提升其专项混氧耐力水平，为参加速度滑冰集体出发项目竞赛做好体能储备（如图 6-7 所示）。

该训练方案，根据参加比赛项目的供能特征（速度轮滑过去以 1 000 米为主，速度滑冰以集体出发为主），一堂训练课采取一短一长两个项目的全程练习。该练习后期教练员不断提示运动员速度状况，鼓励运动员克服"极点"，提高肌肉耐乳酸能力，刺激其混氧能力代谢水平，为接下来的主要竞赛期将体能状态调整到最佳竞技水平。

项目体力定型法

该方法是美国著名运动员埃里克·海登（Eric Heiden）采用的独特训练方法，利用竞赛场地全力以赴模拟比赛全程的训练方法。

该方法要求在半径为 5～10 米，直道长为 20～40 米的椭圆形场地上（长距离项目运动员可以在大场地进行），从起跑开始模仿，按照比赛强度要求，采用低姿势快速跪推屈腿走全程练习，直至终点冲刺。

该训练方法在全年各个周期均可采用，尤其在竞赛前期强化运动员混氧能力训练时，采取该方法对提高运动员有氧和无氧混合供能的效果显著，是一种强度很高的专项体能训练方法。

训练方案：

1、距离：1 500 米，训练强度 85 %～100 %，心率高于每分钟 185 次，全程计时，1 组；

2、距离：10 000 米，训练强度 80 %～100 %，心率高于每分钟 180 次，全程计时，1 组。

图 6-7　速度滑冰混氧能力训练方案案例

（三）战术训练方案

速度轮滑集体出发项目战术运用在竞赛中起到至关重要的作用。速度轮滑运动员"轮转冰"转项集体出发项目除了具有强大的有氧能力，其战术素养也会在速度滑冰集体出发项目发挥巨大作用。尤其在速度轮滑竞赛前期阶段，运动员战术训练占了一定的比重，其目的是在运动员竞技水平相当的情况下，依靠合理的战术获得最终的胜利。当前速度轮滑整体竞技水平提升较快，运动员竞技实力在伯仲之间时，战术运用和选择在比赛中至关重要。基于此，针对李思杉后程冲刺能力较强的特点，贺鑫教练经常会设计跟随战术，如此可让李思杉出发后抢占有利位置，节省体能，为最终冲刺做准备。下面以李思杉速度轮滑1 000米战术训练为例（如图6-8所示）。

> 设计比赛本队有2～3人参赛，参赛队员共15～20人。训练采取实战训练法。起跑后在队员的掩护下故意落后，随后面3～5人进行滑跑，队友不停地通过变速来干扰主要竞争者的节奏，李思杉则逐步跟随滑至中间位置，最后2～3圈开始加速滑至外圈，然后开始从外圈突然提速超越至内道，并锁住内道的位置，队友有机会也进行加速冲刺锁住外圈的位置，为竞争者超越制造障碍。在练习时，要有不同的队员进行突然加速的领滑。

图6-8 速度轮滑战术训练方案案例——跟随战术

第三节 本章小结

通过对郭丹访谈了解到，"轮转冰"转项训练成功的关键在于速度轮滑运动员有氧能力、变速能力和战术能力较强，转项成功的运动员多以专攻中长距离项目的速度轮滑运动员为主，转项后专攻速度滑冰集体出发和长距离项目。"轮转冰"运动员竞技能力优势主要体现在速度体能和战术两个方面。但要想在速度滑冰项目上达到很高的成就，则取决于转项后对速度滑冰技术的掌握程度。并提出尊重速度轮滑原有技术，依据运动员对速度滑冰器材和场地磨合、适应程度，以适应速度滑冰专项技术为核心、改进为辅助，打造具有运动员个性化的滑行技术风格。同时"轮转冰"教练员必须对速度轮滑和速度滑冰两个项目都有很深的认知，才可以在训练方面提供科学性的指导。与传统速度滑冰训练相比，"轮转冰"训练的成材率相对更高。同时随着训练的深入，认为"冰轮两栖"训练能真正地体现速度轮滑和速度滑冰"双向"互动的训练内涵，是"轮转冰"训练的理想模式。

通过对李思杉进行个案分析了解到，2016—2017年李思杉处于"冰轮两栖"训练阶段，采用年度双周期训练安排，在训练内容结构方面根据主攻速度滑冰集体出发项目的特征，十分重视专项耐力训练，并在速度轮滑竞赛期有针对性地参加长距离集体出发项目。全年训练负荷呈现速度轮滑在负荷量和强度上明显大于速度滑冰的特点，体能和技术训练安排逐步实现向"轮转冰"训练模式专项提高阶段过渡。针对技术、体能（力量、速度、耐力）和战术设计了有针对性的训练方案。因此，通过对李思杉 2016—2017 年度训练周期安排、训练内容设计、负荷结构特征、不同阶段体能和技术训练安排特征，以及有关技术、体能和战术训练方案的呈现，来进一步揭示、验证"轮转冰"训练模式的合理性、科学性。

第七章 结论与展望

第一节 结论

第一，"轮转冰"训练模式是指以实现速度滑冰后备人才培养和提升速度滑冰整体竞技实力为目标，以速度轮滑运动员为主体，通过科学设计训练阶段和训练内容，最终使速度轮滑运动员的转项成为在速度滑冰专项上具备较强竞技实力（较高竞技水平）的速度滑冰运动员训练过程的标准样式。从运动训练实践出发，依据理论指导，应形成"基础训练阶段：速度轮滑训练 → 转项发展阶段：冰轮两栖训练 → 专项提高阶段：速度滑冰训练"三阶段训练模式。

第二，我国速度滑冰整体实力下滑严重，尤其长距离项目整体竞技实力依旧停滞不前。江苏省速滑队所取得的成绩，证明"轮转冰"转项训练可以有效扩大速度滑冰选材和后备人才队伍建设，可以进一步提升速度滑冰整体竞技实力。提出"轮转冰"转项训练发展方向应以速度滑冰长距离项目和集体出发项目为主，尤其注重集体出发项目的发展。但"轮转冰"训练理论十分滞后。

第三，研究提出立足于速度轮滑运动，依据速度轮滑和速度滑冰项目特征，以培养速度滑冰后备人才为目标，指导由速度轮滑转项进入速度滑冰训练过程的"轮转冰"训练模式；提出从运动员年龄、运动成绩以及对速度滑冰技术理解和适应程度这3个方面来判断"轮转冰"的转项训练时机。

第四，通过德尔菲法构建了包括3个一级指标（人力资源因素、训练竞赛因素以及综合保障因素）、9个二级指标（教练员因素、运动员因素、管理人员因素、运动员训练环境、训练科学化程度、竞赛改革、管理保障、科研保障和医疗保障），以及41个三级指标的"轮转冰"训练模式影响因素指标体系。

第五，以"轮转冰"训练理论研究内容为基础，构建了以"轮转冰"训练模式内涵、原则、转项时机判断、训练内容和影响因素 5 个部分为主要内容的"轮转冰"训练理论框架。

第六,"轮转冰"训练模式基础训练阶段,采用年度单周期训练安排,以速度轮滑训练为主,提升运动员速度轮滑竞技实力和水平。转项发展阶段,按照年度双周期训练模式,重点提升运动员速度轮滑竞技实力,进入速度滑冰训练周期,以适应、调整速度滑冰技术和比赛节奏为主,通过增加转换频率来提升运动员对技术的适应和应变能力,最佳竞技状态出现在速度轮滑主要竞赛期。专项提高阶段,同样按照年度双周期训练模式,运动员转项成为速度滑冰运动员,重点是提升速度滑冰竞技能力和运动成绩,最佳竞技状态出现在速度滑冰主要竞赛期。尤其对于技术训练方面逐步探索出相对科学的训练理念,即速度滑冰和速度轮滑之间的技术差异其实就是在与器材的磨合上,并不是局限于两者技术本身,随着频繁的转换,会形成适合自己的个性化滑行风格。

第七,通过案例分析更加明确了,"轮转冰"转项训练成功,以专攻中长距离项目的速度轮滑运动员为主,转项速度滑冰后专攻集体出发和长距离项目,竞技能力优势主要体现在体能和战术两个方面。与传统速度滑冰训练相比,"轮转冰"训练的成材率相对更高。同时也验证了"轮转冰"训练模式的合理性、科学性。

第二节　研究不足与展望

一、研究不足

"轮转冰"训练在欧美等速度滑冰强国普遍流行,诸多从事"冰轮两栖"或"轮转冰"训练的运动员在国际顶级赛事中已取得成功,然而"轮转冰"训练在我国处于探索的起步阶段,需要借鉴国外成功的训练经验。通过 Web of science (WOS)、PubMed 等检索机构进行检索,几乎没有发现有关"轮转冰"或"冰轮两栖"训练的资料可以进行支撑和借鉴,仅从教练员、运动员、速度轮滑和速度滑冰从业者的训练实践中总结和设计"轮转冰"训练模式,研究成果略显单薄。另外,由于"轮转冰"研究也属于起步阶段,本研究更偏重于训练理论研究,缺少实验法进一步验证速度轮滑从能量供应等视角对速度滑冰的作用和贡献。这些方面是本研究存在的不足之处。

二、研究展望

完善"轮转冰"训练模式。目前该训练模式已获得众多教练员和运动员的认可和支持，但是该训练模式属于初步探索和起步阶段，今后成熟的训练模式是什么样子，是完全按照"冰轮两栖"训练模式，还是完全转向速度滑冰的训练模式，值得教练员、专家、学者以及管理部门共同去探讨。

重视训练实践的研究。例如，通过实验法探索对比、分析高水平速度轮滑运动员在最大摄氧量、乳酸阈等指标方面的差异，进一步了解速度轮滑与速度滑冰运动员体能异同的规律，为训练实践即速度轮滑训练对速度滑冰体能影响提供最直接的帮助。

探索新的训练理念。目前新西兰、加拿大等国家有部分教练员和运动员也在从事"轮转冰"训练的尝试，但与传统训练不同，他们始终坚持速度轮滑运动员的竞技能力优于速度滑冰运动员，因此在转项发展速度滑冰时不需要考虑速度滑冰的技术，完全按照速度轮滑的技术去比赛，相信速度轮滑技术完全可以适应速度滑冰的场地、器材和比赛要求，目前已经在训练和比赛中去运用。因此，为了更好地促进速度滑冰运动员全方位、多元化、可持续的发展，运用生物力学等研究手段从速度轮滑的技术层面研究速度滑冰训练，将会成为今后"轮转冰"研究的主要内容。

参考文献

[1] 国务院. 国务院关于加快发展体育产业促进体育消费的若干意见 [Z]. 2014.

[2] 国家体育总局. 体育发展"十三五"规划 [Z]. 2016.

[3] 国家体育总局. 青少年体育"十三五"规划 [Z]. 2016.

[4] 国家体育总局. 群众冬季运动推广普及计划（2016—2020 年）[Z]. 2016.

[5] 江苏省体育局. 江苏体育发展"十三五"规划 [Z]. 2016.

[6] 国家体育总局社会体育指导中心. "我要上冬奥"轮滑跨界速度滑冰选材工作 [Z]. 2018.

[7] 国家体育总局办公厅. 体育总局办公厅关于设立跨界跨项运动员运动水平等级激励政策的通知 [Z]. 2018.

[8] 江苏省体育局. 江苏省加快冰雪运动产业行动方案 [Z]. 2018.

[9] 国务院. 关于以 2022 年北京冬奥会为契机大力发展冰雪运动的意见 [Z]. 2019.

[10] 李建明. 加强体育理论创新 推动体育事业新发展——在"庆祝改革开放 40 周年暨深化体育改革发展理论研讨会"上的讲话（节选）[J]. 体育文化导刊, 2019（2）: 1-3.

[11] 李雪梅, 李佳军. 速度轮滑转项速度滑冰的国内外现况研究 [J]. 北京体育大学学报, 2016, 39（9）: 132-138.

[12] 厉中山. 我国开展"轮转冰"项目的影响因素与对策 [J]. 冰雪运动, 2017（2）: 29-32.

[13] 夏娇阳. 优秀短距离速度滑冰运动员核心竞技能力训练理论体系与实证研究 [D]. 北京: 北京体育大学, 2007

[14] 李巧玲. 速度滑冰与速度轮滑技术及训练相互借鉴的思考 [J]. 冰雪运动, 2008（4）: 5-7.

[15] 王法. 速度轮滑向竞速滑冰运动技能迁移研究 [D]. 成都: 成都体育学院, 2017.

[16] 李洪兹，常世和，崔和明，等. 进行各种距离跑、速度滑冰和自行车运动时尿蛋白与沉渣的改变 [J]. 体育科技资料，1973（Z3）：39-42.

[17] 卞新生. 速度滑冰中直道的最佳出刀角应该是多少？[J]. 体育科技，1980（4）：13-15.

[18] 刘占林. 速度滑冰蹬冰技术的生物力学分析 [J]. 冰雪运动，1981（1）：12-17.

[19] 张云，商立新，杨忠杰，等. 速滑运动员薛瑞红、王曼丽身体机能测试浅析 [J]. 冰雪运动，1996（3）：43-44.

[20] 杨树人，吴云. 速度滑冰蹬冰技术中一个值得探索的理论问题 [J]. 哈尔滨体育学院学报，1990（2）：35-39.

[21] 夏娇阳. 我国速度滑冰优秀男子运动员膝、踝关节肌力特征的比较研究 [J]. 体育科学，2005（8）：53-55；74.

[22] 程瑞辉，于洪军，陈光磊，等. 速度滑冰运动员训练负荷研究——对我国速滑运动员备战 2006 年都灵冬奥会 10 个月训练的分析 [J]. 武汉体育学院学报，2007（10）：77-80.

[23] 夏娇阳. 优秀短距离速度滑冰运动员核心竞技能力训练理论体系与实证研究 [J]. 体育科学，2008（3）：86-96.

[24] 黄达武，陈月亮，吴瑛. 于静速度滑冰全程速度节奏研究 [J]. 体育文化导刊，2012（3）：75-80.

[25] 刘俊一，隋力. 我国优秀速度滑冰短距离女运动员专项身体素质结构特征统计分析 [J]. 天津体育学院学报，2009，24（2）：177-180.

[26] 李秋萍，郑锡明，曹师承，等. 我国优秀速滑运动员无氧耐力实验研究 [J]. 中国运动医学杂志，2000（1）：90-91.

[27] 严力，赵滨杰，米博，等. 我国速滑冬奥会选手改进有氧训练的个性化研究——第 20 届冬奥会速滑科研攻关思考之一 [J]. 冰雪运动，2008（1）：1-6.

[28] 陈小平，严力，季林红，等. 对我国优秀短距离速滑运动员力量耐力的研究——运用"最大力量能力阈"评价力量耐力水平的试验 [J]. 体育科学，2005（12）：46-48；68.

[29] 陈艳, 王红英, 陈月亮. 我国优秀短距离速滑运动员力量素质训练特征 [J]. 武汉体育学院学报, 2010, 44 (7): 84-88.

[30] 陈月亮, 吴瑛, 张庆文. 我国优秀男子短距离速滑运动员专项体能结构模型的构建 [J]. 上海体育学院学报, 2007 (2): 45-50.

[31] 陈民盛, 张云, 邹晓峰. 优秀速滑运动员弯道蹬冰技术动作结构的模式特征研究 [J]. 中国体育科技, 2004 (4): 31-35.

[32] 黄达武, 刘露, 马勇占, 等. 优秀女子速度滑冰运动员支撑阶段技术稳定性及肌电特征研究 [J]. 北京体育大学学报, 2014 (7): 80-86.

[33] 李凤丽, 邹晓峰, 程湘南. 世界优秀速滑运动员弯道蹬冰技术的时间特征分析 [J]. 天津体育学院学报, 2006 (5): 447-448.

[34] 王新宝, 黄达武, 陈月亮. 速度滑冰陆上专项技术模仿练习的专项性分析 [J]. 山东体育学院学报, 2014, 30 (5): 82-87.

[35] 张守伟. 世界优秀速度滑冰运动员弯道"滑跑"技术的运动学分析与探索——以 2010 年冬奥会季军加藤条治的弯道技术研究为例 [J]. 北京体育大学学报, 2013, 36 (7): 118-122.

[36] 夏娇阳, 张晓明. 我国速度滑冰后备人才培养现状及与世界强国的对比分析 [J]. 中国体育科技, 2009, 45 (4): 108-117.

[37] 吴玉国, 胡媛媛. 我国青少年速度滑冰运动员成长的影响因素 [J]. 冰雪运动, 2010, 32 (1): 9-12.

[38] 卢卓, 张强. 我国速度滑冰项目"体教融合"培养模式实证研究——以东北师范大学速度滑冰队为例 [J]. 体育文化导刊, 2017 (4): 160-163; 178.

[39] 张贵福, 刘勇强. 黑龙江省速度滑冰项目后备人才培养现状研究 [J]. 冰雪运动, 2010, 32 (4): 5-12.

[40] 张晓玲, 冯明强, 张丽群. 青少年速度滑冰运动员的选材 [J]. 冰雪运动, 2010, 32 (4): 1-4; 50.

[41] 沈艳, 张强. 吉林省速滑后备人才培养现状调查与发展对策 [J]. 冰雪运动, 2008 (1): 7-12.

[42] 杨树人, 宋琳, 蒙猛, 等. 关于培养新型速度滑冰专项人才素质教学模式的研究与实践 [J]. 哈尔滨体育学院学报, 1996 (1): 13-16.

[43]靖文，陈玲. 探析分层教学法在速度滑冰教学中的运用 [J]. 冰雪运动，2006（2）：80-81.

[44]张春林，许振松. 培养大学生冰上课学习兴趣的教学手段 [J]. 冰雪运动，2007（1）：64-66.

[45]王洪玉. 速度滑冰陆地教学 120 例 [J]. 冰雪运动，1984（5）:19-23.

[46]关学雷. 把轮滑运动运用在速滑教学中的尝试 [J]. 冰雪运动，2000（1）：59-60.

[47]苏和. 速度滑冰同步教学法研究 [J]. 冰雪运动，2005（1）：48-49.

[48]张玉昌. 异步教学法在速度滑冰教学中的实验研究 [J]. 冰雪运动，2006（6）：61-63.

[49]陈月亮. 短距离速滑节奏特征 [J]. 首都体育学院学报，2010，22（5）：62-65.

[50]张守伟，张志成，徐莹. 女子 5 000 m 速滑优秀运动员滑跑节奏与心率变化的关系 [J]. 体育学刊，2012，19（6）：113-117.

[51]黄达武，陈月亮，吴瑛，等. 性别、运动水平和道次对 500 m 速度滑冰速度节奏的影响 [J]. 北京体育大学学报，2013，36（2）：133-138.

[52]吴新炎，陈月亮. 女子 1 000 米速滑项目速度节奏特征与张虹索契备战策略 [J]. 首都体育学院学报，2014，26（2）：150-156.

[53]冯庆波，陈月亮，黄达武. 世界优秀男子速滑运动员 500 m 全程速度节奏量化特征研究 [J]. 冰雪运动，2013，35（4）：5-11；68.

[54]朱琦. 速滑运动员运动创伤调查 [J]. 体育科技，1979（s1）：51-52；48.

[55]王海峰，高俊. 对速滑运动员膝关节损伤的病因分析 [J]. 冰雪运动,2005(5）：36-38.

[56]程刚，吴震. 速度滑冰运动员损伤的预防与急救 [J]. 冰雪运动，2007（3）：63-65.

[57]宋丽，沈玉，肖书恒. 优秀速滑运动员运动性损伤成因与预防的研究 [J]. 冰雪运动，2011，33（3）：4-7.

[58]张笑昆. 高校速滑初学者运动损伤的归因调查 [J]. 冰雪运动，2006（6）：54-55.

[59] 颜彤丹. 浅谈短距离速度轮滑起跑的训练 [J]. 冰雪运动, 1987（4）: 45-50.

[60] 陶玉晶, 常丽英, 彭迪. 速度轮滑与速度滑冰基本姿势的差异性分析 [J]. 冰雪运动, 2005（6）: 8-10.

[61] 付进学, 王敏, 刘英剑. 初学速度轮滑直道滑行的教学法 [J]. 冰雪运动, 1997（1）: 67-68.

[62] 李亚光, 邱艳. 对初学者速度轮滑课教学方法的研究 [J]. 冰雪运动, 2006(3): 56-57.

[63] 陶玉晶, 张艳梅. 对提高高校速度轮滑专业课教学效果的研究 [J]. 冰雪运动, 2004（1）: 33-34.

[64] 郭旭茂, 李刚石. 高校速度轮滑教学中学生心理障碍的消除措施 [J]. 冰雪运动, 2008（2）: 40-42.

[65] 安东雷, 李颖. 速度轮滑教学质量提高的措施 [J]. 冰雪运动, 2012, 34（3）: 56-58.

[66] 曲科宇, 曲新艺. 对速度轮滑双推技术的研究 [J]. 冰雪运动, 2003（1）: 52-53; 81.

[67] 刘锋, 关汝华. 轮滑双蹬技术外刃蹬地动作的加速度情况分析 [J]. 吉林体育学院学报, 2011, 27（6）: 66-68.

[68] 孙显墀, 孙一. 对速度轮滑直道双蹬技术的探讨 [J]. 冰雪运动, 2006（6）: 29-31.

[69] 倪维广, 李宗烈, 徐红旗, 等. 滑行技术的革命: 速度轮滑双蹬技术的运动生物力学研究 [J]. 首都体育学院学报, 2017, 29（3）: 265-271.

[70] 尹威. 普通高校利用轮滑提高速滑课教学效果探析 [J]. 冰雪运动, 2008（4）: 87-89.

[71] 王义智, 杨春媛. 速度轮滑训练对速度滑冰项目的影响及作用 [J]. 冰雪运动, 2009, 31（3）: 46-48.

[72] 陈文红, 宁博文, 王旋, 等. 轮滑技能向滑冰技能迁移的可行性研究 [J]. 哈尔滨体育学院学报, 2018, 36（3）: 27-31.

[73] 颜彤丹, 苏健. 浅谈速度轮滑 300 米训练 [J]. 哈尔滨体育学院学报, 1993(2): 55-57.

[74] 厉中山. 负重滑在速度轮滑专项力量训练中应用的研究 [J]. 沈阳教育学院学报, 2010, 12（5）: 76-78.

[75] 刘宏伟, 肖尔顿, 金长伟. 无氧阈训练对速度轮滑运动员最大吸氧量影响的研究 [J]. 长春师范学院学报, 2006（10）: 104-107.

[76] 张骁. 速度轮滑体能训练内容的探究 [J]. 青少年体育, 2016（11）: 47-48; 26.

[77] 陈川衡. 运用技能迁移规律, 迅速提高训练效果 [J]. 中国体育科技, 1982(8): 27-31.

[78] 孙雷鸣, 刘彤伟. 颠球技能学习中迁移效率的实验研究 [J]. 武汉体育学院学报, 2000（2）: 90-93.

[79] 王珺. 体育教学中学生迁移能力的培养 [J]. 教学与管理, 2008（18）: 151-152.

[80] 杨国庆. "十四五"我国竞技体育发展的时代背景与创新路径 [J]. 武汉体育学院学报, 2021, 55（1）: 5-12.

[81] 黎涌明, 陈小平, 冯连世. 运动员跨项选材的国际经验和科学探索 [J]. 体育科学, 2018, 38（8）: 3-13.

[82] 霍凯. 我国部分优秀运动员运动项目迁移的项群特征研究 [D]. 兰州: 西北师范大学, 2010.

[83] 王金杰, 王媛. 手球、篮球之间运动技能和战术体系迁移的研究 [J]. 北京体育大学学报, 2002（2）: 270-272.

[84] 高俊, 邓玉明, 刘书勇. 我国转项成才手球运动员研究 [J]. 中国体育科技, 2017, 53（2）: 3-10.

[85] 张勇, 王荣辉, 陈筠. 我国跳水运动员选材研究的现状与进展 [J]. 北京体育大学学报, 2008, 31（12）: 1667-1670.

[86] 王俊. 对田径全能运动中迁移规律的研究 [J]. 湖北体育科技, 2003（4）: 511-513.

[87] STOTER I K, MACINTOSH B R, FLETCHER J R, et al.Pacing Strategy, Muscle Fatigue, and Technique in 1500-m Speed-Skating and Cycling Time Trial[J]. Int J Sports Physiol Perform, 2016, 11(3): 337-43.

[88] CLAUDINE J C, LAMOTH, MARIEKE J G, et al.Sports activities are reflected in the local stability and regularity of body sway: Older ice-skaters have better postural control than inactive elderly[J]. Gait & posture, 2012, 35(3)：489-493.

[89] KON, IIZUKA, MAEGAWA, et al.Salivary secretory immunoglobulin a response of elite speed skaters during a competition period[J].J Strength Cond Res, 2010, 24(8):2249-2254.

[90] KAMST R, KUPER G, SIERKSMA G.The Olympic 500-m speed skating：the inner–outer lane difference[J].Statistica Neerlandica, 2010, 64(4)：448–459.

[91] WIERSMA R, STOTER I K, VISSCHER C, et al.Development of 1500m Pacing Behavior in Junior Speed Skaters: A Longitudinal Study [J].Int J Sports Physiol Perform, 2017, 12(9)：1224–1231.

[92] DE KONING J J, THOMAS R, BERGER M, et al.The start in speed skating: from running to gliding[J].Med Sci Sports Exerc, 1995, 27(12):1703-1708.

[93] NOORDHOF D A, FOSTER C, HOOZEMANS M, et al.The Association Between Changes in Speed Skating Technique and Changes in Skating Velocity[J]. International Journal of Sports Physiology and Performance, 2014, 9(1)：68–76.

[94] NOORDHOF DA, MULDER RC, DE KONING J J, et al.Race Factors Affecting Performance Times in Elite Long-Track Speed Skating[J].Int J Sports Physiol Perform, 2016, 11(4):535-542.

[95] HOFMAN N, ORIE J, HOOZEMANS M J, et al.Wingate test is a strong predictor of 1500m performance in elite speed skaters[J].Int J Sports Physiol Perform, 2017, 12(10)：1288–1292.

[96] KNOBBE, ARNO, ORIE J, et al.Sports analytics for professional speed skating[J]. Data Mining and Knowledge Discovery, 2017, 31(6)：1872–1902.

[97] ORIE J, HOFMAN N, DE KONING J J.Thirty-Eight Years of Training Distribution in Olympic Speed Skaters[J].Int J Sports Physiol Perform, 2014, 9(1)：93–99.

[98] HETTINGA F J, DE KONING J J, SCHMIDT L J, et al.Optimal pacing strategy: from theoretical modelling to reality in 1500-m speed skating[J].Br J Sports Med, 2011, 45(1)：30–35.

[99] VAN HILST J, HILGERSOM N F, KUILMAN M C, et al.Low back pain in young elite field hockey players, football players and speed skaters:Prevalence and risk factors [J].J Back Musculoskelet Rehabil, 2015, 28(1)：67–73.

[100] HESFORD C, CARDINALE M, LAING C, et al.NIRS Measurements with Elite Speed Skaters: Comparison Between the Ice Rink and the Laboratory[J].Adv Exp Med Biol, 2013, 765：81–86.

[101] KONINGS M J, ELFERINK-GEMSER M T, STOTER I K . Performance Characteristics of Long-Track Speed Skaters: A Literature Review [J].Sports Medicine, 2015, 45(5)：505–516.

[102] MARINO G W.Acceleration-time relationships in an ice skating start[J]. Research Quarterly, 1979, 50(1):55-59.

[103] MUEHLBAUER T, PANZER S, SCHINDLER C.Pacing pattern and speed skating performance in competitive long-distance events[J].J Strength Cond Res, 2010, 24(1)：114–119.

[104] MUEHLBAUER T, SCHINDLER C, PANZER S.Pacing and Sprint Performance in Speed Skating During a Competitive Season[J].International Journal of Sports Physiology and Performance, 2010, 5(2)：165-176.

[105] WINTER T, BECK H, WALTHER A, et al.Influence of a proprioceptive training on functional ankle stability in young speed skaters-a prospective randomised study[J].Journal of Sports Sciences, 2015, 33(8)：831–840.

[106] AHMETOV I I, DRUZHEVSKAYA A M, LYUBAEVA E V, et al.The dependence of preferred competitive racing distance on muscle fibre type composition and ACTN3 genotype in speed skaters[J].Experimental Physiology, 2011, 96(12):1302-1310.

[107] HILLIS T L, HOLMAN S.The Relationship between Speed and Technical Development in Young Speed Skaters[J].International Journal of Sports Science & Coaching, 2014, 9(2)：393–400.

[108] DE BOER R W, ETTEMA G J C, VAN GORKUM H, et al.A geometrical model of speed skating the curves[J].Int J Sports Physiol Perform, 1988, 21(6)：445–450.

[109] PIUCCO T, DIEFENTHAELER F, SOARES R, et al. Validation of a maximal incremental skating test performed on a slide board: comparison with treadmill skating[J]. Int J Sports Physiol Perform, 2017, 12(10)：1363–1369.

[110] AUTEUIL A D，LAROSE G L，ZAN S J. Wind turbulence in speed skating: Measurement, simulation and its effect on aerodynamic drag[J].J Wind Eng Ind Aerodyn, 2012, 104-106(2)：585–593.

[111] 陈钢，武曦蔼，杨丽萍，等. 基于专家问卷调查及德尔菲法的糖尿病肾病中医证候研究 [J]. 中华中医药杂志，2011，26（10）：2241-2244.

[112] 陆乐，阎智力. 我国速度滑冰项目竞争力提升策略研究 [J]. 体育文化导刊，2020（1）：42-47.

[113] SUE HOYT, COYNE E A, PEARD A S, et al.Nurse practitioner Delphi study: Competencies for practice in emergency care[J]. Journal of Emergency Nursing, 2010, 36(5):439-449.

[114] 甄志花. 核心区力量训练对速度轮滑 300 米成绩提高影响的实验研究 [D]. 成都：成都体育学院，2017.

[115] 付进学，张晓明，夏娇阳. 轮滑运动教程 [M]. 北京：北京体育大学出版社，2008.

[116] 南相华. 速度滑冰理论与方法 [M]. 哈尔滨：黑龙江教育出版社，2012.

[117] 蒙猛. 中国青少年速度滑冰训练教学大纲 [M]. 北京：北京体育大学出版社，2017.

[118] 隋国成. 教育硕士 U-T-S 联合培养模式研究 [D]. 重庆：西南大学，2017.

[119] 中国社会科学院语言研究所词典编辑室. 现代汉语词典 第 5 版 [M]. 北京：商务印书馆，2000.

[120] 何克抗. 建构主义的教学模式、教学方法与教学设计 [J]. 北京师范大学学报（社会科学版），1997(5)：74-81.

[121] 田麦久. 运动训练学 [M]. 北京：人民体育出版社，2000.

[122] 周龙峰. 我国优秀击剑运动员专项体能训练模式研究 [D]. 北京：首都体育学院，2017.

[123] 于悦晗. 运动技能迁移理论在异项群转项学生网球教学中的研究 [D]. 济南：山东体育学院，2015.

[124] 陈川衡. 运用技能迁移规律，迅速提高训练效果 [J]. 中国体育科技，1982（8）：27-31.

[125] 田麦久，刘大庆. 运动训练学 [M]. 北京：人民体育出版社，2012.

[126] 陈亮. 项群训练理论的广泛应用 [J]. 中国体育教练员，2018，26（2）：11-13.

[127] 田麦久. 论运动训练过程 [M]. 成都：四川教育出版社，1988.

[128] 姚颂平. 运动训练分期理论的本质、现状和发展前景 [J]. 体育科学，2012，32（5）：3-11；33.

[129] 龙斌，李丹阳. 传统周期训练理论的现代适用性及其发展 [J]. 武汉体育学院学报，2016，50（4）：84-89.

[130] 田麦久. 少年中跑全年训练的分期问题 [J]. 体育科技资料，1977（Z3）：53-59.

[131] 延烽. 对"木桶理论"在高水平运动员训练中不适用性的剖析 [J]. 北京体育师范学院学报，1999（4）：61-64；70.

[132] 国家体育总局社会体育指导中心. 速度轮滑竞赛规则和裁判通则（2013 版）[Z]. 2013.

[133] 国际滑冰联盟. 速度滑冰竞赛规则 2016 版 [Z]. 2016.

[134] 孙显墀，孙一，蒙猛. 速度轮滑运动技术与训练. [M]. 北京：人民体育出版社，2015.

[135] 贾远航. 速度滑冰与速度轮滑的技术差异性 [J]. 冰雪运动，2016，38（2）：7-10.

[136] 王三保，刘大庆. 论运动项目的特征与本质 [C]. 重庆：第十一届中国科协年会，2009. 09.

[137] 彭迪. 运用速度轮滑训练手段解决速滑运动中速度障碍的研究 [D]. 长春：东北师范大学，2007.

[138] 田麦久. 体能主导类耐力性项群训练原理 [J]. 山东体育学院学报，1998（3）：3-17.

[139] 常凤，朱志强，郭俊清，等. 不同陆地恢复训练对优秀速度滑冰运动员血液生化指标的影响研究 [J]. 中国体育科技，2012，48（6）：77-83.

[140] 焦铁仁，张绍礼，焦凯. 越野滑雪（短距离）项目战术体系的构建 [J]. 沈阳体育学院学报，2012，31（3）：13-15.

[141] 赵鲁南. 竞速运动制胜因素的分群与集成研究 [J]. 天津体育学院学报，2017，32（1）：39-44.

[142] 赵鲁南. 竞速运动制胜因素的分群与集成研究 [D]. 苏州：苏州大学，2014.

[143] 刘江山，邰崇禧，张庆文，等. 聚焦"轮转冰"速滑队伍：历史机遇、现实困境与应对策略 [J]. 上海体育学院学报，2019，43（1）：113-118.

[144] 中国社会科学院语言研究所词典编辑室编. 现代汉语大词典 [M]. 上海：商务印书馆，1999.

[145] 中国运动训练学专业委员会编. 中国运动训练理论实践研究 [M]. 北京：高等教育出版社，1996.

[146] 《中国足球年鉴》编委会. 中国足球年鉴·2002[M]. 武汉：武汉出版社，2002.

[147] 孙民治，陈钧，孙凤武. 现代篮球运动科学化探索 [M]. 北京：北京体育大学出版社，2009.

[148] 李士建. 我国夏季奥运会优秀运动员成才过程的项群特征研究 [J]. 中国体育科技，2014，50（6）：12-18.

[149] 李海鹏，陈小平，何卫. 我国冬季项目实现"全面参赛"的策略研究——基于对 2018 年平昌冬奥会的调查 [J]. 中国体育科技，2018，54（5）：3-12.

[150] 张欣，杨军，赵亮，等. 我国排球"跨界跨项"选材中关键问题的研究 [J]. 武汉体育学院学报，2018，52（4）：22-86.

[151] ROEL V, ARNE G, RENAAT P. et al.Talent identification and promotion programmes of Olympic athletes[J].Journal of Sports Sciences, 2009, 27(13):1367-1380.

[152] 王大卫. 对运动员转项成才现象的初步研究 [J]. 体育科学，1993（4）：44-48.

[153] ROSIE C, DAVE C, IAN J M et al. Martin Ian Jones. Change of plans:an evaluation of the effectiveness and underlying mechanisms of successful talent transfer[J]. Journal of sports sciences，2014, (32)17: 1621-1630.

[154] 徐本力. 专项理论到运动训练科学——兼论运动训练科学理论的形成与发展趋向 [J]. 北京体育大学学报，2004（6）：721-726；729.

[155] 陆国田，王林，段意梅. "后刘翔时代"：中国田径国际大赛表现与突破原因探析 [J]. 体育科学，2017，37（11）：56-62.

[156] 资薇，陈小平. 基于伦敦奥运会的当前赛艇世界格局及发展动向 [J]. 中国体育科技，2013，49（3）：84-88.

[157] 朱志强. 冬季奥林匹克运动及其发展趋势 [J]. 上海体育学院学报，2007(4)：74-78.

[158] 陈小平. 有氧训练：提高我国耐力项目运动水平的关键 [J]. 体育科学，2004（11）：45-50.

[159] 冯骏杰，刘江南，黄德敏，等. 竞技体育后备人才培养创新理论研究 [J]. 广州体育学院学报，2013，33（4）：1-7.

[160] 王霞. 湖北省射击运动发展研究 [J]. 武汉体育学院学报，2012，46（9）：83-87.

[161] 徐本力. 运动训练学 [M]. 北京：人民体育出版社，1999.

[162] 程瑞辉，于洪军，陈光磊，等. 速度滑冰运动员训练负荷研究——对我国速滑运动员备战 2006 年都灵冬奥会 10 个月训练的分析 [J]. 武汉体育学院学报，2007（10）：77-80.

[163] 莫迎锐. 我国青少年三级跳远运动员过年训练结构研究 [D]. 北京：北京体育大学，2013.

[164] 张庆文. "三从一大"理论与实践研究 [D]. 上海：上海体育学院，2007.

[165] 周登嵩，余道明. 首都体育现代化指标体系的研究 [J]. 北京体育大学学报，2007（5）：581-585.

[166] 刘秀娜. 我国护理学博士研究生教育培养目标的探索性研究 [D]. 重庆：第三军医大学，2012.

[167] 陈仁伟，霍凯. 优秀运动员竞技运动项目迁移的项群训练理论分析 [J]. 体

育成人教育学刊，2009，25（4）：55-56.

[168] 刘萍萍，王凯珍. 我国羽毛球后备人才培养的影响因素、问题及对策 [J]. 首都体育学院学报，2017，29（1）：58-62.

[169] 高俊，付春艳，李雨，等. 我国速度滑冰长距离项目优秀女运动员赴加拿大训练成效 [J]. 体育学刊，2018，25（3）：129-133.

[170] 付春艳. 我国优秀速度滑冰长距离项目女运动员赴加拿大训练成效研究 [D]. 海尔滨：哈尔滨师范大学，2017，

[171] 刘江山，王平，王金花，等. 江苏省残疾人竞技体育管理现状及发展对策 [J]. 体育文化导刊，2017（4）：107-112.

[172] 方牟，汪志刚. 大型体育赛事现场观众满意度评价指标体系的构建 [J]. 体育成人教育学刊，2017，33（4）：30-33.

[173] 刘江山，张庆文，邰崇禧，等. 基于知识图谱的我国速度滑冰研究可视化分析 [J]. 成都体育学院学报，2017，43（6）：65-72.

[174] 李文超，李鸿江，席凯强，等. 整合机制下我国优势项目复合型教练团队的建设 [J]. 首都体育学院学报，2014，26（3）：239-242；252.

[175] 张启春，范晓琳. 我国基本公共文化服务绩效的评价与实证 [J]. 统计与决策，2017（17）：72-75.

[176] 任慧涛，楚金玲，易剑东. 登上领奖台：加拿大冬奥备战的治理经验及其启示 [J]. 体育学研究，2019，2（1）：39-49.

[177] 徐冉. 我国短道速滑与速度滑冰兼项训练现状和发展前景研究 [D]. 哈尔滨：哈尔滨师范大学，2019.

[178] 钟秉枢，何俊，郝晓岑，等. 基于"补短板"视野下的新时代中国体育强国发展道路探索 [J]. 首都体育学院学报，2018，30（1）：4-9.

[179] 陆乐，阎智力. 我国竞技速度滑冰竞争力评价指标体系构建与认证 [J]. 武汉体育学院学报，2020，54（3）：84-91.

[180] 缪律，史国生. 从无序化到规模化：运动员跨项选材的演进历程与经验思考 [J]. 沈阳体育学院学报，2020，39（3）：72-79.

[181] 国家体育总局. 体育发展"十四五"规划 [Z]. 2021.

[182] 孙民康，龚丽景. 冬季项目跨项选材的理论研究与实践探索 [J]. 体育科学，

2019，39（11）：88-97.

[183] COLLINS R , COLLINS D, MACNAMA R A A, et al. Change of plans: an evaluation of the effectiveness and underlying mechanisms of successful Talent transfer[J].Journal of Sports Sciences, 2014, 32(17): 1621-1630.

[184] 杨群茹. 跨项选材理论溯源与关键问题解析 [J]. 成都体育学院学报，2019，45（6）：95-102.

[185] 谢军，周志雄. 奥运备战视域下科技助力竞技体育发展的研究 [J]. 体育科学，2020，40（7）：25-30.

[186] 彭国强，杨国庆. 我国竞技体育重点项目备战东京奥运会的形势与策略 [J]. 北京体育大学学报，2019，42（12）：85-95.

[187] 韩洪伟，戴健. 竞技体育跨项选材：规律·困境·反思 [J]. 西安体育学院学报，2021，38（1）：116-123.

[188] 张雷，陈小平，冯连世. 科技助力：新时代引领我国竞技体育高质量发展的主要驱动力 [J]. 中国体育科技，2020，56（1）：3-11.

[189] 徐士韦，倪京帅，王家宏. 体育强国语境下中国退役运动员转型保障制度创新研究 [J]. 西安体育学院学报，2021，38（6）：689-695.

[190] 黄昕，魏巍，张佐红，等. 我国速度滑冰项目发展研究——基于平昌冬奥会的分析 [J]. 体育文化导刊，2019（7）：6-12；24.

[191] 马玉丹，温朝晖，具中山，等. 基于惯性测量单元的女子速度滑冰运动员下肢运动协调特征研究 [J]. 北京体育大学学报，2021，44（12）：98-109.

[192] 邱招义，尹一全，叶茂盛，等. 提升我国冬奥项目运动员专项能力的夏季化训练措施 [J]. 北京体育大学学报，2021，44（3）：2-16.

[193] 李桂华，袁俊杰，李晨. 北京冬奥周期世界主要强国科技助力备战策略及其镜鉴 [J]. 沈阳体育学院学报，2021，40（5）：1-6；15.

[194] 李淑媛，杨明，史继祖，等. 不同专项的青年男子速度滑冰运动员有氧、无氧能力特征研究 [J]. 中国体育科技，2021，57（12）：18-22；34.

[195] 王月华，杨明. 国家速度滑冰队有氧及无氧运动能力解析 [J]. 成都体育学院学报，2021，47（5）：13-17；23.

[196] 刘彬，黄滨，付春艳. 加拿大速度滑冰长距离女子项目技术训练研究 [J].

辽宁师范大学学报（自然科学版），2018，41（4）：570-576.

[197] 田麦久. 先进训练理念的认知与导行——兼论东京奥运会备战与参赛的首选策略 [J]. 上海体育学院学报，2019，43（2）：1-5；48.

[198] 林剑. 认清差距 补齐短板 迎头赶上——中国速度滑冰男子长距离"不认怂"[N]. 中国体育报，2022-02-07（6）.

[199] 刘俊一，姜琪，杨宝倩. 冬季项目运动员专项能力特征及夏季化训练措施的科学探索 [J]. 北京体育大学学报，2020，43（12）：115-129.

[200] 黎涌明. 不同运动方式的能量代谢——共性与区别 [J]. 体育科学，2013，33（12）：81-86.

[201] 鲍明晓. 当前中国体育发展的内外环境分析 [J]. 成都体育学院学报，2022，48（2）：1-5；17.

[202] 周亚辉，万发达，景怀国. 美国大学篮球训练实践探究：理念、特征与启示 [J]. 体育学刊，2021，28（5）：132-137.

[203] 杨国庆. 中国备战参赛东京奥运会的制胜优势与经验启示——兼论2024年巴黎奥运会的备战形势与基本方略 [J]. 体育科学，2021，41（12）：18-29.

[204] 缪律，史国生. 从无序化到规模化：运动员跨项选材的演进历程与经验思考 [J]. 沈阳体育学院学报，2020，39（3）：72-79.

[205] 赵晶，闫育东. 2022年冬奥会世界冰雪运动竞技格局审视及我国备战启示 [J]. 北京体育大学学报，2019，42（10）：27-35；63.